JN033465

エリア・スタディーズ
179
ヒストリー
フランスの歴史を知るための
50章
中野隆生
加藤玄（編著）
明石書店

まえがき

かつてフランスでは、日本のことを「世界の果て」と形容する場面にしばしば出合ったものである。いまでもさほど珍しくないのかもしれない。確かに、中国・朝鮮の東に浮かぶ日本列島は、ヨーロッパ大陸部の最西端に近いフランスとは、ユーラシア世界の対極に位置している。ところが、そのフランスは、幕末・維新以降、長いあいだ日本人にとってもっとも馴染み深い国の一つとなってきた。イギリス、アメリカ、ドイツなどと並んで、他に先んじて近代化をとげた先進国であり、日本がモデルとすべき国であるとされてきたのである。このようなフランス認識は１９７０年代あたりまではさほど色あせていなかったが、その後、徐々に影を薄くしていったように思われる。ことに東西冷戦の動揺からグローバリゼーションの本格展開へいたる世界の変化とともに、外国へ旅行したり外国で生活したりすることが特権的ではなくなり、歴史学を含む諸学の担い手たちは海外の専門家との研究交流や海外文書館での史料・資料の調査を当然のごとくおこなうようになった。そうした変化のなかで、早々に近代化を達成した欧米先進諸国、フランス、イギリス、アメリカ、ドイツが各々に独自の歴史的経験を重ねてきたこと、また、現在のフランスを構成する諸地域は、あくまでも歴史のなかで形成されてきたのであって、それぞれ固有の歴史を有することなどは、当たり前の認識となって定着した。幾多の日本人がフランスそして欧米の人びとと接触・交流を繰り返していくことで、あるいはフランスそして欧米の各地を訪れ、また彼の地で生活することを通じて、これらの認識は、わたしたちのなかにしっかりと根を下ろしてきた。いまでも、フランスへの憧れは日本人に多かれ少なかれ息づいているように見えるが、しかし、そこでのフランス像は、もはや近代的先進国だからというだけではなく、はるかに陰影に満ち、幾多の襞が刻まれて、現実を如実に反映したものとなっている。そのような現時点におけるフランスとその歴史を知っていただくべく本書は編まれた。

フランスの歴史を知るための50章であるからには、中心的に言及されるのは、「メトロポル（内地）」と呼ばれる地域で起こった事象である。ところで、わたしたちがフランスと呼ぶ地理的なまとまりは拡大したり縮小したりと変遷を繰り返しながらかたちづくられてきた。フランスが支配、統治、影響、戦争、等々を契機として関わりをもってきた地域が、メトロポルの枠を大きく超え出ていることは指摘するまでもない。したがって、本書の扱う地理的範囲はフランス本土に限定されるわけではない。それは時代によっても変化する。

本書は第Ⅰ部から第Ⅳ部までの4部で構成され、各部はそれぞれ「古代・中世」、「近世」、「近代」、「現代」にさしあたり対応している。しかし、これは現在のフランス史認識のうえで承認されうる便宜的な時代のとらえ方にすぎない。歴史における時代区分は流動的であり、歳月の経過、社会の変化、歴史研究の進展などとともに変わっていくものである。第Ⅰ部において「古代」が扱われるのは事実上第1章だけであり、そこでは古代ローマの時代に「ガリア」と呼ばれた地域について、またフランスが立ち現われてくる経緯について、紹介がなされる。他方、第Ⅰ部の大部分を占める「中世」については、フランスの出現から15世紀半ばの英仏百年戦争の終了ころまでが扱われるが、ひと昔まえならルネサンス（あるいは近代）との対比において暗黒とさえ形容された「中世」の生き生きとした実相が語られている。「近世」へ言及する第Ⅱ部では、おおよそ15世紀の後半から18世紀末（フランス革命前夜）までが対象となる。実は「近世」という呼称が市民権を得たのは比較的最近のことにすぎず、かつてはむしろ「初期近代」などと呼ばれていたものである。これにたいし、「近代」に対応する第Ⅲ部では、フランス革命から第一次世界大戦前夜までの時期が取り上げられる。大革命で時代を画するのはフランスだからという面もあり、本書もそれを受け継ぐ。他方、「現代」にあたる第Ⅳ部をどこからはじめるかについては様々な議論がありうる。現代のフランスを対象とした歴史学や隣接諸学の知見を踏まえれば、第二次世界大戦や20世紀後半の冷戦崩壊のころに「近代」と「現代」の分水嶺を見出す立場にも十分な説得力が認められる。本書では、現状におけるフランス史研究の蓄積の厚みを踏まえ、第一次世界大戦を起点として現在にいたるまでを「現代」として扱うことにした。

こうして4部に分かれて配置された各章は、通史的な色合いの強いもの、テーマ重視のもの、やや立ち入った分析が際立つものと、様々である。編者としては、41名の執筆者各位の個性が息づくような章、コラムであってほしいと考えてきたが、一方では全体のバランスに配慮し、また一般の読者にわかりやすい文章となるように努めてもいる。そのようにして記された50章と八つのコラムである。どこから読んでもらってもかまわない。興味を引いたページを開いて、フランスについての何かを発見し、フランスの歴史の魅力を感じ取ってほしい。そして、フランスの政治、経済、社会、文化について、ときに細かな部分へ立ち入り、ときに全体へ思いを巡らしていただきたい。これはそのように読んでほしい本である。

はじめて本書の話がもちあがってから10年余りが経過したように思う。ちょうどそのころ勤務先が変わるなど、個人的な事情があって、気にはなりながらなかなか取り組めず歳月の過ぎるままとなってしまった。わたし自身の怠慢というしかない。2018年の初めであったろうか、ようやく覚悟を決め、しばらくののち古代や中世について加藤玄さんに協力をお願いし快諾してもらった。おかげで具体化への作業が軌道に乗った。それから1年有余、すべての原稿が出揃ったのである。この間、編集を担当してくれた明石書店の兼子千亜紀さんにはいろいろお世話になった。心から感謝の意を表したいと思う。

長年の気がかりが解消され本書が世にでるとは、いささかの感慨を禁じることができない。本書が多くの方々の目に触れ、フランスとその歴史がより身近なものとなれば、ほんとうに嬉しい。この本をどうぞよろしく。

編者を代表して

中野隆生

2020年初春

〈追記〉

本書完成への最終段階になって新型コロナウイルス（Covid-19）の感染拡大がおこった。この中国・

なった。武漢に発する疫病が、2020年2月以降、たちまちのうちに全世界へ広がり、世界的大流行(パンデミック)となったのである。グローバリゼーションと深く絡むからこその急展開であったが、感染拡大の被害やそれへの対応は、個々の社会の特性や現状を反映して、国や地域ごとにきわめて様々である。フランスへの影響は深く大きい。必需品の買い物と1キロメートル圏内の外出のみを許す外出禁止令が出され、違反者には最大1500ユーロの罰金が科されている。EUはといえば、加盟国の一部が国境を封鎖するなど、域内移動の自由が損なわれた状態に陥っている。いまだ終息の見通しは立たず、今後の推移も予見しがたい。ただ、新型コロナウイルスが世界の各地にどのような犠牲や規制を強いたのか、それによって国家、社会、個人のあり方や国際関係にどのような変化が生じたのか、こうした問いに歴史学はいずれ取り組むことになろう。だから、忌まわしい災禍のなかを生きる者として、今は事態の推移を見極めていかなければならないと思う。あえて追記させていただく所以である。

（2020年4月）

【現在のフランス】

イギリス
ロンドン
ドーヴァー海峡
ベルギー
ブリュッセル
リール
ドイツ
ライン川
ルクセンブルク
英仏海峡
オー・ド・フランス
アミアン
シェルブール
ル・アーブル
ルーアン
カン
ランス
ヴェルダン
メス
モーゼル川
ムーズ川
パリ
セーヌ川
ノルマンディ
ナンシー
ストラスブール
ドナウ川
イル・ド・フランス
ブレスト
シャルトル
グラン・テスト
ブルターニュ
レンヌ
ル・マン
ペイ・ド・ラ・ロワール
オルレアン
ミュルーズ
リヒテンシュタイン
アンジェ
トゥール
ディジョン
ブルゴーニュ・フランシュ・コンテ
ブザンソン
ナント
ロワール川
サントル・ヴァル・ド・ロワール
ベルン
スイス
ポワチエ
ローザンヌ
レマン湖
ラ・ロシェル
ヴィシー
ジュネーヴ
モンブラン
ヌーヴェル・アキテーヌ
リモージュ
クレルモン・フェラン
リヨン
イタリア
ミラノ
オーヴェルニュ・ローヌ・アルプ
サン・テチエンヌ
グルノーブル
トリノ
ジロンド川
中央山地
ボルドー
ローヌ川
ジェノヴァ
ピレネー湾
ガロンヌ川
アヴィニョン
プロヴァンス・アルプ・コート・ダジュール
モナコ
ニーム
ニース
モンペリエ
トゥールーズ
エクサン・プロヴァンス
マルセイユ
リヨン湾
オクシタニー
トゥーロン
ピレネー山脈
ペルピニャン
アネト山
アンドラ
コルス
（コルシカ島）
アジャクシオ
地中海
スペイン

フランスの歴史を知るための50章

目次

第Ⅰ部　古代・中世

第Ⅱ部 近世

第Ⅳ部 現 代

※本文中、特に出所の記載のない写真については、執筆者の撮影・提供による。

第Ⅰ部

古代・中世

1 ローマ帝国下のガリア
――カエサルの遺産、そして「フランス」のプレリュードへ

ローマによるガリア征服――カエサルの遠征

ローマ人が現在のフランスに相当する地域に本格的に進出したのは、前121年、ガリア諸部族連合軍を破り南仏一帯を支配下に収めた時からである。そのローマによるガリア支配の転機となったのは、ユリウス・カエサルによる内陸ガリア（ガリア・コマタ）の征服だった。前58年、ローマの長年の同盟部族であったハエドゥイー族の救援と、現在のスイス高原に居住していたヘルウェティー族の西方移住を阻止するという名目で、カエサルはプロウィンキア（南仏のローマ属州）北方に広がるガリア・コマタに軍を進めた。カエサルは当初の目的を達成した後も遠征を続行し、ガリア諸部族を服属させ、またガリアを不安定化させる要因の排除を理由に、ライン川右岸やブリテン島にも遠征を行った。そして、前52年、ウェルキンゲトリクスを将とする史上最大規模のガリア連合軍が、アレシアを攻囲するカエサル軍を逆包囲しカエサルは最大の危機を迎えるが、激戦の末に連合軍を撃破する。その後も散発的な抵抗はあったが、およそ9年に亘る遠征の結果、ライン川以西、ピレネー山脈以北のガリア全域がローマの支配下に入った。一方、華々しいローマ軍の勝利の陰には、ガリア側の無数の戦死者や奴隷とされた人々がいたこともまた事実である。

帝政前期のガリア

ガリア遠征後のカエサルは、ポンペイウスとの内戦を勝ち抜き、ローマの最高権力者の座に上り詰めるが、その急進的な改革姿勢に反発した保守派の刃にかかって前44年死去する。後には未だ統治体制が整わない広大なガリアが残された。このガリアを属州として編成しその統治機構を整備したのは初代皇帝アウグストゥスである。アウグストゥスは、征服されたガリアを三つの属州に編成した。すなわち、アクイタニア、ガリア・ルグドネンシス、そしてガリア・ベルギカである。そして、これら三属州を束ねる実質的な首都の機能を付与されたのがルグドゥヌム（現リヨン）であった。ルグドゥヌムはローヌ川とソーヌ川の合流点に位置し元来河川交通の要衝であったが、アウグストゥスの腹心アグリッパがこのルグドゥヌムを起点としてガリアの街道網を構築したことで、今や水陸の交通の要衝となったのである。そうして交通インフラが整えられたルグドゥヌムには、ルグドネンシス属州の州都が置かれたのみならず、帝国の造幣所支局が設置され、さらに都市郊外には「ローマとアウグストゥスの祭壇」が祀られ、年に一度ガリア各地から60余の部族の代表団が集い、女神ローマとアウグストゥスに対する祭儀、すなわち皇帝礼拝が執り行われた。そして、この祭儀と時を同じくして開催されたのが「ガリア会議」であり、部族の代表たちによって政治的な問題もここでは議論された。そのため、時には「ガリア会議」として皇帝に対して陳情を行うこともあり、部族や属州の枠を超えた一種の政治機構の役割も果たした。

一方、地方に目を向けると、カエサルによって服属させられた各地の諸部族は一部例外を除きその存続が許され、属州を構成する下部行政機構（キウィタス）として徴税の責任を負う一方で大幅な自治が認められた。これらキウィタスはかつての部族領域を引き継ぎ、大小の差こそあれ云わば都市国家のような存在であったが、その行政的中心として「首都」的集落（首邑）を有していた。そうした街の多くは現代も主要都市として存続しており、たとえばパリ、ボルドー、レンヌ、ルーアンなどがそうである。

こうして属州として帝国の統治機構に組み込まれたガリア・コマタであったが、それによって人々の生活にはどのような変化が生じたのだろうか？　帝政前期、多くのキウィタスの首邑がローマ風都市として整備され、公共広場（フォルム）や劇場、公共浴場といったローマ都市の特徴とも言うべき公共施設が次々に建設された。また、各キウィタスには一部の例外を除き首都ローマにおける執政官や元老院に相当する高位公職や自治機関が導入された。さらに後48年、一部部族に対して元老院の門戸が開かれ、ガリア3属州の名望家たちが中央政界に進出する端緒となった。しかし、実際に元老院に進出したガリア・コマタ出身者の数は、確認されている限りではさほど多くはなかった。

中央政界を目指す人間こそ少数であったが、しかしガリア・コマタ社会は着実にローマの制度と文化を受容していった。都市の外に目を向ければ、田園地帯にはウィラと呼ばれるローマ風の田舎屋敷が数多く建設された。このウィラは、各地の名望家たちの豪勢な邸宅であると同時に農場や工房を備えた生産施設でもあり、彼らの重要な経済的基盤であった。

宗教面では、前述の皇帝礼拝が各キウィタスの首邑でも行われた一方、ガリア・ローマそれぞれの伝統的神々が混交・同一視されて生じた神々が都市内や田園地帯にある無数の聖域で崇拝された。聖域の中にはサンクセ（ヴィエンヌ県）やグラン（ヴォージュ県）のように劇場や浴場を備えた都市とも言えるような大規模なものもあった。

一方産業においては、ナルボネンシス属州（旧プロウィンキア）も含めたガリアは、帝政初期まではワイン、高級土器、ガラス製品といった高付加価値の加工品・手工業品を専ら輸入する立場であったが、次第にそれらを自前で生産し、ついには帝国他地域に輸出するようになる。例えばワインは、当初一部の地場産を除き主にイタリアから輸入されたが、早くも後1世紀には後のフランス二大生産地となるブルゴーニュとボルドー周辺地域でワイン用のブドウが栽培されていた。その後、ブドウの栽培域は北上し、帝政前期のうちにライン川流域まで到達している。そして、これらの地域で生産されたワインはアンフォラやガリア古来の技術である木樽に容れられて川船や荷車で各地に輸送された。

このように、先に属州化されたナルボネンシス属州のみならずガリア・コマタの諸属州でもローマの制度や文化は現地の人々によって積極的に受容されたが、ガリア古来の伝統が全面的に放棄されたわけではなかった。ガリアの人々は、ローマ的要素を自らの判断で取捨選択し、そして既存の伝統と融合させながらそれらを受容していった。

帝政後期のガリア

後69～70年、ネロ帝死後の内乱に乗じてガリア北部では反乱が発生したが、それ以降のガリアは比較的安定した時期を享受していた。しかし2世紀末になると、マテルヌスの乱（脱走兵・奴隷等による騒擾）やセプティミウス・セウェルス帝とアルビヌスとの内乱などによってその平和に影が差し始める。そして260年、今度はフランク人とアレマン人が国境を破り一部はガリアの奥深くまで侵入す

図1　2～3世紀前半のガリア
（二つのゲルマニア属州は90年頃設置）

出典：P. Gros, *La Gaule Narbonnaise: De la conquête romaine au IIIe siècle apr. J.-C.*, Picard, Paris, 2008. 裏表紙より作成。

るという事態が生じる。こうした外的脅威の中、同年、ローマ皇帝を名乗りつつもガリアの統治と防衛を重視する僭称帝が現れる。「ガリア帝国」の誕生である。この「帝国」は十数年で瓦解するが、ガリア防衛というガリア住民の切実な期待が読み取れる。

284年、ディオクレティアヌスが帝位に就くと、その一連の改革によってガリアも大きく容貌を変える。ナルボネンシスとアクイタニアの2属州は7属州に再編されたうえでウィエネンシス管区という新設された上位行政区分の下に置かれた。残るルグドネンシス、ベルギカ、ゲルマニア2属州も8属州（後に10属州）からなるガリア管区に再編される。その後313年、コンスタンティヌス1世とリキニウスの2皇帝が「ミラノ勅令」によってキリスト教を公認すると、早くも314年にはアルルにおいてガリア初の教会会議が開催される。実は、ガリアでは遅くとも2世紀後半までにはキリスト教徒のコミュニティが形成されており、史料によれば既に177年にリヨンでキリスト教徒迫害が発生していた。

4世紀半ばには、アレマン人が再びガリアに侵入するが、後に「背教者」と呼ばれるユリアヌスがこれを破り再びガリアに安定をもたらすと、360年指揮下の軍隊によって正帝に推戴される。対ペルシア戦に取り組んだユリアヌス帝が363年に戦死すると、翌年ウァレンティニアヌス1世が弟ウァレンスとともに帝位に就き、帝国東方の統治は弟に委ねる一方、自身は西方の統治と国境防衛に当たるべくトリーアに宮廷を構えた。こうして「ガリア帝国」の僭称帝や4世紀初頭の四帝統治期の西の正帝コンスタンティウス1世以来久々にガリアに皇帝が常在することとなる。しかし、その体制は長続きせず、394年テオドシウス1世が単独皇帝となるも、翌年には帝の二子が東西それぞれの地域を分割統治することとなり、ガリアは北イタリアのラヴェンナに宮廷を置くホノリウスの下に置かれた。

この頃ガリア駐屯のローマ軍はイタリア防衛のためにその多くが引き抜かれていたが、この隙を突いて406年冬、ヴァンダル人、スエビ人といったゲルマン系民族が国境のライン川を渡河しガリアを蹂躙するという事態が起こる。ヴァンダル人らはその後イベリア半島に転進するものの、この後ガリア東部にはブルグント人が、そしてガリア南西部には西ゴート人が定着し、それぞれ帝国の支配の及ばない半ば独立勢力を形成する。451年、アッティラ率いるフン人のガリア侵入の際は、これらのゲルマン系民族は、ガリアでローマの勢力回復に邁進していたアエティウスの指揮下でローマ側に立って戦い（カタラウヌムの戦い）フン人撃退に貢献したが、その後も西ゴートとブルグントは着々と自勢力を伸張させる。そして475年、奇しくも西ローマ帝国が消滅する前年に、最後まで西ゴートに抵抗していたオーヴェルニュ地方が時の西ローマ皇帝によって西ゴートに割譲され、これによってガリアはローマ帝国の統治下から抜けることとなる。

（長谷川　敬）

2 「フランキア」から「フランス」へ
――「フランク人」小史

「フランク人」の登場

「フランス」という国名は「フランキア」というラテン語に由来する。この言葉は元来「フランク人」居住地域を指し、すでに4世紀のローマ人がライン右岸の一帯を「フランキア」と呼ぶ例が史料で確認できる。「フランク人」自体はより早く、3世紀の史料に登場する。ただし元々「勇敢な人」を意味したと考えられる「フランク人」は複数の小集団ないし部族の集合であり、この後も数世紀間、均質的・統一的な集団ではなかった。ともあれこれ以降「フランク人」の移動や支配領域の拡大に伴い「フランキア」が指す地域が拡大ないし変化していく。

フランク人は元々ローマ帝国外部に居住していたが、ローマ人たちとの接触はあった。後者にとって警戒すべき脅威であり、暴力的な侵入・略奪もあった一方、フランク人の一部はライン川を越えて平和裡に、あるいは降伏者として、あるいは同盟軍として、帝国領内のライン左岸やガリア北部などに移住していたのである。4世紀中葉には副帝ユリアヌスによるフランク人侵入撃退が記録される一方、同帝によりトクサンドリア（オランダ南部からベルギー北西部にかけての地域）に定住を許され、軍事的に奉仕する集団もおり、その後帝国の政治・軍事の中枢に進出する者さえ現れた。また406年末にヴァンダル人、アラン人、スエビ人らがガリア領内へ侵入した際、一部のフランク人たちはローマ側に立ち防衛に携わっている。この間フランク人の主な「就職先」であった軍隊を中心として、双方が言語や風俗などの文化的混交を徐々に進めていた。5世紀に皇帝政府がガリアへ直接介入することを放棄し、ゲルマン系諸民族の同盟軍に依存するようになる中、この動きは加速する。

この間、あたかもトクサンドリアあるいはライン下流域などを中心としてフランク人大集団が形成されていたようにも見えるが、他のゲルマン系民族のように一人の王を中心とした一体的政治体を形成するには至っていない。フランク人は依然として、複数の集団が各首領の指導下にそれぞれの利害に基づき行動し、状況に応じて離合集散をする流動的なまとまりであった。

メロヴィング期の「フランキア」

こうした状況は、メロヴィング家のクローヴィスの台頭以降大きく変化する。トクサンドリアですでに王として指導的地位を確立していた父キルデリクの死を受け、481年頃に王位を継承した彼は南進する。まずはカンブレ周辺からロワール川にかけての地域を支配していたローマ人指導者シャグリウスを打破して支配域を南へ拡大することに成功すると、テューリンゲン人、アレマン人をも打倒し、さらに507年にはヴィエの戦いにおいて西ゴート人を破り、勢力を南ガリアにまで拡大した。こうして多民族を支配下に加えていくと同時に、フランク人諸集団の首領（小王）を排除しフランク人の統合も進められた。

さてクローヴィスの息子たちの代にブルグント王国をも併合するなどしてさらに領域を拡大したフ

図1　フランク 王国の拡大

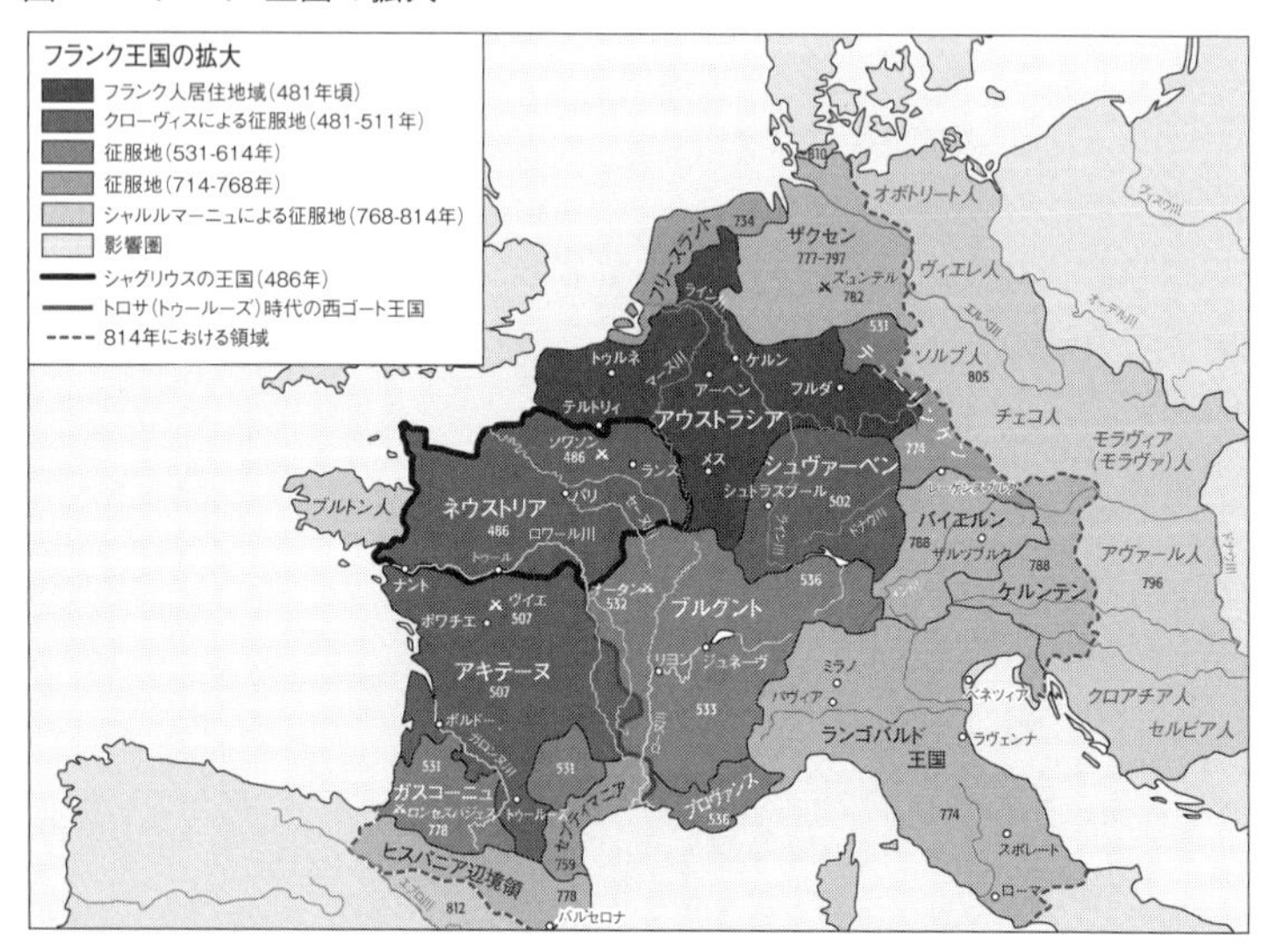

出典：Matthias Becher, Merowinger und Karolinger (Geschichte kompakt), Darmstadt, 2009, p. 18.

ランク王国であるが、これは常に1人の君主の支配下にあったわけではなかった。すでにクローヴィスの息子たちによる分割相続で複数の分王国が成立しているが、その後、相続事情に左右されつつ分割や統合が繰り返され、最終的にアウストラシア・ネウストリア・ブルグンディア三分国体制の確立に至る。こうした中、「フランキア」が指し示す対象にも変化が見られた。一方では従来通り、ただしフランク人勢力の伸張に伴い拡大したフランク人の居住地域がこの言葉で示される。ロワール川からライン川の東、モーゼル川上流域にまで広がっていくこの狭義のフランキアは東西に区分され、東がアウストラシア、西がネウストリアと呼ばれた。この時、フランキアはブルグンディア、アレマニアなど、フランク王国支配下ないし影響下にある他の民族的地域呼称と対置される。他方、フランク人が統治の主体となった多民族国家フランク王国の全体もまた「フランキア」概念を用いて表現された。この広義のフランキアは、例えば西ゴート人支配下のヒスパニアと対置された。これは多民族国家でありながらあくまで「フランク人の王」や「フランク人の王国」が国王ないし王国の公的な呼称として維持されたことと同じ原理に基づいた用語法と言える。

カロリング期の「フランキア」

こうした二重の用語法は751年のカロリング朝への王朝交代を経て以降も確認される。とりわけ774年のシャルルマーニュによるランゴバルド王国併合以降、王領地が集中する王国の中心としての狭義のフランキアと、イタリアとの対照においてアルプス以北の支配地域全体を指す広義のフランキアという概念の二重性が見られ、後者は国王の公的称号にも反映された。すなわちシャルルマーニュは「フランク人の王にしてランゴバルド人の王」を名乗ったのである。

814年に単独統治を開始した次代ルイ敬虔帝は公的な称号に民族名を付随させること、すなわち「フランク人の王」と称することをやめ、「尊厳なる皇帝」とのみ称した。しかし彼の治世終盤に王息たちの領土相続が政治問題として顕在化すると、新たな「フランキア」概念が登場する。例えば825年以降「バイエルン人の王」（国王文書中の初出は830年）としてバイエルンを統治していたルートヴィヒ（2世、「ドイツ人王」）は、ライン川以東の支配権を志向し、833年以降の国王文書で自らの王権を「東フランキア」におけるものと主張した。その後843年ヴェルダン条約によってフランク帝国を三分することになったシャルルマーニュの3人の孫たちは、狭義のフランキアをも「平等に」

図2　ヴェルダン条約（843年）による分割

出典：『世界歴史大系 フランス史1』山川出版社、1995年、178頁。

三分割したのである。このうち少なくとも東西の2王国においては、上記の「フランキア」概念の二重性が確認できる。

　しかし分割された各王国を統治する王たちは「フランク人の王」と名乗ることを基本的にやめ、民族的・地域的限定句を伴わない「王」号を用いた。この「絶対的王号」が好まれた理由は、国王がそれぞれ支配領域拡大の可能性を視野に入れていたためと考えられているが、同時に「フランキア」をめぐる争いかのような様相も見えてくる。9世紀の第2三半期以降、西側の史料において東側の王国ないし国王が「ゲルマニア」や「ゲルマン人たちの」、あるいは「ライン川の向こう側の」といった修飾語をもって表現される一方、東側の史料において西方は「ガリア」とみなされていた。ともに「フランキア」は自国に留保されていたのである。例えば870年頃、シャルル禿頭王の依頼によりおそらくソワソンで制作された『ザンクト・エンメラムの黄金写本』の挿絵において、戦士に囲まれ玉座に座るシャルル禿頭王の左右に立つのは、擬人化されたフランキアとゴティア（南フランスの旧西ゴート人支配地域）である。なお彼女たちのように擬人化された支配領域が王に貢物を献げ王を讃える場面を描くことによる国王支配権の表象は、西欧美術史上の初出例とされる。921年にボンで東西間の和平条約が締結された際、公式文書においてシャルル単純王が「西フランク人の王」、ザクセンの出自ゆえに非フランク系である新王朝（オットー朝）の開祖ハインリヒ1世が「東フランク人の王」と記されたことは、それゆえ極めて画期的なことであった。

東西フランク王国の対立要因の一つに、カロリング家の故地であり、シャルルマーニュ以降に帝国の象徴的中心となっていたアーヘンをも含む「中部フランキア」の領有をめぐる争いがあった。当地はヴェルダン条約でロータル1世に割り当てられたが、855年のロータルの死に際した領土分割により、ロータル2世が支配するところとなる。しかし869年に彼が嫡子を残さず死去すると、様々な駆け引きを経て「ロータルの王国」（後のロタリンギア、ロレーヌ）は翌年東西で分割される。これ以降シャルル禿頭王は自身の統治年数を西フランクにおけるもの（時折「フランキアにおける」と

『ザンクト・エンメラムの黄金写本』（ミュンヘン、バイエルン州立図書館所蔵）
［出典：Riccardo Pizzinato, “Vision and Christomimesis in the ruler portrait of the Codex Aureus of St. Emmeram”, in: Gesta 57-2 (2018), pp. 145-170, p. 148.］

いう語句が付加される）、「ロータル（の王国）を継承して」からのもの、さらに875年クリスマスの皇帝戴冠以降は帝位におけるものを列挙するようになる。しかしここでは「（西）フランキア」と「ロータルの王国」の区別が強調されていると考えるよりも、「ロータルの王国」＝「中部フランキア」全体の正当な継承への志向を読み取るべきであろう。その後「ロータルの王国」は879年以降全土が東フランク王の支配下に入る。しかしシャルルの同名の孫シャルル単純王が911年（東王国におけるカロリング家断絶の年）にロタリンギアを併合し、4世代を経て再び「フランク人の王」を名乗り始めることを考えると、「フランク人」の伝統における同地の象徴的意味合いが見えてこよう。なお同地はシャルルの廃位を経た923年以降中世を通じ東王国（後に帝国）に属することとなる。

「フランキア」から「フランス」へ

「フランキア」や「フランク人」との連続性をもっぱら西側の王国が主張する傾向が強まるのは、11世紀以降のことである。東側では狭義の「東フランキア（現在のフランケン）」のラテン語名称として「フランコニア」が登場し、王権も「ローマ人の王」、「ローマ人の皇帝」を名乗ることが常態化していく。西フランク王国の系譜を引き、カペー朝への王朝交代の後も国王が「フランク人の王」を名乗り続ける西の王国において、国王が公式に古仏語で「フランスの王」を名乗るようになるのは、ようやく13世紀半ばになってのことであった。

（菊地重仁）

3 ガリア聖歌
――「フランス音楽」の古層

「中世フランス音楽」とは？

本書の他の章でも触れられているように、中世においては「フランス」という概念自体が多くの問題を孕んでいるが、音楽においてもそれは同様である。中世音楽のレパートリーは世俗歌曲を除き非国家な性格が強く、「国家」よりも広い意味での「地域」で捉えても、その差違は明瞭ではない。西洋音楽における明確な「国民意識」は、ルネサンスの音楽理論家の著作に初めて現れる。ヨハンネス・ティンクトーリス（1435頃～1511）、フランキヌス・ガフリウス（1451～1522）、ピエトロ・アーロン（1480～1545）らは、彼らが学んできた伝統的かつ普遍的な中世以来の音楽理論と、国や地域ごとに多様化する音楽実践との間の乖離を肌で感じていたのであろう。その著作には、彼ら自身のアイデンティティの表明としてか、ヨーロッパ諸国の音楽の民族的特徴がなかば侮蔑的――あるいは諧謔的――な言葉で綴られている。「イタリア人はメーメー鳴き、スペイン人はワンワン吠え、ドイツ人はモーモー唸り、フランス（ガリア）人はコッコー鳴く」という17世紀には広く流布していた諺は、それを受け継いだものといえる。

しかし、14世紀以前の中世音楽ではナショナリティの要素が乏しく、「フランス音楽」と疑いなくみなし得るものはほとんど存在しない。他方で中世音楽における重要な発展は、その多くが現在のフランスの領域内で起こっていることもまた事実である。こうした前提を踏まえて、本章では「フランス音楽」の古層ともいうべき「ガリア典礼の音楽」を取り上げよう。

ガリア典礼

まず「ガリア典礼」について確認する。その最古の記録は、ローマ教皇インノケンティウス1世（在位401～417）がグッビオ司教に宛てた416年の書簡に遡る。ローマ教会の首位権の強力な主張者として知られる同教皇は、そこで使徒ペトロに遡る同教会の権威を強調しつつ、「イタリア、ガリア、ヒスパニア、アフリカ、そしてシチリアと島々」の諸教会に対して、ローマの典礼式に従うよう求めている。このように「ガリア典礼」という用語は、まず「ローマ典礼」との対比、あるいは「ローマ化されるべきローカルな典礼」というネガティヴな文脈で使用されていた。また、そこではイベリア半島やブリテン諸島のケルト文化圏、アフリカ、あるいはミラノなど独自の伝統を有するイタリアの諸教会も「ガリア」に含まれていた。

狭義のガリア典礼は、現在のフランスにほぼ相当するローマ帝政期の属州ガリアで成立されたとされる。ただし、その中心はパリやランスなどの北部の都市ではなく、アルル、クレルモン、トゥールーズ、マルセイユ、そしてリヨンなど、南ガリアの首邑都市にあった。そこではガリア・セナトール貴族が司教として典礼実践の責任を担っていた。クラウディウス・マメルトゥス（ヴィエンヌ司教、475頃没）、シドニウス・アポリナーリス（クレルモン司教、430頃～489）、そしてトゥールのグレゴリウス（トゥール司教、538頃〜594）らの著作には、ガリア典礼に関わる記述が含まれている。こうした諸教会においても典礼の作法に多少の差違があったが、まったく異なるものというわけではなく、一定の共通性が存在していたようである。ベーダ・ヴェネラビリス（672頃〜735）の『イングランド教会史』（731頃）には、初代カンタベリー大司教アウグスティヌス（604頃没）が、彼を当地に派遣した教皇グレゴリウス1世（在位590〜604）に対しておこなったとされる典礼に関する質問が記されており、そこで使われている「ガリア教会の慣習」という言葉は上記の共通性の証左の一つとされる。7、8世紀になると後述するミサのマニュアルが残り始め、その具体的な内容もある程度は明らかになる。

「ガリア聖歌」の復原

このガリア典礼において使用されていた教会音楽が「ガリア聖歌」であるが、その具体的な内容はきわめて不透明である。それが単旋律の合唱曲であったことは間違いないが、ガリア聖歌と明示された楽譜写本は一点も残っていない。これは写本が失われたからではなく、もともとガリア聖歌は楽譜に記されなかったためと想定されている。8世紀半ば以降、ピピン3世（在位751〜768）、カール大帝（皇帝在位800〜814）、ルイ敬虔帝（在位814〜840）らによって、フランク教会に「ローマ聖歌」が積極的に導入されると、ガリア聖歌は急速に衰退した。そのため、9世紀には西洋で初の本格的な記譜法体系が登場するが、ガリア聖歌がその恩恵に浴することはなかったのである。

そこで音楽史家らは、間接的ないしは周辺的な様々な資料を駆使して、「ガリア聖歌」の復原に取り組んでいるのである。まず、ガリア典礼の典礼暦――特にガリア固有の祝日――やミサの式次第、祭儀でもちいられる祈禱文などが有力な手掛かりとなる。ガリア典礼に関する記録は決して乏しくはなく、パリ司教聖ゲルマヌス（496頃～576）の書簡という形式で伝えられた「古ガリア典礼提要」（7、8世紀）、「ボッビオ・ミサ典書」（7世紀）や「ゴート・ミサ典書」（8世紀）などミサにおける各種の祈禱文を収めたサクラメンタリウム、「リュクスイユ読誦集」（8世紀）や「アニアーヌ読誦集」（8～10世紀）など同じくミサでの朗読用の福音書や使徒書簡の文言を収めたレクツィオナリウム等、いくつかの史料が現存している。それらに基づきガリア典礼の礼拝式を再構成し、ローマ典礼――7世紀以降の写本により伝わる――のそれと比較すれば、8、9世紀にフランク王国における礼拝のローマ化を潜り抜けたガリア典礼の残滓（レムナント）を見出すことができるはずである。

その上で、今度は楽曲の同定がおこなわれるが、その作業はさらに困難がつきまとう。前述のように「ガリア聖歌」として記録された楽譜写本は一点も存在しない。そこでグレゴリオ聖歌の楽譜写本から、ガリア聖歌とみられる旋律を抽出することになる。しかしながら、グレゴリオ聖歌の楽譜写本は9世紀以降から多数現存するのに対して、その元であるはずの古ローマ聖歌の写本は、11世紀以降のものしか存在していないのである。したがって、グレゴリオ聖歌の楽譜写本に含まれる旋律が、古ローマ聖歌のものなのか、ガリア聖歌のものなのか、あるいはローマ典礼導入後のフランク王国で作られたいわゆる「ローマ・フランク聖歌」なのかは、容易には判別できないのである。この分野の代表的な研究者であるミシェル・ユグローは、ローマ聖歌とグレゴリオ聖歌の楽譜写本の比較、モサラベ（スペイン）、アンブロジオ（ミラノ）、ケルトなど広義のガリア典礼に属する楽譜写本群との比較、

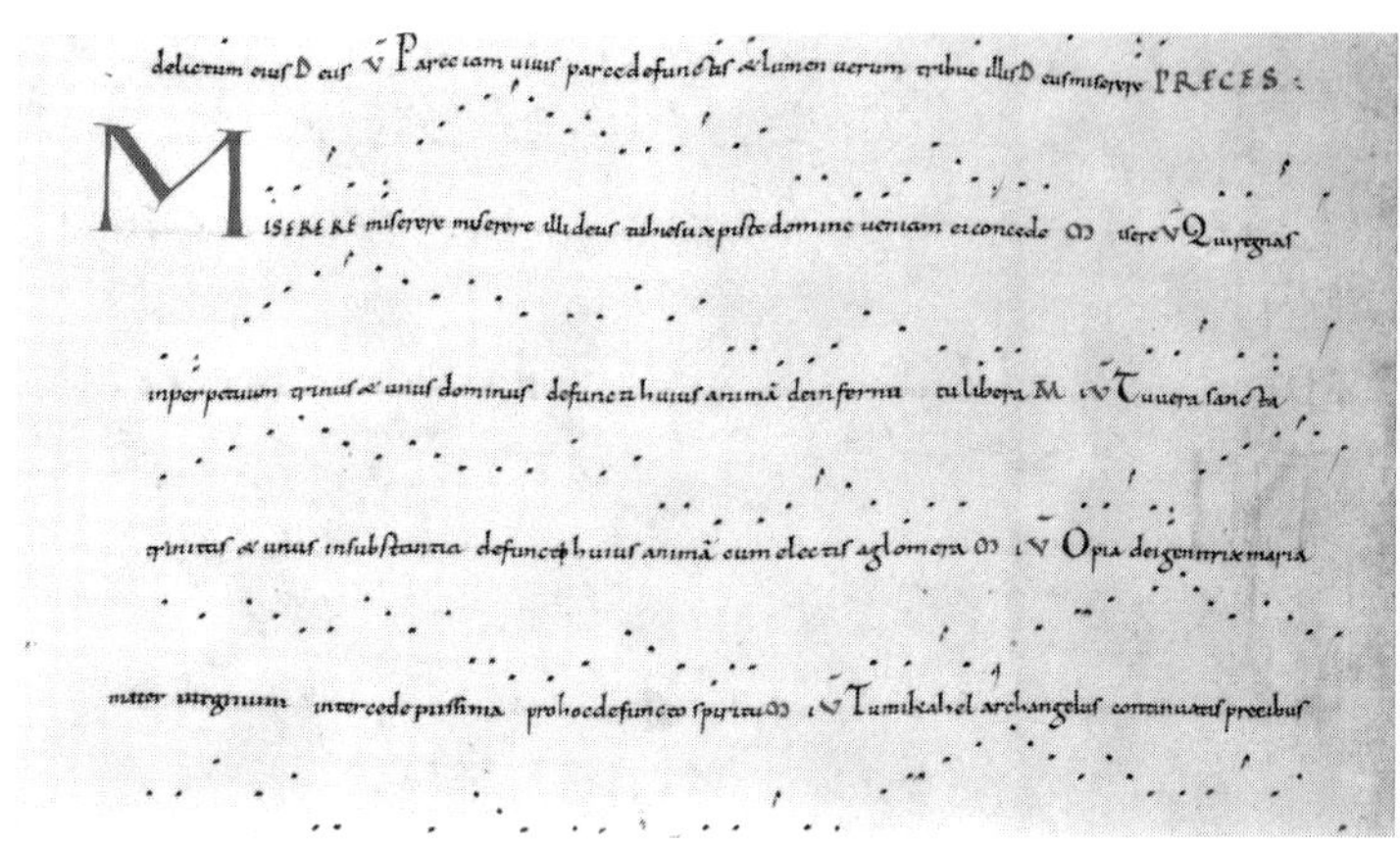

譜線なしネウマで記されるガリア聖歌［フランス国立図書館所蔵］

という二段階の照合作業により純粋に（狭義の）ガリア的とみられる楽曲を抽出した後、(a)典礼書ないしは礼拝上の事実に基づく証拠、(b)歌詞の文学上のスタイル、(c)旋律の様式、という三つの基準から識別すべきとしている。

こうした識別法に照らして、多くのガリア聖歌が含まれているとみなされているのが、「アキテーヌ写本群」と呼ばれる約40点の楽譜写本である。それらは共通してアキテーヌ式ネウマで記され、9世紀末から12世紀に由来する。その地域上の分布は、かつてのアキテーヌ地域圏よりも広く南西フランスとスペイン北部に及び、また楽譜写本の多くは、リモージュのサン・マルシアル修道院で作成されたとみなされている。これらの楽譜写本は、ローマ典礼が積極的に導入されたフランク王国の地域――メス、アミアン、リヨン等――から、地理的にも政治的にも離れた場所で作成されたため、ガリア聖歌の諸要素が色濃く残っているとみられている。

具体的な例を一つ挙げておこう。「プレケス」（連禱）はガリア典礼とモサラベ典礼に由来する祈禱で、助祭による先唱句と会衆による応唱句からなり、しばしば複雑な旋律がつけられた。プレケスはミサにおいて、福音書の朗読の後などに唱えられたようである。死者のためのプレケスである〈彼を憐れみ給え、主である汝、イエス・キリストよ〉はガリア聖歌と確定されている24曲の一つであるが、上記のアキテーヌ写本群の一つである通称「アルビ・グラドゥアーレ」（フランス国立図書館ラテン語写本776番）にネウマ付きで記されており、旋律を復原することが可能である（図版を参照）。こうしたガリア典礼由来のプレケスは、ローマ典礼の統一的導入後も生き続け、15、16世紀まで歌われていた。

フランス音楽の古層への探究

それではガリア聖歌の一般的な特徴は何であろうか。シャルル禿頭王（初代西フランク王、在位843～877）の教師であったライヒェナウのベネディクト会士ヴァラフリドゥス・ストラボ（808頃～849）は、その著書『教会の諸慣行の起源と展開の書』（840頃～842）において、ガリア聖歌は「歌詞と旋律において（ローマ聖歌との）明白な違いがある」と述べている。よって、当時においては音楽様式にも、ガリア聖歌は明確な特徴をもっていたことが窺える。しかしながら、現在の我々が確実に知り得るその個性は、豊かなメリスマ（歌詞の一音節に対して多数の音符を付ける装飾的な歌唱法）や、三度を積み重ねる歌唱法（例えばドーミーソ）、「ペス・ストラトゥス」（「引き伸ばされた歩み」の意味）と呼ばれる独特のネウマ（音符）などにすぎない。

なお、1990年代以降では典礼書や楽譜写本の分析のみならず、様々なアプローチによるガリア典礼の研究がなされている。例えば、ジェームズ・マッキノンはガリア典礼について何らかの言及がある叙述史料を、上記の典礼テクストと精緻に照合し、ガリア聖歌の演奏実践について重要な指摘をおこなっている。すなわち、カロリング朝以前のガリア教会で聖歌は基本的に独唱で歌われ、スコラ・カントールムのような合唱隊は存在しなかったとされる。また典礼暦による特定の祭日のために独自のテクストを唱えるという「固有式文（プロプリウム）」という観念がないため、グレゴリオ聖歌のような体系的なレパートリーは形成され得なかったとされる。このことは他方で、ガリア聖歌には即興的な要素がたぶんに存在していたことを暗示している。

（山本成生）

4 封建社会の王
——前期カペー朝

「カペー家の奇跡？」

９８７年は、よく知られているようにカペー朝始まりの年である。まさにこの年に、諸侯たちによりユーグ・カペー（９８７～９９６）が西フランク（のちのフランス王国）国王に選出されたのである。しかし、じつはすでにその１世紀前から、ユーグの先祖が王位に就いていたことはあまり知られていない。カペー家の父祖ともいうべきロベール・ル・フォールは、ドイツの西部地方あたりから北フランスにやってきたフランク貴族であるが、その息子のウードとロベール（１世）が、それぞれ８８８年、９２２年に西フランク王に選ばれていたのである。したがって、９８７年のユーグ・カペー戴冠は、じつのところはカペー家の前身（ロベール家）とカロリング家との１世紀にわたる勢力争いの一コマにすぎなかったといえる。

しかし、その後カペー家の直系子孫は、１３２８年にいたるまで3世紀以上にわたってフランス王国の王座を確保し続けた。そもそもは王国諸侯によって王位を認められたにすぎなかった一貴族家門がこれほど長期間にわたってその地位を保持し続けることができたという事実は、「カペー家の奇跡」と称されることがある。従来その要因は、国王が自らの存命中に後継者の息子を共同王として聖別させるという、特別な王位継承方法に求められてきた。ユーグ・カペーは自らが国王に選出されたわずか半年足らずのうちに息子のロベール（2世敬虔王：996〜1031）を共同王として推戴させているし、その後もこの方策は、1179年にフィリップ（2世尊厳王：1180〜1223）が父王ルイ7世（1137〜1180）の共同王となる時まで続けられた。

しかし、こうした方法が家門による王座確保を第一の目的としたのは、せいぜい2代か3代までのことにすぎない。ロベール2世が共同王となったときには、カロリング家の血筋を引くシャルル・ド・ロレーヌが王座を要求するライヴァルとして存在していたという政治状況があったが、922年のその死のあとは、現実的には他の強力な王位請求者は現れなかったからである。続くアンリ1世（1031〜1060）の即位あるいはそれ以降の共同王創出の目的は、むしろ家門内の王位継承争いに対する予防線というところにあった。じっさいカペー朝初期には王の兄弟には大きな政治的実力があり、アンリ1世は弟ロベールとその母コンスタンスの度重なる反乱に対処しなくてはならなかった。

カペー家による長期間にわたる王位継承には、もうひとつ大きな要因がある。それは、継承者たる男子を絶えることなく確保し続けたことである。これはたしかに「奇跡」と称するに足ることかもしれないが、とはいえ、ただの偶然の産物だとばかりもいいきれない。奇妙に聞こえるかもしれないが、11、12世紀のカペー王のいく人かが、結婚問題に関連して教会から破門宣告を受けたという事実がそのことをよく示している。当時ローマ・カトリック教会は、結婚の秘蹟化（神により結びつけられたものとして原則解消不可能な結婚）を熱心に推進していたが、それに反して、彼らは妻を何度も「取り換え」たからである。たとえば、フィリップ1世（1060〜1108）は最初の妻ベルト・ド・オランを離別し、当時アンジュー伯の妻だったベルトラード・ド・モンフォールを奪い取り、つぎの妻とした。この出来事はフィリップがベルトに飽きたせいだと非難されたが、たんに男女間の情念の問題につきるものとはいえないだろう。フィリップは王国の司教団にベルトラードとの関係を正式な婚姻と認めさせることに腐心したのであり、それは彼女との間の子どもを正嫡と認知させる必要があったからでもある。「カペー家の奇跡」はそうした努力の成果でもあった。

フィリップ1世とベルトラードの破門［コンデ美術館所蔵］

国王は王国の主なのか？

ところで、以上のようにしてひとつの家門によって継承されたフランスの王座の主は、何をどこまで治めていたのだろうか。もちろん世界史の教科書などの地図に記されたフランス王国、という答えが返ってきそうだが、事態はそう単純ではない。

第一に、この章が対象としている時期においては、フランス王国はいくつかの諸侯領（ノルマンディ公領、フランドル伯領、アンジュー伯領、ブロワ-シャンパーニュ伯領、アキテーヌ公領、ブルゴーニュ公領など）が分立する、いわば政治権力のパッチワーク状態にあった。そして、国王も実勢力の面で見ればパリとオルレアンを中心とする地域の一諸侯にすぎず、しかも12世紀の初頭までは、その領域（王領）内でさえカペー家に不服従な城持ちの領主たちが少なからず存在していたのである。そうした状況のなかで、国王は公的統治者というよりも、ふつうの貴族・騎士よりも城や領主権限を数多く保持する在地支配者のようなものであった。じっさいカペー王の通常収入は、地代や通行税、裁判収入（中世において裁判権は領主の重要な収入源だった）やパン焼きかまどや粉ひき場の使用強制権、人頭税など、ふつうの領主と変わるものではなかった。このほか、封建家臣の後見などから引き出せる臨時収入や、また司教座が空位となったときの世俗財産の取得権もあったが、これとて、理論上はともかく、実質的には国王固有の財源というわけではまったくなかった。フランス国王が王国の統治者の名において広くその住民から税金を取るというような事態は、ようやく14世紀半ばに可能になることにすぎないのである。

第二に、そもそも前期カペー王は「フランス国王」とすら名乗っていなかった。彼らはカロリング朝の伝統を継いで「フランク人たちの王」と称していたのである。ユーグ・カペーも「ガリア人（フランク人）、ブルターニュ人、デーン人（ノルマン人）、アキテーヌ人、ゴート人……」らの王として選ばれたと同時代の史料にはある。つまりは王国という領域の君主というよりも、諸民族集団の首長という自己意識を持っていたのである。しかも、ここでいう民族集団には農民や非自由人などは含まれず、基本的に聖俗の貴族・騎士らを指すにすぎない。こういうと、主君が土地を与え、家臣が奉仕でもって報いる封建関係が張り巡らされた社会だから、よく考えてみればそれもそうだろう、という声が聞こえてきそうだが、封建関係はこの時代の国王を含めた貴族・領主間の関係を規定する唯一の原理ではまったくなかった。封の授受をともなわない忠誠・同盟関係もざらであり、また親族・血縁関係や朋友関係なども彼らの行動原理に大きく左右する要素であった。さらに、教会との間の庇護・被

ルイ6世の戴冠［リヨン市立図書館所蔵］

庇護関係がここに加わる。つまり、前期カペー朝の国王たちは、領域統治者である以上に人的集団の統治者、しかもさまざまな人的集団の網の目のなかで相対的な権威を保持する存在であったといえるだろう。

こうした条件のもとでは、国王は公的秩序の面で、たとえばキリスト教の守護者というような意識は持ってはいても、13世紀後半以降のように、国内の紛争や犯罪についての最高裁判官だというような自己主張を展開してはいなかった。これは国王が裁判を行っていなかったという意味ではない。だが、国王はみずからの裁判権を限定されたものだと見なしていたのである。たとえば、ルイ6世（1108～1137）は王領の再統合を推し進め、カペー家の興隆をもたらしたといわれるが、この国王とて、国王法廷で有罪判決を下した相手が判決を拒否して退廷するのを許し、そのあと戦争で白黒をつけるのをよしとしたのである。

国王の聖性

　ところで、前期カペー王が実質的には一人の封建領主、世俗諸侯にすぎなかったとしても、それは王位に何の固有の属性も認められていなかったということではない。たとえば、国王の聖性の問題がある。それはなにより成聖式という儀礼によって制度的に表現された。

　成聖式とは即位式の一部で、先ほど述べた存命中の最年長の息子の共同王への指名、聖俗の貴顕による選出（同意）に引き続いて行われる、教会による一種の聖別式のことである。新国王は正義をなし、神の敵と戦うことを宣誓した後、クローヴィスの洗礼の際に天から遣わされたと伝えられる聖油をランス大司教により塗られることで聖化された。11、12世紀には世俗諸侯たちも、弱者や教会の保護や正義の執行というような、即位宣誓で表明されるのと同様な君主理念を共有してはいたが、塗油は国王にのみ与えられるものだった。塗油式は751年の小ピピンによる即位以来、カロリング朝の伝統でもあったし、また司教・大司教の叙品の際にも行われたから、カペー王を歴史的に正統なかつ祭司的な国王とするものだったといってよいだろう。

　この成聖式という特別な儀式は、カペー朝においては徐々に国王の奇蹟的な治癒力と結びつけられていった。それは、瘰癧（るいれき）という一種の皮膚病（結核性のリンパ腺炎）を触手によって癒す霊力のことである。この霊力の萌芽は、病者を治癒させたとの記述があるロベール2世の伝記に見られるが、厳密にいえば、この病者が瘰癧患者だとは明言されていない。それから半世紀後にある修道院長は、時の国王フィリップ1世は王家に伝わるこの奇蹟の力を失ってしまったと書いている。しかし、これはどうやら俗人と聖職を切り離そうとしたグレゴリウス改革の影響によるもので、史料状況から窺われるのは、むしろこのころ以降、カペー家が王家の聖職としての地位を主張するかのように、奇蹟力をアピールしていったということである。いずれ教皇インノケンティウス3世（1198〜1216）は、生者は奇蹟を起こさないという見解を表明することになるけれども、生きたフランス国王による治癒奇蹟はそれを超えて存続するだろう。

王権の飛躍と対プランタジネット家

本章で扱う最後のカペー王ルイ7世は、1155年に諸侯らの支持を得て王国に平和令を発した。これは、ようやく王領の再統合を果たしたカペー王が、ついで王国の真の意味での統治者、公的秩序の唯一の担い手に向けた一歩を踏み出したひとつの徴といえるだろう。しかも南フランス最大の諸侯であるアキテーヌ公女アリエノールとルイとの婚姻は、王家に広大な支配領域をもたらした。ところが、このふたりの結婚は15年後に破綻してしまう。そしてアリエノールが再婚相手として選んだのは、ノルマンディ、アンジュー、メーヌ、トゥーレーヌといったフランス北・西部の諸侯領を治めるアンリ・プランタジュネであった。それは、王領をはるかに凌ぐ、フランス王国のおよそ3分の1を所領に持つ巨大勢力が現れたことを意味した。ここにかつての幸運は一転して大きな脅威へ変わったのである。しかもその後、アンリはイングランド王位をも獲得することになる（ヘンリ2世）。プランタジュネ（プランタジネット）家との対決は、つぎのフィリップ2世の時代に引き継がれる、カペー家最大の政治課題となるだろう。

（轟木広太郎）

5 フランス中世の教会と修道院
——11〜12世紀の信仰と平安

パリとその周辺地域の教会と修道院

中世のフランスは領地の複合体に過ぎず、近代の国民国家成立以降の一国史観で捉えることはできない。したがって本章では現在一般にフランスとしてイメージされる領域を扱うことにする。987年に成立したカペー朝フランス王国は、パリとその周辺地域にのみ直轄地を保持する弱体な王権であり、教会の力を借りて王国の安定をはかるほかなかった。国王の成聖式がランス大司教座聖堂で行われたのは、教会の介在によって宗教的な聖性を帯びることなしに王権を十分に権威づけることができなかったからである。百年戦争期にジャンヌ・ダルクが国王にランスでの成聖式をすすめたのは、この伝統による。国王の崩御後、遺体はパリ北方のサン・ドニ修道院に埋葬された。教会は、洗礼、終油などの秘蹟で人々の誕生から死までかかわり、心の平安を与える役割を果たしていたが、王権のはじまりとおわりにも関与し、王権の継承に安定性を与える役割も果たしていた。またサン・ドニは王権の正統性を確立するためのイデオロギーセンターの役割も果たしていた。フランス王権への貢献という点で絶対王政期の宰相リシュリューは12世紀のサン・ドニ修道院長シュジェールを尊敬していたという。

被災前のノートル・ダム司教座聖堂（大聖堂）（2017年）

中世盛期を通じてパリは王権の拠点として発展する。ノートル・ダム司教座聖堂は、パリの信仰と平安の象徴とされ、市民の崇敬を集めた。領主間の紛争が絶えない中世盛期の社会において教会は人々の対立や不安を和らげ、社会を安定させるための基盤として不可欠な存在であった。

フランス北部の教会と修道院

フランス北部は、ヴァイキングとして恐れられたノルマン人が頻繁に襲来した地方である。ノルマン人は北欧の神々を崇拝する異教徒であったが教化され、キリスト教徒となった。彼らは天使ミシェル（ミカエル）を熱烈に崇敬したため、ミシェルに捧げられたモン・サン・ミシェル修道院は彼らの巡礼で賑わった。より高度なキリスト教の知識を求めるようになったノルマン人は、学識者ランフランクを重用した。彼が修道院長を務めたノルマンディのル・ベック修道院は、フランス北部の知的中心のひとつとなった。ランフランクの下に俊英がつどい、シャルトル司教に就任したイブ、フルーリのユーグへとその学統は続いた。中世盛期は聖俗の対立が激化し、聖職者の任命権をめぐる叙任権闘争が起こった時代である。叙任権闘争解決の理論、すなわち教権と俗権の分離の理論を確立したのは、上述のユーグである。ユーグは王から俗権の叙任が実行されるとともに、司教から指輪と杖によって教権（司牧権）が授与されなければならないと主張した。1122年の神聖ローマ皇帝と教皇の間で締結された「ヴォルムス協約」に、ユーグの理論は取り入れられた。中世盛期のフランス北部の教会と修道院は、他の地方のような華やかさはないが、俗権と教権の争いという高度に政治的な局面で理論的な貢献を果たし、西欧世界の平安に寄与していたのである。

フランス南西部の教会と修道院

フランス南西部では、封建領主が群雄割拠しており、紛争が絶えなかった。名目的に領邦君主の権威を借りながらも、実際にこの地方の信仰と秩序を維持する役割を果たしたのは、教会と修道院であった。修道院や司教座聖堂が主導した「神の平和」は、王権が及ばず、領邦君主の指導力も弱体化していた地域の安定を目指して行われた運動である。

中世の封建社会の混乱のなかで、「キリストの貧者（パウペレス・クリスティ）」をスローガンに掲げる宗教運動が広がった。この運動の影響を受け、世俗の悪徳を避けるために、世俗から引き籠ることを志す隠修士があらわれた。多くの隠修士が隠棲する場所として好んだのが、森や山塊で覆われた景観のなかで封建領主が激しく争うフランス南西部であった。混乱する社会で人々は心の平安のために早急に強力な信仰の拠点の形成を希求した。強力なカリスマを持つ隠修士たちは、この役目にまさに適任であった。彼らは人々の霊的希求に応えて各地に新興の共同体を形成することとなった。なかでもミュレのエチエンヌによって創建されたグランモン修道院は清貧・禁欲の生活で崇敬を集め、フランス南西部の数々の領主間の紛争を調停し、地域の信仰と平安の確立に貢献した。

フランス南東部の教会と修道院

フランス南東部も王権が十分に及ばず不安定であった。教皇権と強く結びつくことで困難を乗り越え発展したのが、クリュニー修道院である。クリュニーは、聖ペテロ、すなわち教皇の権威を広げるという大義名分で支院を拡大し、修道院連合体を形成した。その勢力の急激な拡大は、司教権との間に軋轢を生んだが、教皇権がクリュニー本院だけでなく、支院の修道士にも免属特権を付与したため、クリュニーは司教区の枠を超えて活動範囲を広げることができた。クリュニーは、王侯貴族を含む領主階層の魂の救済のために積極的に祈禱を行い、多くの寄進を集めた。

クリュニーの荘厳な典礼主義に対して、修道院内部の装飾を簡素にして、厳格な清貧・禁欲を生活の方針として打ち出したのが、1098年にモレームのロベールによってブルゴーニュ地方に創建されたシトー修道院である。修道服もクリュニーの黒衣に対し、シトーは簡素な白衣を採用した。シトーを本院とする修道会は、卓越した外交能力を持つベルナールが入会してから急速に発展した。彼は各地で生じた宗教上の紛争を仲裁してまわり、王侯貴族や教皇を心酔させるほどの強烈なカリスマによってシトーの威信を高めた。1153年のベルナールの没後、個人のカリスマに頼ることができなくなったシトーは、『愛の憲章（カルタ・カリターティス）』という会憲に基づいて修道院総会を中心に本院と支院を結び付けるための組織改革をすすめた。シトーは清貧を堅持しつつ、葡萄栽培、牧羊、鉱山経営などの経済活動も積極的に行った。シトーによる清貧と経済活動を両立させる霊性は、キリスト教の禁欲の倫理のなかに資本主義精神の起源を見出すウェーバーの学説を敷衍するものとして今も注目を集めている。また、ワインの産地としてブルゴーニュはボルドーと双璧をなすが、修道院の領地での豊富なワインの生産は、この地の修道院の発展に貢献した。

フランス南東部には、クリュニーやシトーのような拡大主義を採らず、少数精鋭主義を貫き、山岳地帯などの世俗と離れた地域に隠遁し、厳格な清貧の生活を貫くことによって、世俗の悪弊からのがれようとしたグルノーブルのシャルトルーズ修道院もある。この修道院は、宗教改革やフランス革命などの修道院にとっての逆境を耐え忍び、近代に至るまで宗教的な権威を失うことなく、聖界における栄達の象徴としてスタンダールの小説『パルムの僧院』のモデルとされた。

俗人の霊性の高揚に直面する教会と修道院

十字軍運動による人々の移動や都市の発展にともなう俗人の霊性の高揚に直面し、クリュニーやシトーなど多くの修道院が採用した『ベネディクト戒律』が重視する一所定住や観想的生活では対応が不十分になり、信仰生活の新しい形態が模索された。原始教会の使徒の如く俗人と向き合うために「使徒的生活」をスローガンとしつつ、教区行政の管理を行う聖堂参事会員のいっそうの活躍が要請されるようになった。司教座聖堂（カテドラル）に次ぐ規模を有し、聖堂参事会員が共住生活を送る信仰の拠点としての大規模な参事会教会（コレジアル）の整備は急務とされた。参事会教会では、カロリング期以来『アーヘン掟則』が採用されていたが、中世盛期にはそれだけでは不十分とされ、私財所有放棄を遵守する律修参事会と呼ばれる共同体もあらわれた。律修的生活の指針として『アウグスティヌス戒律』を早期に導入したプロヴァンスのサン・リュフや、説教活動に力を入れたロレーヌのプレモントレ、アキテーヌからノルマンディに広がったオーレイユ、学術の発展に貢献したサン・ヴィクトールなどが中世フランスで活躍した律修参事会として知られている。またフランス南部では、多くの司教座聖堂参事会が律修的生活を受容した。

だが、これらの律修参事会も俗人の霊性の急激な高揚の結果、教会の統制を離れて生じた異端の蔓延の前に成す術がなかった。12世紀にはクレルヴォーのベルナールやアルブリッセルのロベールの如きカリスマが個別に行っていた巡歴説教を、13世紀には組織的に行う托鉢修道会が成立した。そのなかのドミニコ会は異端対策で活躍した。13世紀に入ると経済力をつけた都市の俗人は、宗教的コミュニティーとしての第三会や兄弟団などを結成し、パンとワインを共にするコミュニオンのような相互扶助の精神で施しを行うようになった。俗人の霊性の高揚という時代の要請に対して、教会と修道院は、司牧（魂の世話）と慈愛（カリタス）によって宗教的な連帯意識を育み、俗人の霊的希求に応えた。

（小野賢一）

6 フランスのロマネスク美術
——大いなる実験の時代

ヨーロッパで最も多くロマネスク聖堂を擁するフランス。その聖堂は、ワインの滋味が土地ごとに異なるように、じつに多様で地域性に富み、風景に溶け込んでうつくしい。ゆったりと流れるロワール川のほとりに建つサン・ブノワ・シュル・ロワール修道院。オーベルニュの深い森にひっそりと建つサン・ネクテール聖堂の峻厳。そこでは聖遺物入れともなる木彫りの聖母子像が多く作られた。天使が舞い降りそうなル・ピュイの針山の頂きに建つサン・ミシェル・デギーユ聖堂。古代の馥郁(ふくいく)に満ちたアルルのサン・トロフィーム聖堂。ゴシック聖堂の先駆けともされる壮大なノルマンディの二つの修道院聖堂。南西フランスの石彫の芳醇。田舎のどんな小さな聖堂も、宝箱さながら、堂内に豊かな美術を内包する。彫刻、壁画、床モザイク、そして刺繡。典礼用具や聖遺物入れには、金工細工やエマーユ細工の逸品が多い。ここでは、ロマネスクとはなにか簡単に概略を記したあと、紙幅が許す限り、フランス・ロマネスク彫刻の名品を挙げて、その魅力を語りたい。

そもそも「ロマネスク」とはなにか。19世紀初頭、異教古代の石造建築に倣って建てられた聖堂を指して、やや侮蔑的な意味を込めて「ローマ風」と揶揄した言葉で、ゴシック以前の建築様式を指して使われはじめた。当初は古代末期からゴシック以前までの長い時代の建築を漠然と指したが、20世紀初頭、フランスの美術史家アンリ・フォシヨンの影響から、10世紀末から12世紀半ばの建築を指すようになった。近年の研究ではその時期を、11世紀を含まず12世紀のみをロマネスクとする派、カロリング期（9世紀から10世紀）を含む派など様々だが、ここでは便宜的に10世紀半ばから13世紀としたい。というのは、ロマネスク建築の特徴のいくつかは、カロリング期の聖堂にまで遡れるが、ロマネスク様式がヨーロッパ初の共通様式となるうえでむしろ重要なのは、各地で同時期に活発な建設活動があったという点だろう。

このことは、ときに950年から1250年ごろ、北半球の気候温暖化（MWP：中世の温暖期）と結び付けられる。便利な農具や農法の一般化など、いわゆる農業革命と重なって、農産物の収穫量の増加に繋がった。その結果、人口は増加し、新しい村、新しい聖堂の増設が促された。余剰人口は、巡礼や十字軍など、人的移動を可能にした。近場の聖地ばかりでなく、エルサレム、ローマ、イベリア半島の聖地サンチャゴ・デ・コンポステーラなどへの巡礼が盛んになると、巡礼路沿いに聖堂が建ち並ぶばかりでなく、巡礼路に特徴的な聖堂の構造（周歩廊）も生まれた。それに伴って、物資や情報も動く、活力に満ちた世紀だったのである。

建築活動の活発化は、10世紀後半、各地の修道院で興った教会改革運動とも呼応している。後に千以上の娘修道院を擁することになるクリュニー修道院では927年から次々と聖堂が建てられた。修道院制の祖、聖ベネディクトゥスを祀るサン・ブノワ・シュル・ロワール修道院では修道院長ゴズランが11世紀初頭に壮麗な聖堂を改築、後の項で述べるように、彫刻の分野で画期的な試みも行った。時同じくして、マジャール人の襲撃によって焼失したブルゴーニュ地方トゥルニュのサン・フィリベール聖堂は改築を開始した。この時期、9世紀から10世紀に活発だったサラセン人、マジャール人、ヴァイキングの侵攻が弱まり、封建制を基礎とした安定化した社会が確立したこともまた建築ブームや開墾に拍車をかけたからである。

石造天井という実験

古都ローマの影響が強いイタリア半島では、ロマネスク期に建てられた聖堂であっても概ね木造天井をもつが、フランスでは石造で天井が架けられた。石造だと火事に強いが、天井の重みで崩落する危険を孕む。そのため、石造天井をうまく支え、重みを分散する試みが探求された。それはフランスだけの試みではなかったが、トゥルニュの天井は類例がない。身廊の区画(ベイ)ごとに南北にトンネル・ヴォールトを架けたのである。西から祭壇の方を眺めたとき、板蒲鉾のような形のトンネル・ヴォールトが横にいくつも並んでいるところを想像して欲しい。現存の聖堂のほとんどが、南北ではなく東西に長いヴォールト(トンネル・ヴォールトであれば蒲鉾は縦に一本となる)を架けていることを考えると、この試みはある意味「失敗」だったのかもしれないが、その実験的精神に触れるとき、わたしはいつも背筋が伸びる思いがする。

そうした「実験」は美術の分野、とくに彫刻にも及んだ。ロマネスク期はしばしば「モニュメンタル彫刻の復活」の時代と呼ばれる。古代において神殿に置かれていた丸彫人像彫刻や、神殿の壁を飾っていた浮彫などは、古代末期以降、偶像崇拝禁止の教義をもつキリスト教の隆盛とともに消えていった。近年、丸彫に近い石膏彫刻の存在が明らかになりつつあり、また木彫では丸彫り彫刻が作られていたことも考慮に入れなければならないが、ロマネスク以前の彫刻は、古代的な規範に準じた装飾が多い。

ところがロマネスク期、古代ローマとは異なる石彫装飾が誕生した。聖堂の扉口周り、屋根の軒下を支える持送り、柱頭彫刻などに古代とはまったく異なる彫刻が生まれたのである。ポワチエのノートル・ダム・ラ・グランド聖堂のように、神殿のフリーズを思わせる壁の浮彫を試みた地域もあるが、次第に彫刻は人の出入りの多い扉口周りに集中するようになった。オルネーのサン・ピエール聖堂のように、扉口を囲むアーチの迫石ひとつひとつに意匠を刻むパターンや、扉口上の半円形（タンパン）に「最後の審判図」他、複雑で発展した図像が刻まれるようになった。

古代の則を超えて

ここではとくに、ロマネスクにおける彫刻の復活の例として、柱頭彫刻の例を挙げたい。古代においては、柱頭は原則的に古典的な様式を遵守した。古代ローマではドーリス式、イオニア式、コリント式、コンポジット式（イオニアとコリント式を混合したもの）とトスカナ式の5種の柱が主に用いられていた。古代末期や初期中世では（イタリア半島ではロマネスク期にも）、神殿から採られた一本石の円柱がステータス・シンボルだったが、アルプス以北では再利用品が手に入れられない地域もあり、またロマネスク期の爆発的な建設活動はすべての聖堂に再利用品を供給できなかった。そのため、ロマネスクの彫刻家は新たに柱頭や柱を作った。トゥルニュのように小さな切石を組み合わせて円柱とし、柱頭も古代風を模刻するばかりでなく、柱頭を表現の場として活用した。その初期の例として、サ

図2 「誘惑するエヴァ」ブルゴーニュ地方、オータン、サン・ラザール大聖堂楣断片（1130年頃）［ロラン美術館所蔵］

図1 サントル地方、サン・ブノワ・シュル・ロワール大修道院西塔柱頭彫刻（11世紀初頭）

ン・ブノワ・シュル・ロワール修道院の西塔が挙げられる。コリント式柱頭の型は確固としてあり、斜めに伸びる葉の曲線をなぞるように、「ヨハネの黙示録」のキリストはスキージャンプの選手さながら、前傾姿勢をとる（図1）。それまで装飾でしかなかった柱頭彫刻が、教義を伝えるツールとなり、無限の可能性を有した描写空間と変じたのである。そのレパートリーは幅広く、旧約・新約聖書の物語、聖人伝、動物譚、美徳と悪徳、ギリシア神話、世俗的モティーフなど、ロマネスク聖堂では無限に展開した。

石に花開いた宇宙

聖書の物語を描いた例として、ロマネスク一の美女と誉れ高いブルゴーニュ地方オータン大聖堂北扉口の楣（まぐさ）のエヴァ（ロラン美術館所蔵、1130年ごろ）を挙げたい（図2）。魅惑的な裸婦は、誘惑の言葉を今まさに囁いているところ。もしわたしがアダムだったら、とろんとした眼に魅入られて禁断の木の実を食べてしまうに違いない。もう一例は、オータン近郊ソーリュー の柱頭。この聖堂の柱頭はどれもすばらしいが、「エジプト逃避」を挙げよう。生まれたばかりのキリストを連れてヘロデ大王の殺戮を逃れる聖家族。つらい場面なはずなのに、ロバも赤ちゃんのキリストもニコニコ笑っているようでたのしい（図3）。この聖堂の柱頭彫刻は、ロマネスク期の円熟期。コリント式柱頭という古代の型の記憶は遥か遠く、柱頭というスペースを自由自在に利用している。例えば、蛇のように身をくねらせて踊るアクロバットの柱頭からは、コリント式柱頭のかすかな残滓も見られない（図4）。

動物寓意譚だからといってキリスト教的意味合いがないとは限らない。例えば、サン・ネクテール聖堂の「竪琴を奏でるロバ」（図5）を見てみよう。フランスの美術史家エミール・マールは、この意匠の着想源がボエティウスの『哲学の慰め』（6世紀初め）にあると解釈した。そのなかで「哲学」の

図3　「エジプト逃避」、ブルゴーニュ地方、ソーリュー、サンタンドロッシュ聖堂柱頭（1125～50年頃）

図4　「アクロバット」、ブルゴーニュ地方、ソーリュー、サンタンドロッシュ聖堂柱頭（1125～50年頃）

図5 「竪琴を奏でるロバ」、オーベルニュ地方、サン・ネクテール聖堂柱頭（12世紀）

擬人像は「お前はわたしの言葉を聞いているのか。それとも竪琴を前にしたロバなのか」と問いかける。そこでマールは、この意匠も、神の言葉へ耳を傾けるよう促す役割をもつと解釈したが、それが正解かどうかはわからない。

じつに、のびやかな美が中世の春、フランスに息づいていた。

（金沢百枝）

7 「長い13世紀」とフランス王国
――王権の伸長と王領地の拡大

飛躍的に拡大する王領地

1180年から1328年までの期間は、近年研究者たちから「長い13世紀」と呼ばれている。1180年は尊厳王フィリップ2世が若くして王となった年であり、1328年はフィリップ2世から数えて7人目の王、美王シャルル4世が亡くなった年である。カペー家の直系から男子の王位継承者がいなくなり、王位は傍系のヴァロワ家に引き継がれる。この王朝交代をめぐって、後に百年戦争と呼ばれる激しい戦いが起きる。しかし12世紀の終わりから14世紀はじめにかけての1世紀強の間、とくにフィリップ2世、ルイ9世、そしてフィリップ4世という3人の王の治世に、王国はその姿を大きく変えていくことになる。「長い13世紀」は、フランス史において一つの重要な変革期であった。

王国の内部では、王の直轄地である王領地が飛躍的に増大した。フィリップ2世が即位する前であっても、王に臣下の誓いを立てた諸侯たちの所領を足し合わせて外周をたどれば、それが形式的にはフランス王国の広がりであり、その形は現在のフランスの姿と似ていなくもない。しかし国王が自ら役人を派遣して直接統治する王領地は、現実にはパリを中心とする南北約300キロ、東西約100キロの楕円に収まるほどの広さしかなかった。フィリップ2世期には、この王領地がノルマンディ

「フィリップ2世の誕生」［出典：*Grandes Chroniques de France* [B.N., MS. Français, 2608, fol. 265r]］

地方を含むフランスの北西部にぐっと拡大する。ルイ9世は即位後しばらく有力諸侯たちの反乱に悩まされるが、結果的にはフランス南東部、いわゆるラングドック地方に広大な王領地を得る。フィリップ4世期には、リールやリヨンなどの有力都市、そして王国北東部に広がるシャンパーニュ地方が王領地となっている。

　所領を獲得する手段は様々であった。ここではフィリップ2世の例を紹介しておこう。一つ目は婚姻政策である。彼は三度結婚しているが、最初の結婚相手イザベル・ド・エノーが財産として持参したアルトワの地は、彼女の死によりフィリップ2世と彼女の間に生まれたルイ8世のものとなり、直轄地に組み込まれた。二つ目は戦争である。当時イングランド王はフランスに所領を有しており、この点で彼らはフランス王の家臣であった。フィリップ2世は、イングランド王ジョンが封建的な義務を果たしていないことを理由に、これらの所領を没収しようとした。ジョンは従わず、ここに軍事的な衝突が発生することになる。ノルマンディを主戦場とする13世紀初めのこの戦いはフィリップ2世の勝利に終わった。雪辱を期すイングランド王ジョンは、10年後の１２１４年、神聖ローマ皇帝やフランドル伯らと連携してブーヴィーヌの地でフィリップ2世に戦いをしかける。ここでも勝利を収めたのはフィリップ2世であり、最終的に彼はノルマンディの地を手に入れた。

三つ目の方法は購入である。フィリップ2世は、北フランスにあるクレルモン・タン・ボーヴェージの伯領を、金銭の支払いによって王領地に加えている。サン・ドニ修道院の修道士リゴールは、所領をみるみる広げていくフィリップ2世の行動力に感銘をうけ、伝記のなかで彼に尊厳王の名を与えた。パリの北にあるサン・ドニ修道院は歴代国王の墓所であり、こうした王の伝記や王国の年代記を数多く編んだことで知られている。

王国統治体制の整備

王領地の拡大によって国王の権力基盤は安定し、また統治の方法も洗練されていった。十字軍遠征を前にフィリップ2世が発した王令は、国に残る者たちに、正しい裁き、いくさへの備え、賦課の徴収、そして貨幣の管理を委ねている。王令には、王国の各地にバイイと呼ばれる国王役人を置くことも記されている。

ルイ9世もいくつか王令を出しているが、そこには国の安寧を願う彼の敬虔さがはっきりと表れている。王令のなかで彼は、各地に派遣されたバイイやセネシャルなどの王国役人に綱紀粛正を呼びかけ、一切の法廷決闘を禁止して裁判手続きの整備を図り、王国内における武器の携行を禁じている。実効性は疑わしいものの、一連の王令は直轄地だけではなく王国全土を対象に公布された。さらにルイ9世は、過去に王の統治によって不当な損害を被った例がなかったか、王国民に直接問いかける審問調査まで実施している。ただし彼はユダヤ人には厳しく、ある王令のなかで、ユダヤ人が所有する写本の焼却処分や、債権の一部放棄を命じている。

ルイ9世は、死後にローマ教皇の指示のもと丁寧な調査が行われ、聖人の列に加えられた。「聖王」ルイの誕生である。側近のジャン・ド・ジョワンヴィルが著した王の伝記は、列聖調査の参考資料になっている。誇張もあるだろうが、伝記によれば王は常に質素な身なりをしていて、貧しい民を食事に招き、盲人のための病院を建て、そして「孔雀の羽がついた帽子をかぶって民の訴えに耳を傾け、ヴァンセンヌの森にある樫の木の下で揉め事を裁いていた」という。フィリップ2世やルイ9世のこうした軍事行動や王令に本人の意思が反映されていることは間違いないが、政策の決定に際しては、王の近くにいた者たちの役割も見逃すことはできない。彼らのなかのある者は、王が幼いとき、あるいは十字軍などの遠征に参加して長期間王宮にいないときには摂政として統治を担っている。フィリップ2世の治世も、当初は妻や母の実家が強い発言力を持っていた。12歳で即位したルイ9世の側には摂政として母ブランシュ・ド・カスティーユがおり、彼女はその後長きにわたって国政に影響を及ぼした。

「貧者を食事に招き、足を洗うルイ9世」
［出典：*Grandes Chroniques de France* [B.N., MS. Français, 2608, fol. 337r]］

フィリップ4世には、ギヨーム・ド・ノガレやアンゲラン・ド・マリニーなど、聖職者であると同時に法曹でもある者たちが側近として仕えていた。王はこうした側近たちの助言をもとに会計院を設置して財政状況を監督し、また聖職者・貴族・市民からなる議会を開いた。レジスト（法曹家）と呼ばれる彼らはみな王に取り立てられた者であり、王権の強化が自らの地位をより確実なものにすると信じていた。彼らにとって王はもはや有力諸侯のなかの第一人者ではなく、王国における唯一の立法者であった。王国内の教会領の扱いをめぐってフィリップ4世は時の教皇ボニファティウス8世と激しく対立し、教皇を捕らえるアナーニ事件をおこす。このときレジストたちは、対立の最前線でフランス王権を擁護する論陣を張っている。

「長い13世紀」を経て、フランスの王権とその王国はカトリック世界における存在感を確実に高めていた。王領地の拡大は目に見える成果であった。しかしブーヴィーヌの戦いにおけるフィリップ2世の勝利やルイ9世の列聖、そしてフィリップ4世と教皇の衝突といった象徴的な出来事も、王権の伸長にとっては重要な意味を有していた。他国の王や皇帝にも伍する存在であるという意識の表れであろうか、3人の王はいずれも自らを「最も敬虔なる王」と称している。

「長い13世紀」のパリ、大学、十字軍

中世パリの発展にも彼らは大いに貢献していた。この町が王都として、またヨーロッパにおける学問の中心として成長していくための基礎を築いたのは彼らである。後に宮殿となるルーヴルの砦をパリの西の守りとして築いたのはフィリップ2世であった。セーヌ川に浮かぶシテ島の西端に12世紀初めに建てられた王宮は、ルイ9世のとき壮麗なステンドグラスをもつサント・シャペル、重要な文書を保管する文書庫が増設され、フィリップ4世のときにその規模を大きく拡大している。パリ大学の成立にも彼らは関わっていた。フィリップ2世はパリで学問をする者たちの身の安全を保障し、彼ら

の団体を正式に認可した。ルイ9世は神学者のロベール・ド・ソルボンに建物を寄贈し、これが貧しい学生のための寄宿舎、ソルボンヌ学寮となる。この学寮を範にフィリップ4世妃にしてナヴァール（ナバラ）の女王ジャンヌが創設したのがナヴァール学寮であり、この学寮からはこの後フランスを支える多数の王国役人が輩出することとなる。

最後に十字軍運動に触れておこう。多方面で目覚ましい活躍をみせた彼らも、十字軍ではみるべき成果を挙げていない。フィリップ2世は、イングランド王リチャード1世や神聖ローマ皇帝フリードリヒ1世など名だたる君主とともに第3回十字軍に参加したが、体調不良を理由に早々に帰国している。ルイ9世は強い意気込みをもって第7回と第8回の十字軍を率いるが、一度目の遠征ではエジプトで捕虜となり、二度目は病に倒れアフリカのチュニスで没してしまった。フィリップ4世はイル・ハン国のアルグン・ハンの求めに応じ、彼と結んで聖地を回復する計画を立てた。モンゴル勢力との連携はルイ9世の頃からのアイディアであったが、この壮大な計画が実現にいたることはなかったのである。

（鈴木道也）

コラム 1

12～13世紀フランスの女性権力者

他の西ヨーロッパ諸国と異なり、フランスの王座に女性が就いた例はない。しかし、そのことはフランスで貴族家門の女性が政治権力から排除されていたことを意味しない。ルイ8世の王妃ブランシュ・ド・カスティーユは、夫の死後、息子ルイ9世の未成年期や十字軍遠征時など、長期にわたって摂政を務めた。

ブランシュと並び、最も著名な女性権力者は、アリエノール・ダキテーヌであろう。1122年、アキテーヌ公ギヨーム10世の娘として誕生し、1137年の父の死に伴い、アキテーヌ公領を相続した。同年、国王ルイ7世と結婚し、1145年に娘マリが誕生するが、1152年に離婚（婚姻無効）、すぐにアンジュー伯＝ノルマンディ公アンリと再婚した。1154年、アンリがイングランド王ヘンリ2世として即位すると彼女も同王妃となった。二王国の王妃と言われるゆえんである。1168年に夫と別居し、アキテーヌ公領へ戻ると、1173年、夫に対して次男の若ヘンリが企てた反乱に加担するも、捕えられ軟禁された。彼女がようやく解放されたのは、夫ヘンリ2世が死去し、息子リチャード1世が即位した1189年であった。その後、リチャードの十字軍参加中に、アリエノールは摂政として国政を担った。

このアリエノールとルイ7世との間に、1145年に長女として生まれたのが、マリ・ド・フランスである。1164年、シャンパーニュ伯アンリ1世と結婚。1179年から1181年までアンリ1世が聖地巡礼に出ると、マリは摂政として伯領に留まった。夫は帰国後まもなく死去し、1187年に長男アンリ2世が成人に達するまで、マリは摂政を務め続けた。しかしアンリ2世も聖地へ向かったため、1190年より彼女は再び摂政となり、1197年にアンリ2世が亡くなるまでその地位にあった。

マリ・ド・シャンパーニュは、1128年にシャンパーニュ伯ティボー2世の娘として生まれた。前述のシャンパーニュ伯アンリ1世は実兄、マリ・ド・フランスは義姉にあたる。1145年にブルゴーニュ公ウード2世と結婚し、1162年に夫が死去すると、息子ユーグ3世を後見し、ブルゴーニュ公領の摂政となった。しかし、息子の意に反した結婚を画策して失敗し、1165年に息子に追放され、寡婦財産も奪われた。彼女は、妹のアデルと結婚し義弟となっていた国王ルイ7世に訴え出たが、ユーグ3世は神聖ローマ皇帝フリードリヒ・バルバロッサと結んで対抗した。皇帝はマリの兄アンリ1世に仲裁させたが、結局、マリは修道院に隠遁させられた。

アリエノールとヘンリ2世の横臥墓像（フォントヴロー修道院）

中世史家パトリック・コルベによれば、12～13世紀の貴族家門には、女相続人としてアキテーヌ公となったアリエノールも含め、家門の長である夫や息子が聖地巡礼や十字軍のため自領を不在にする間、摂政を務めた女性権力者は少なくない。また、寡婦として、未成年の相続人を後見し、長期にわたって権力を握った例も多いが、子供が成人に達すると、マリ・ド・シャンパーニュとユーグ3世のように不和が生じるケースもあった。

（加藤　玄）

8 ゴシック建築とフランス
――歴史のなかで変化する「ゴシック」

中世ヨーロッパを代表する建築様式であるゴシック建築の歴史は、フランスと密接なつながりを持っている。

サン・ドニ旧大修道院とゴシック建築の誕生

ゴシック建築のはじまりは、1144年にパリ近郊のサン・ドニ旧大修道院（現司教座聖堂）の内陣が完成したときにあるとされる。ある建築様式のはじまりを、ただひとつの建築に代表させることは、じつは他にあまり例のないことである。しかしサン・ドニにおけるゴシック様式建築の誕生については、多くの専門家たちの意見が一致する希有な例となっている。

ゴシック建築誕生の瞬間を今に伝えるのは、サン・ドニ旧大修道院付属聖堂の内陣の裏側をぐるりと囲む周歩廊の部分である。周歩廊の内側の内陣部分も同じく1144年に完成したものだったが、13世紀の聖王ルイ9世の下で大々的に改築され、盛期ゴシックのデザイン（レヨナン式とも呼ばれる）へと変貌したため、内陣にはゴシック誕生時の部分は残っていない。したがってサン・ドニ旧大修道院が、ゴシック誕生の建築であるといっても、それは教会堂のごく一部のことである。しかしサン・ドニの周歩廊を訪れると、そこにはゴシックという新様式の空間の誕生を、いまでも明瞭に確認することができる。

周歩廊の第一印象は、ほっそりとした柱が生み出す軽快な空間である（図1）。サン・ドニ以降、フランス内外で発展していくゴシック様式のほかの建築に比べると、天井はあまり高くない。しかし周歩廊に並ぶほっそりとした円柱と、その上部で輻輳するアーチの組み合わせによって、軽々と石造のヴォールト天井を支えている空間は驚嘆に値する。さらに、ロマネスクの時代には支配的だった壁面の大部分がステンドグラスに置き換えられ、この建築空間の軽快さをいっそう際立たせている。

図1　サン・ドニ旧大修道院の周歩廊

サン・ドニ大修道院は、メロヴィング朝のダゴベール1世がこの地に埋葬されて以来、歴代フランス王家の墓所であった。12世紀半ば、時の大修道院長シュジェールがこの修道院の付属聖堂の改築を決めたことも、王家の墓所に相応しい壮麗さと規模を、この聖堂に与えるためであった。実際、1140年から1144年にかけて実施された改築工事によって完成した内陣と周歩廊は、それ以前の誰も見たことがなかったような美しい建築空間になったわけである。
この革新的な建築デザインがひとつの建築様式として、フランス全土へ、ひいてはヨーロッパ中へと広まっていった背景のひとつには、1144年に開催された完成披露の献堂式があったといえるだろう。修道院長シュジェールは、この献堂式に列席した重要人物として、フランス王ルイ7世、王妃アリエノールをはじめ、フランス各地の大司教、司教たちをあげている。イングランドからもカンタベリ大司教が列席していた。この献堂式の後、このとき参列した司教、大司教たちのお膝元で、古いロマネスク聖堂からゴシック聖堂への建て替え工事がはじまっていくことになったのだった。

ゴシック様式の広がりと「フランス様式」

この状況についてパノフスキーは、ゴシック様式は「パリを中心とする半径１００マイルに満たない円のなかに包含される地域から広まった」と指摘している。実際、サン・ドニ以降、約半世紀のあいだに建設された主要なゴシック建築を地図上にプロットしてみると、おおよそ半径１５０キロから２００キロの円のなかに収まることが確認できる（図2）。むろん、１００マイルという距離（半径）そのものには特段の意味はない。ただ、その地理的な分布からも、ゴシック建築がパリ近郊のサン・ドニ旧大修道院からはじまり、周囲へと伝播していったことが理解されるであろう。

ゴシック建築が最初にフランス国外へと伝わったのは、イングランドでカンタベリ大聖堂が建設されたときのことである。この大聖堂は１１７４年の火災で大きな被害を受け、新たな大聖堂が新

図2　パリを中心とする半径100マイルの円と、ゴシック様式のはじまりに関係する教会堂の立地

様式で建設されることになった。そのとき、新大聖堂の建設のためにフランスから呼び寄せられたのが、ギヨーム・ド・サンスなる建築棟梁であった。彼はその名前が示す通り、フランスのサンス出身であったのだろう。サンスには、サン・ドニとほぼ同時期から1170年頃にかけて建設の進められた初期ゴシックの大聖堂があった。ギヨームがこの現場で働いていたという確証はないが、彼は新様式の建設方法を知っていたようだ。こうしてカンタベリで建設された新大聖堂は、イングランドにおける最初のゴシック建築となったのだった。

一方、ドイツで最初のゴシック建築はマルデブルク大聖堂といわれる。やはり火災に遭った旧聖堂の建て替えとして、1209年に建設工事がはじめられた。有名なケルン大聖堂は、1248年の旧聖堂の火災後に、フランスのアミアン大聖堂をモデルとして再建が進められたものだった。このように13世紀を通じて、ゴシック様式は次第にフランスからヨーロッパ中へと広まっていった。この時期、人々はこの建築様式を「フランス風」と認識していたようである。ドイツの年代記作者ブルハルト・フォン・ハルは、1280年頃に著した年代記のなかで、ヴィンプフェン・イム・タールの修道院付属聖堂が「最近パリの町からやって来た非常に経験豊かな建築家によってフランス様式（opus francigeum）で建設された」と記述している。「ゴシック様式」という呼称が生まれるよりも遥か以前に、この建築様式が同時代（13世紀）の文脈のなかで「フランス様式」と呼ばれたことは、きわめて興味深いことといえるだろう。

しかし、中世の年代記作者がゴシック建築をフランス様式（opus francigeum）と呼んだとしても、その呼称がどの程度、人口に膾炙したのかは不明である。なぜなら、16世紀にルネサンスの著述家、芸術家ジョルジョ・ヴァザーリは、この様式をドイツ風（tedesco）と呼んでいるからだ。16世紀のイタリア人から見たとき、北方のゴシック様式はすでに「フランス風」ではなく「ドイツ風」あるいは「ゲルマン風」に見えていたわけである。ヴァザーリはこの北方の様式を野蛮な様式として非難し、「この建築は（野蛮な）ゴート人が創案したものである」という烙印を押した。そしてこの表現が転じてゴート（Goth）風、すなわち「ゴシック」という呼び方が一般化していくことになったのだった。

文化財制度の成立とゴシック建築

時代が下り、18、19世紀になると、歴史上の建築様式の再評価が進むようになる。フランス、イギリス、ドイツでは、いずれもゴシック様式を自国の伝統的な様式と捉え、19世紀の技術を駆使して新築のゴシック建築を建設していった。これをゴシック・リバイバルと呼ぶ。

仏・英・独、いずれの国々でもゴシック・リバイバルの建物が新築されていったことと並行して、これらの国々で、しかしなかでもフランスに特徴的な事象として起こったのが、文化財として中世建築を整備することであった。フランスでは19世紀前半の早い段階から、国家的な制度として歴史的建造物を文化財として保護する仕組みを作りあげていく。文化財建造物は、フランスでは歴史的記念物（monument historique）と呼ばれた。

この制度はむろん、ゴシック建築ばかりでなく、古代やルネサンスの建築にも敷衍されることになるわけだが、当初、その根幹にあったのは17、18世紀を通じて野蛮で悪趣味と断じられてきた中世ゴシック建築の再評価であり、ルネサンス的「良き趣味」の価値観によって干渉されてきたゴシックの建物の、在りし日の姿を取り戻すことであった。

この新たな価値観の獲得において象徴的な役割を果たしたのが、パリの中心に位置するゴシック建築、ノートル・ダム大聖堂である。1831年、ヴィクトル・ユゴーは『ノートル・ダム・ド・パリ』を著し、中世再評価の口火を切るとともに、人々の関心をパリの中心で聳え立つゴシック建築へと向かわせた。翌1832年には同書の増補改訂版が出版されたが、そこでは物語とはほとんど無関係にノートル・ダム大聖堂の建築が詳細に描写された章が追加されている。

本書がもたらしたゴシック建築に対する人々の関心の高まりを受けて、1842年にはパリのノートル・ダム大聖堂の修復設計競技が開催される。この設計競技を勝ち獲ったジャン・バチスト・アントワーヌ・ラシュスとウジェーヌ・エマニュエル・ヴィオレ・ル・デュクの二人は、1845年から1865年にかけて、この大聖堂を中世の姿へと修復していった。インテリアでは、18世紀初頭にバロック風に改装されていた内陣が中世のゴシック・デザインに戻され、また外観では18世紀末に切り落とされてしまっていた交差部の屋根の上の尖塔が再建されるなど、このときの修復工事によってノートル・ダムは中世の姿を取り戻したのだった。

2019年4月15日、パリのノートル・ダム大聖堂は、火災により交差部の尖塔と屋根の全体を焼失するという大きな被害を受けた。この火災は、文化財とは何か、中世ゴシック建築とは何かということを、21世紀を生きる私たちに再び問いかけている。その問いかけがまたもパリのノートル・ダム大聖堂からなされていることは、大いなる偶然のようにも、あるいは歴史の必然のようにも思われるのである。

（加藤耕一）

9 中世のパリ
――都市代表組織の形成を中心に

パリ統治制度の起源――パリのプレヴォ

カロリング朝時代、パリはパリ伯領に位置する司教座都市で、伯領の行政的中心でもあった。1086年にパリ地方が王領地に統合されて以来パリもその一部となり、それ以後は領主の職務を代行する役人、プレヴォを通して、国王に直接管理されることになる。このパリのプレヴォの役職は、カペー朝初期の国王たちが自らの領地に派遣した他の代官職と同様の職位であったと思われる。しかし、その領地はすぐにパリとその郊外を越えて拡大し、13世紀初頭には王領地内の他のプレヴォ管区より重要な位置を占めていた。

裁判、財政、軍事、治安維持と実際にはバイイやセネシャルといった国王役人と同等の権限を持つにもかかわらず、パリのプレヴォ職は伝統的な入札方式の請負制であった。パリのプレヴォが国王によって任命・罷免され、国庫から報酬を受け取るようになるのは、1261年の管区改革を経て、ルイ9世がこの役職をエチエンヌ・ボワローに託した以降のことである。シャトレ裁判所に座し、パリ慣習法適応地域を管轄として裁判権を行使するパリのプレヴォは、13世紀の半ばまで周辺の中小プレヴォを支配する一領地の代官であると同時に、国王官吏として市内で唯一の王権を代表する存在でもあった。

中世パリの特権

厳密な法的定義に従えば、中世のパリはコミューン特許状も自由解放特許状も持たない、しかし王権との盟約関係から数々の特権を認められている都市、ということになる。国王とパリの住民との盟約関係はルイ6世治世下の12世紀初頭に遡ることができる。しかし、その関係がより強固になるのは、財政収入、軍事的援助、政治的影響力を確保するために、王国都市をよりどころとしたフィリップ2世が十字軍から帰還した1191年以降であるといえる。

パリの住民に認められた特権は総じて経済的性質のもので、とりわけセーヌ川を利用して商業を営む商人たちに関わりの深いものであった。パリの水上商人組合は1121年に、パリの住民が国王から水路によって市内に運搬された葡萄酒に課税する権利を得たときに組織されたといわれている。セーヌ川は葡萄酒、小麦、塩、木材の特権的な流通経路であり、パリの商人たちに多大な利益をもたらした。組合は1171年にはすでにマント－パリ間の河川交易を独占していた。よその商人がセーヌ川を利用して積荷を運び降ろし、市内で商品を販売するためにはパリの商人と必ず手を組まねばならず、50％の利益分配が求められた。さらに、国王から河川航行に関する裁判権も授与され、パリの商人たちは河川交易におけるその独占権を確固たるものとしたのである。違反者は積荷を没収・売却され、その利益は組合と国王が折半した。河川の巡回も組合がその任にあたり、13世紀には船着場と河岸を修繕するための国王税の徴収も担当している。

これらの特権の特徴として、その大部分が結果的に都市の富裕層（特に富裕商人層）にのみ向けられていた点が挙げられる。パリの人びとの信用を得るために、カペー朝の王たちは都市の富裕商人層の支持に頼り、彼らの繁栄を保証する独特の経済特権で首都を満たしたのである。12世紀末以降、パリの商人たちの権力は王権とともに発展していく。そしてまさにこのとき、パリの住民たちはフィリップ2世に命じられた城壁建設のための費用捻出を自ら組織化して担うことになるのである。

水上商人組合から市代表組織へ

王権による推進の下、1260年ごろにパリの水上商人組合は都市代表組織へと姿を変える。パリの市代表筆頭職が商人会頭（プレヴォ・デ・マルシャン）と呼ばれ、組合の紋章が都市のものとして採用されたのはこのことに由来する。商業特権に基づいた自立性と経済的繁栄を背景に、パリの住民の生活は拡大し、人口は増加し、都市は膨張を続けた。発展した都市において、プレヴォに集中する旧来の行政的仕組みが限界を迎えていたことに加え、国王は課税交渉の際、パリの住民を代表する仲介者を求めていたのである。この変革の後、組合は道の舗装、城壁の維持・修復、飢饉の際の食料供給など、より政治的な役割を獲得する。また、パリの住民は都市の防衛を保障する義務を負っており、それにかかる費用も自身で負担した。そして、13世紀末から何度も繰り返される国王税の徴収も市代表の重要な役割となる。税に関して国王と交渉する権利を持つことで、パリ市代表組織は都市の政治的代表としての性格を強めることになる。治安維持や各種団体の監視を含む行政職務の大部分は依然としてパリのプレヴォの管轄下にあったものの、特別課税が劇的に増加するフィリップ4世の治世下

（1285～1314年）以降、市代表は真の意味でパリの住民を代表する都市組織となったといえるだろう。

パリ市代表は1名の商人会頭と彼を補佐する4名の参審人（エシュヴァン）で構成される。彼らが審議を行う「パルロワール・オ・ブルジョワ」はセーヌ川航行に関する都市裁判所であり、パリの商業裁判所でもある。ここには市代表によって指名される書記（クレール・ドュ・パルロワール）がいる。この書記はパルロワールでの判決の登録と公布を行うだけでなく、罰金と税を徴収する商人会頭の財政収入役も兼任し、都市財政の管理・運営も担う市行政の要である。判決に記載された「賢人衆（プリュードム）」と呼ばれる証人たちの分析からパルロワールの関係者を再構成したボリス・ボーヴの研究によると、14世紀においてパリ市政関係者は三つのレベルに分けることができる。まず、筆頭は商人会頭と4名の参審人、そしてパルロワールの書記という、都市行政に関する方針を決定し、運営す

パリ水上商人組合の印章型（1210年）［フランス国立古文書館所蔵］

パリの印章（1426年）
［出典：A. de Coëtlogon, L.-M. Tisserand et le Service historique de la ville de Paris *Les armoiries de la ville de Paris : sceaux, emblèmes, couleurs, devises, livrées et cérémonies publiques* (Histoire générale de Paris, collection de documents publiée sous les auspices de l'édilité parisienne), Paris, Imprimerie nationale, 1874, t.1, p.63.］

るレベルである。基底には都市に継続的に雇用される執行官と巡邏（じゅんら）で構成されるグループが存在し、その中間が実際の権限は持たないが、パルロワールでの判決および市政方針決定の過程で市代表に助言する証人の層である。彼らは審議の題目と各人の専門分野に従って不定期に召集されていたことから、数は多く、その構成は非常に混沌としていたという。

困難を経て強まる都市としてのまとまり

14世紀初頭にパリは、少なくとも20万人の人口を擁する中世ヨーロッパ最大の都市に成長した。この数字は、1328年の人頭税徴収の際に課税対象となった約6万1000世帯という数字を基に計算されたもので、近年再検討された計算方法を用いると21万人から最大27万人の人口を算定することができる。13世紀には高等法院、14世紀初頭には国王会計院といった王国の中央行政を担う重要機関が次々と都市に居を構え、国王自身のパリでの居住期間も徐々に延長していく。統治者と中央行政機関の定着によって、国王内廷で働く奉公人や膨大な国王官吏集団を抱え込みながら、パリはその首都的機能を確固たるものとしていくのである。

しかし、1330年から1340年の間がパリにおける人口増加の絶頂期といわれており、それ以降は減少傾向をたどることになる。14・15世紀にパリは百年戦争と数々の内乱、断続的な伝染病の流行、急激な気候変動とそれに伴う飢饉といったさまざまな出来事を経験しなければならなかった。この不安定な状況は、新たな市壁（シャルル5世の城壁）建設の決定や街区ごとの自警団の組織化など、結果として市代表の政治的役割を際立たせ、都市機能の向上をもたらすことになる。

その一方で、１３５６年の英仏両国による戦闘再開に伴い、王権による戦費調達のための課税がますます重みを増していた。さらなる課税を承認させようとした王太子シャルル（後のシャルル５世）に対し、商人会頭エチエンヌ・マルセルはパリで反乱を組織する。この国政改革の試みはマルセルの死によって幕を閉じたが（１３５８年）、長期にわたる戦費負担のために疲弊した社会は国王課税に対して緊張を高めていた。１３８２年には反課税を掲げる民衆蜂起、マイヨタンの反乱が起こる。市代表はシャルル６世と課税廃止の交渉を試みるが結実せず、逆に１３８３年１月、王権は職権不履行を理由にパリの市代表権限を廃止する。しかし、国王は長い間首都の住民との盟約関係を断絶したままにしておくことはできず、１３８９年に商人会頭監査役を王の名において任命することで市代表機能の回復を図り、次いで１４１２年、パリは以前保持していた特権をほぼ保証される形で都市代表権限を取

図1　中世パリの城壁

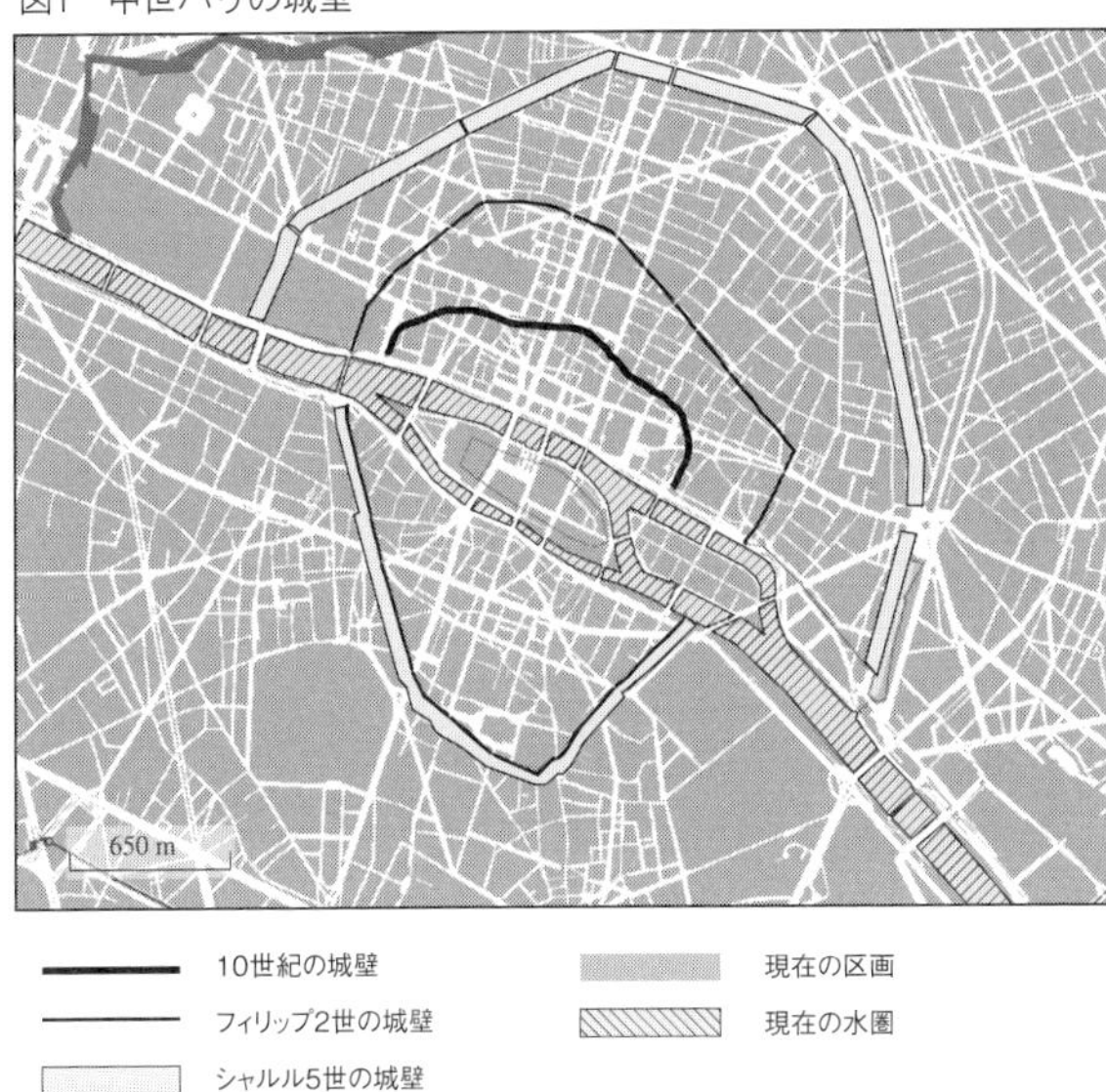

出典：APUR©ALPAGE : A.-L. Berthe, Y. Brault, N. Faucherre, D. Gherdevich, H. Noizet (HN, 2012)

り戻すのである。それはブルゴーニュ派対アルマニャック派の対立に代表される内乱の渦中のことであった。

　イングランドによるパリ占領が始まる１４２０年代初頭の首都の人口は、約10万人を数えるにすぎなかった。クロード・ゴヴァールはこの人口減少が結果として市壁内の住民のつながりを密接にし、天災と戦火を乗り越える中でパリの都市としての一体性を強める一要素であった点を強調している。

市代表組織の制度的定着

　１４１６年と１４５０年に公布された王令によって、市代表の選出手続きはパリの16の街区に基づいて明確化される。街区はもともと都市の防衛および治安維持のための基盤として形成された地理的区画だが、少なくとも１４２３年には市の徴税区画としても機能するようになる。これ以後、商人会頭と４名の参審人、24名の市参事会員、各街区の街区長（16名）、各街区から２名ずつ選出された選挙人（32名）の計77名でパリ市総会が構成されることとなった。選出された商人会頭と参審人の役職就任は最終的に王の承認を必要としたため、国王による候補者の推挙が一般化するようになる。

　水上商人組合時代から継承された特権に基づいて、自律性を備えると同時にきわめて寡頭的であったパリ市代表は、15世紀初頭を境に代表者選出手続きの明確化を通じて、市参事会としての制度的定着に至ったのである。王権との盟約関係を常に保ちながら、都市を統べる仕組みが紆余曲折を経てゆっくりと誕生する点が中世都市パリの独自性の一つとして挙げられるだろう。

（嵩井里恵子）

10 カタリ派のコスモロジー
――中世南フランスの信仰と異端迫害

南フランスはいまちょっとした「カタリ派」ブームである。オード県（オクシタニー地域圏）は「カタリ派の里（ペイ・カタール）」と銘打って、「カタリ派の城（シャトー・カタール）」をはじめとする史跡や博物館への観光誘致に力を入れており、国内外から多くの観光客がカタリ派の名残を求めてこの地を訪れる。「カタリ派」の名称を冠したビールやワイン、チーズも販売されている。一般向けの書籍が数多く出版され、漫画（バンド・デシネ）でもカタリ派をテーマとした複数の作品が出されている。現代文化としてのカタリ派は一過性のブームと言うよりもはや定着してきた感がある。ただし、そもそも「カタリ派」という呼び名は中世南フランスでは用いられていなかったし、カルカソンヌもモンセギュールも、現在残っている「カタリ派の城」の目に見える部分のほとんどはカタリ派を攻略したフランス国王によって後に建造されたものであるのだが……。ともあれ、虚実とりまぜて人口に膾炙し、かくも人気のカタリ派であるが、歴史上の実際の姿はどのようなものだったのだろうか。

中世におけるカタリ派とは、新約聖書の教えに従って禁欲に生き、ローマ・カトリック教会の教義を否定したため二元論異端として断罪され、アルビジョワ十字軍による武力抑圧、異端審問による徹底的な追及を受けて消滅した集団である。本章では、中世キリスト教世界において「穢れ」と「汚染」というイメージと結びつけられ迫害された異端カタリ派の実像に迫ってみよう。そこでは一体何が問題となっていたのだろうか。

カタリ派とは何か？

「カタリ」とは、シェーナウのエクベルトゥスが12世紀半ばにケルンの二元論異端に対して与えた名称である。その語源として、一般的にはカタリ派の禁欲主義からの連想でギリシア語の清浄者（カタロイ）とすることが多いが、パリの神学者リールのアラヌスが12世紀末に提示するところでは、ラテン語の「雄猫（カトゥス）」に由来するともされる。「なぜなら、彼らは雄猫の尻に接吻をすると言われるから。彼らが言うには、悪魔は雄猫の姿で現れる」のだという。南フランスの都市アルビが異端の巣窟と捉えられ「アルビジョワ派」と呼ばれることもあった。いずれにせよ、カタリ派が社会秩序への「脅威」だとする「幻想」を生み出したカトリック側の言説である。一方で、カタリ派の間で「善き人々（ボニ・ホミネス）」や「善きキリスト教徒（ボニ・クリスティアニ）」という呼び名が用いられていた。カトリックではなく自分たちこそが真のキリスト教徒であるとの意味が込められた表現である。

カタリ派は二元論的な世界観をもつとされる。目に見えない精神世界を創造した善き神と目に見え

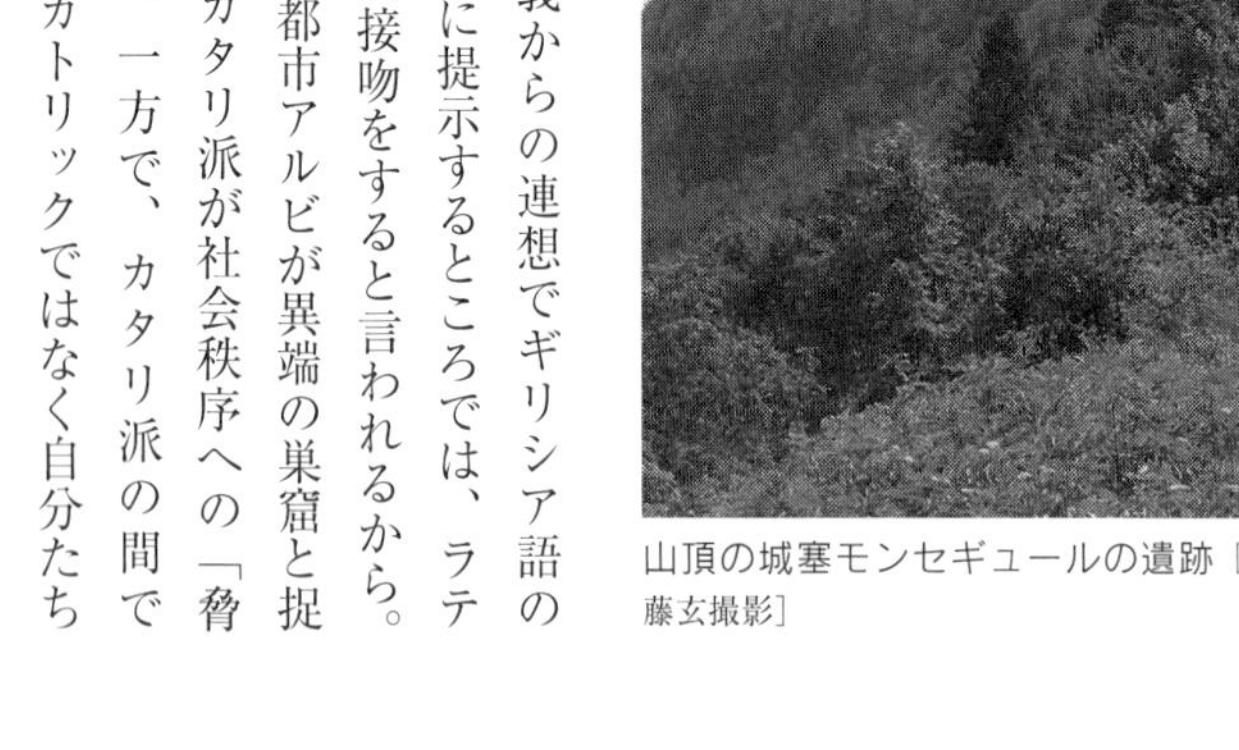

山頂の城塞モンセギュールの遺跡［加藤玄撮影］

る物質世界を創造した悪しき神（悪魔）という二つの原理の対立を想定し、この地上世界の創造主（つまり旧約聖書の神）を悪なるものと捉える一方で、新約聖書の神を愛すべき魂の創造主と信じた。

カタリ派の説く救済への道は、禁欲のうちに生きるというシンプルなものであった。カタリ派にあっては、死んだ人の魂は地上世界の悪しき神によって無慈悲に囚われ人間や動物の身体へと再び閉じ込められると信じられた。そのため、悪しき神が魂を拘禁する身体をさらに生み出す原因となるがゆえに性交を絶ち、また人であれ動物であれ、それが魂の容れ物である場合の用心としていかなる殺生も拒否した。彼らはあらゆる肉を不浄なものとして退け、肉のほかにも卵や乳製品など生殖行為による産物をことごとく忌避して食さなかった（ただし、魚は例外であり、肉の交わりによって産まれるとは見做されず、魂の容れ物とも認識されていなかった）。

救慰礼（コンソラメントゥム）と呼ばれる按手の儀礼を授かり完徳者（ペルフェクティ）になることが、この輪廻のサイクルから逃れる唯一の手段であった。完徳者は「神の教会」の成員となり、生涯にわたって厳格な独身・断食・禁欲の戒律を実践していく。悪魔の創造物を避けることによって、その支配から人は解き放たれるのである。こうして完徳者が死ぬと、その魂は悪魔のくびきを逃れ、善き神のもとに到達すると捉えられた。

とはいえ、徹底して肉欲も肉食も断つ完徳者の生活は、「普通の人」にとってきわめて困難である。多くの者たちは完徳者をサポートする帰依者（クレデンテス）として、肉を食べ、夫・妻をもち、子どもをもつなど日常の生活を送り続けた。そのため「神の教会」にはまだ参加できず、悪しき世にとどまる存在と見做されたが、帰依者にとってはいかに生きるかよりも、いかに死ぬかが重要であった。つまり、帰依者は死の床で救慰礼を授けられ、そのあと禁じられたことを何もしない限りにおいて、彼らもまた完徳者となり、魂は死後に天国へと至るのだ。帰依者は死の直前まで望むままに生きてよかった。こうした現世理解は、南フランスの領主の気質にも適合したため、カタリ派を擁護する空気を生み出し、都市やカストルムにおいてカタリ派の拡大につながっていった。

カトリックと異端カタリ派

この地上世界の物質的なものはすべて悪であるとするカタリ派は、カトリックの聖職者が煌びやかな生活を送り虚飾に生きていることを批判し、自分たちは財産をもたず、教会の建物も必要とせず、禁欲的で清貧な生活を実践し各地を巡歴して説教を行った。カトリックでは、救済のためには洗礼や聖体拝領、終油といった教会の秘蹟こそが重要だとされるが、カタリ派はこれらの秘蹟を否定し、カトリック信仰の根幹を拒絶する。善悪の二神を信じるカタリ派にとっては、カトリック教会は苦しみに満ちたこの現世を生み出した旧約聖書の天地創造の神（＝悪魔）の使いなのだ。カトリックのミサで朗唱される「わたしは信じます。唯一の神、全能の父、天と地、見えるもの、見えないもの、すべてのものの造り主を」で始まるニカイア信条のことごとくに異議が唱えられた。すべての物質的なものは悪であるがゆえに、そこから導き出される結論は、キリストは人となることはありえず、また人として刑死することもない、まして死から人の形をとって復活することもない。神の子たるキリストが処女マリアからイエスという人の肉体をまとって出現し、「世の罪を取り除く神の小羊」として人類の救済のため十字架にかけられて死んだというカトリックの真理は否定されるべきものなのだ。これは中世カトリック教会によって語られるストーリーと異なるというだけでは済まない。二つのストーリーは同時に真理となることはありえず、救済にまつわる問題に深刻な影響がもたらされることになる。こうしてカトリックとは相容れないカタリ派の世界観は、危険視され邪悪なもの（異端）と認識されていったのである。

ただし、当時のカトリック教会にとって、教義に疑念を抱くことや無知から来る誤解はそれ自体では誤ったこととは見做されていなかった。「異端」とされたのは、たとえば聖職者や修道士から諭されたにもかかわらず、その後も教会の教義や実践を受け入れることを頑迷に拒むような者である。しかし、カトリック信仰の中心的な教えや真理を意図して無視する異端は、咎められるべき罪にあると

カルカソンヌから追放されるカタリ派（*Grandes Chroniques de France*〔1415年頃〕より）［大英図書館所蔵］

されたユダヤ人やムスリムなど他の信仰をもつ人々と並んで、矯正されるべき存在だと見做されるようになる。そして、そうした異端の過誤に陥った人々を正統の信徒集団に引き戻すことは教会の使命であり責任だと捉えられた。「異端」という言葉はギリシア語の「選択」に由来するが、実際、ローマ教皇は異端に傾倒する者たちの「選択」を変えようとさまざまな手段に訴えていく。アルビジョワ十字軍や異端審問を通じた異端の迫害・根絶は、必ずしも教会人の不寛容や誇大妄想に根ざすものというわけではなかった。間違った信仰を抱いたまま死んだ者は、

罪のうちに死ぬことになり、その魂は天国へは行けないと捉えるカトリックの聖職者にとって、異端問題への対処は重要な職務だったのである。

カタリ派の行く末

とはいえ、こうした教会の断固たる対応によってカタリ派の命運は尽きることになった。ローマ教皇インノケンティウス3世による世俗権力への反異端闘争の呼びかけの結果、アルビジョワ十字軍（１２０９～２９年）が発動された。この十字軍のさなかに「ベジエの虐殺」に代表されるように、カタリ派のみならず多くの人々が殺害されたことはよく知られるところである。また、武力による抑圧とは別の手段も模索され始め、アルビジョワ十字軍終結後の１２３３年、教皇グレゴリウス9世によって教皇直属の異端審問が南フランスに創設された。托鉢修道会のドミニコ会（およびフランシスコ会）の修道士が担った異端審問においては、異端との関わりの濃淡に応じて刑罰が科された。正統に戻る可能性のない頑迷な完徳者や戻り異端に対しては火刑というプロパガンダ的な刑罰が科される一方で、正統に引き戻すことを目的とした贖罪としての刑罰も用いられた。異端審問官ベルナール・ギーが言うように、刑罰とは二通りの「異端の破壊」を目的とするものであった。つまり、世俗権力に引き渡されて身体が燃やされるか、異端から正統に戻るか、という二つの道筋があり得たのである。こうして南フランスでは14世紀半ばまでにカタリ派は姿を消すことになった。しかし、カトリックとは異なる生き方を「選択」しようとする動きはその後も現れ続ける。カトリック教会から離れ、聖書のみを拠り所にする宗教改革まではもうあとわずかの歩みである。

（図師宣忠）

11 托鉢修道会の誕生と拡大
――都市社会のキリスト教信仰

「マンディアン」というフランスのチョコレート菓子をご存じだろうか。一口大のチョコレートの円盤の上に乾燥フルーツやナッツをあしらったもので、ピスタチオやオレンジピールのコンフィも具材になるが、伝統的レシピはあくまで4種類、干しぶどう、干しイチジク、ヘーゼルナッツとアーモンドである。この組み合わせは南仏プロヴァンスで伝統的にクリスマスのデザートに具される一皿、「キャトル・マンディアン」に由来する。四つ（キャトル）の素材はそれぞれ、実はカトリックの修道士を表している。彼らは4種類の異なる色調の修道服をまとう別々のグループ、「修道会」に属していた。中世以来、このマンディアンすなわち「托鉢修道会」の修道士たちは、ひとまとまりのものとして、フランスの人々の日常に溶け込んでいた。

ヨーロッパの都市化と新しい信仰のかたち

四つの托鉢修道会はいずれも13世紀に誕生した。「12世紀ルネサンス」という言葉が示すとおり、これに先立つ12世紀がフランス、そしてヨーロッパの社会と文化にとって大きな転機であったことはよく知られている。托鉢修道会は新しい時代の宗教的必要に応えるべく創設され、そして一世を風靡した。その背景となる社会の変化のうち、最も根本的なものを挙げるとすれば、それは都市の発展である。遠隔地を結ぶ商取引が活発化し、交通ルートも整備されるなか、都市に多くの人々が流れ込む。急速に膨れ上がった都市社会ではしかし、郷里での地縁・血縁から切り離された「根無し草（デラシネ）」の細民が溢れる。富者と貧者、雇う側と雇われる側、伝統的エリートと成り上がり者など、あちらこちらで緊張が生じ社会不安が増大した。首尾よく財を成した者も、キリスト教道徳と相容れない蓄財、とりわけ教会が重大な「罪」として指弾する高利貸し（ウスラ）に手を染めていることで、良心の呵責と地獄堕ちの不安に苛まれた。

実際、経済力だけでなく識字能力など文化水準をも向上させた都市民の内面では、それまでと違った宗教心性が育まれていた。愛人を囲うなど素行不良で、おまけにまるで無教養な司祭が、意味も知らずただ義務的に唱えるラテン語の祈禱をありがたく拝聴するだけでは、到底満足できなくなっていた。こんなもので、我々の魂は本当に死後救われるのか？　聖職者も、そして一般信徒も、もっとキリストの教えに忠実に従い、彼の弟子、そう「使徒」のように清らかに生きるべきではないか？　折しも、11世紀以来ローマ教皇権が営々と推進してきた教会改革は、折り目正しい生活を送り、必要な学識を備えるよう聖職者に強く求めていた。堕落した聖職者たちに見切りをつけ、信徒自身が聖書の教えにならって自己を律し、来るべき最後の審判――当時流行したフィオーレのヨアキムなどの終末思想に則れば、それは間近に迫っていた――に備えねばならない。かくして民衆は以前よりずっと積極的に宗教を語るようになった。信仰について様々な見解が提出され、異端運動が勢いを得ていく。このように広範に共有された宗教的情熱こそ、托鉢修道会誕生の起爆剤だった。

フランシスコ会

フランシスコ会の始祖・フランチェスコは、北イタリアの小都市アッシジに1181年頃生まれた。生家は毛織物業を営んでいたが、本人は騎士道物語に感化されて、武人として一旗揚げんと戦場に出る。ところがあえなく捕虜となり、さらには重病に冒された。逆境の中、フランチェスコは神の声をきく。回心の結果は劇的だった。金持ち商人の放蕩息子は街の真ん中で衣服を脱ぎ捨て、裸一貫で自らを教会に委ねた。親族との絆を自ら断ち切り、商売・金銭など世俗的価値を断固拒絶した。財産を一切所有せずただ人々の施しによって、つまり「托鉢」で糊口を凌ぎながら（聖職者ではない）俗人身分のまま福音を説いて回る。これこそフランチェスコと仲間たち、「小さき兄弟団」が選び取った「使徒的生活」であった。

忽然と現れたこのユニークな集団を前に、ローマ教皇庁ははじめ大いに懐疑的であった。このみすぼらしいなりの連中は、教会と正統教義を脅かす民衆異端の新手なのではないか？　だがフランチェスコと11名の「兄弟」を引見した教皇インノケンティウス3世は、彼らが教会の組織秩序の中に取り込みうるだけでなく、自らにとって大きな武器となるこ

『小鳥に説教する聖フランチェスコ』（ジョット作、1290～1295年頃、アッシジ・サン・フランチェスコ聖堂上堂）

とを見抜いた。かくして１２１０年、フランシスコ会は教皇の認可を受け、カトリック教会の正式な修道会の地位を得た。ここに「小さき兄弟団」の全欧的拡大が始まる。

しかしながら、次第に強まる組織としての安定志向は、フランチェスコ個人の強烈なカリスマとしばしば齟齬をきたした。皆が対等なはずだった「兄弟たち」の内に、ヒエラルキー的な組織原理が持ち込まれた。フランチェスコが忌み嫌った金銭や学問――彼にとって、それは権力の一形態でしかなかった――さえ徐々に、そして始祖の死後はよりおおっぴらにフランシスコ会士の生活の一部となっていく。とはいえ、彼の絶対的清貧の教えを墨守しようとする運動は常に存在した。彼らいわば厳格派と、フランチェスコの理想と中世社会の現実との間に折り合いをつけようとする穏和派の熾烈な対立は、慢性病のように修道会を蝕み、中世末期の組織分裂（１５１７年）へと到る。

ドミニコ会

フランチェスコが福音宣教に着手したのと同じ時期、とある聖職者の一団が南フランス・ラングドック地方を経巡っていた。この地域を席巻していたカタリ派の異端者を正統信仰に引き戻し、危機的状況にあったカトリック教会を立て直さんと志すこのグループの中心人物こそ、グスマンのドミニコである。スペイン・オスマ司教座教会の聖職者ドミニコは、カスティーリャ王の外交使節の一員として１２０３年初めて南仏の地を踏み、異端の跋扈、カトリック信仰の凋落を目の当たりにする。彼は直ちに説教行脚を始め、異端者の論駁と回心に尽力した。１２１６年、ドミニコの活動は教皇の認可を受け、ドミニコ会こと「説教者修道会」が発足する。南仏の異端対策に端を発したドミニコ会だったが、以後は説教を通じた民衆教化のプロ集団として全ヨーロッパに勢力を広げていく。

カルメル会とアウグスティヌス隠修士会

12世紀から13世紀はじめは「隠修士」が大いに活躍した時代でもある。隠修士は修道院のように集団で修行生活を営むのではなく、一人か数人で森や荒地に庵を結び、祈りと悔悛に明け暮れる。アッシジのフランチェスコも当初隠修士として振る舞ったように、この時代のヨーロッパ、また十字軍の結果カトリック教徒が多数移住した聖地（シリア・パレスチナ地方）には、隠修士たちの小規模なグループがあちこちに点在していた。当初は彼らに好意的であった教皇庁だったが、段々と疑念を募らせていく。野放しにされた隠修士たちは、ふとしたきっかけで異端に転じ、カトリック教会に牙を剝くのではないか？　かくして13世紀半ば以降、隠修士は統制の対象となる。各地の隠修士集団は連合を促され、二つの組織へと集約が進む。カルメル会とアウグスティヌス隠修士会である。隠修生活を出発点としながら、二団体は次第にドミニコ会やフランシスコ会に倣って司牧を活動の中心に据え、いわば托鉢修道会化していく。

そして1274年に開かれた第二リヨン公会議は、前世紀来ヨーロッパを揺り動かしてきた草の根的な宗教運動の総決算に乗り出す。以降、新規の修道会創設は禁止された。ドミニコ会、フランシスコ会、カルメル会、アウグスティヌス隠修士会は存続を許されたが、類似の団体（サシェ会など）は会員募集の停止を命じられ、ほどなく消滅した。

托鉢修道会と都市社会

生き長らえた四つの托鉢修道会は、暴発しがちな民衆の宗教的情熱を教会の組織構造に巧みに取り込む回路として、ヨーロッパ全域に修道院ネットワークを張り巡らした。世俗と隔絶し神への祈りに専心する伝統的修道制とは一線を画し、托鉢修道士は街中で説教をする、市井の人々の懺悔を聞くなど司牧活動に献身する。一所に定住するのではなく、説教行脚のため、そして優れた説教に欠かせない神学的知識を大学などで学ぶため、頻繁に旅をした。

図1　1330年フランスにおける托鉢修道会修道院の分布

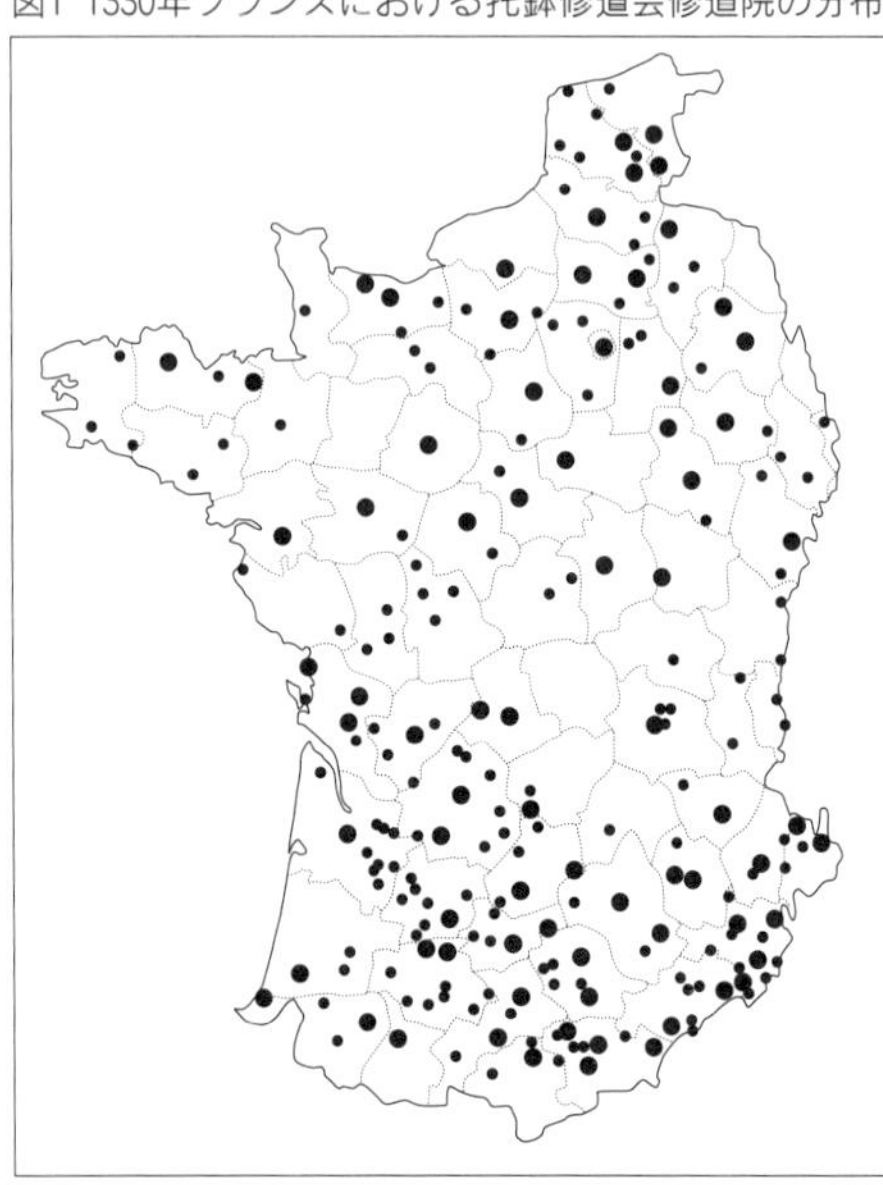

四修道会：カルメル会、アウグスティヌス隠修士会、フランシスコ会、ドミニコ会
● 1修道院所在の都市
● 複数修道院（2,3,4）所在の都市
226都市に364の修道院が所在

出典：ジャック・ル＝ゴフ（江川温訳）「中世フランスにおける托鉢修道会と都市化」『都市空間の解剖――叢書歴史を拓く「アナール」論文選4』新評論、1985年、93頁。

必然的に、その修道院はもっぱら人々の密集する都市に所在した。数多くの農村所領を経営しそこからの収入に依存する従来型の修道院とは異なり、清貧を誓う「托鉢」修道士の生計は人々の喜捨に依存した（ただし中世末期には資産運用収入の比重が増す）。托鉢修道院は、街区住民の互助的宗教団体である「兄弟会（信心会)」の活動拠点となるなど、都市の信仰生活のハブとして機能した。憐れみと悔い改めを説く托鉢修道士の説教に感化された都市指導者たちが、貧民の救済策を打ち出すこともあった。多くの都市民が托鉢修道院に深く帰依し、一族の菩提所にも選んだ。司牧活動における托鉢修道会の成功は、しかしながら従来これを担ってきた司教・教区司祭といった在俗聖職者の反発を招く。両者の対立は教皇庁を巻き込みながら、じつに数世紀にわたって続いた。

ことほどさように、托鉢修道会は都市社会の申し子であった。フランスの高名な中世史家ジャック・ル・ゴフらの研究では、「市内に托鉢修道院が所在すること」を逆に中世フランスにおける「都市であること」の指標として採用しているほどだ。それによると1330年頃、フランス全域では226都市に合計364の托鉢修道院が存在した。四修道会全てが拠点を置く大都市も28にのぼった。ずっと後、革命の時代には多くの修道院が破壊・放棄の憂き目に遭うが、例えばトゥールーズのジャコバン(ドミニコ会)修道院のように今日なお健在なものも多い。建物が消失した場合でさえ、しばしば通りや広場の名前が往時を偲ばせる。パリ5区はカルチエ・ラタンの「カルム(カルメル会)通り」、といった具合に。「マンディアン(托鉢修道士)」たちは、フランスの――さらにヨーロッパの――都市景観に、そして宗教生活にぬぐいがたい刻印を残したのだ。

(梶原洋一)

12 神学 vs. 哲学

――世界の永遠性をめぐる13世紀パリ大学での論争

パリ禁令における神学と哲学

1277年、パリ司教エチエンヌ・タンピエによって、キリスト教の教義に反すると目される219箇条の命題をパリ大学で教えた者を破門に処するというパリ禁令が発布された。本来、この禁令は、ヨーロッパ各地から学生が集まるパリ大学に限定されたものだったが、実質的には、16世紀に到るまで、ヨーロッパ全土の各大学に影響を与えた。また、この禁令によって反アリストテレス的な思考法が生まれ、近代科学革命の遠因になったと主張する研究者もいる。

219箇条の命題のテーマは、おおよそ次のように分類される――①知性単一説、②人間の意志の決定論、③世界の永遠性、④神の摂理の否定、⑤知性実体の本性、⑥幸福・倫理、⑦哲学の本性とキリスト教の教義との関係（川添信介『水とワイン』）。これらのテーマの根幹に位置するのは、12世紀ルネサンスにおいてイスラーム世界からヨーロッパ世界に流入したアリストテレス哲学である。

アリストテレスは、12世紀以前の西欧世界においては、書物伝承の数奇な運命により、論理学者としてしか知られていなかった。しかし、12世紀に入り、自然界の物体の運動や生物（魂）の仕組み、倫理や政治の構造について、その全体を体系的かつ合理的に説明するアリストテレス哲学の実質的な本体が伝わったとき、彼の哲学的諸著作は熱心に読まれた。その結果、アリストテレスは、哲学者として卓抜した地位を築くに到る。さらに、1255年には、創設初期のパリ大学学芸学部のカリキュラムに彼の諸著作が導入され、その後、学芸学部を中心として、「急進的アリストテレス主義」と呼ばれる思想潮流が出現する。この潮流を生んだ学芸学部の教師たちが、パリ禁令において断罪の対象とされたのだった。

そこで、本章では、パリ禁令のテーマの一つである「世界の永遠性」に焦点を当ててみたい。というのも、世界の永遠性という問題は、この世界（宇宙）全体が、無始無終の永遠であると主張するアリストテレス哲学と、始まりと終わりをもつと主張するキリスト教神学との対立構造を端的に示しているからである。なお、この議論では、もっぱら始まりの側に焦点が当てられる。なぜならば、世界が始まりをもつことは、神が世界全体を創造したという創造論と密接に結びつくからである。

まっとうな理性の使用という合理的な態度――神学者ボナヴェントゥラ

この端的な対立に関して、いくぶん過激な表現を含みつつ、両者は論理的に矛盾すると主張するのが、イタリア出身で、パリ大学神学部教授とフランシスコ会総長とを務めた神学者ボナヴェントゥラである。彼は言う。「すべての諸事物が無から生み出されたと主張しながら、世界が永遠であると主張するのは、まったく真理と理性に反する。また、こんなことは明らかな矛盾を含んでいるので、どれほど知的な程度が低い哲学者であっても、誰も主張するはずがなかろうと信じたいほどに、理性に反しているのだ」（『命題集註解』第2巻）と。

ボナヴェントゥラ

ボナヴェントゥラの主張は、次のように整理できる。「世界が始まりをもつ（無から生み出された）」ことと「世界が永遠である」こととは矛盾対立の関係にあるので、一方が真で他方が偽という関係にあるということが、大前提である。そして、世界はまったく存在しなかったのに、世界全体が新たに存在するようになったので、世界が永遠であることは不可能だということが、小前提である。それゆえ、大前提と小前提から論理的に出てくる結論は、世界が始まりをもつことが真であるということに他ならず、そして、この結論こそが真理と理性に適合すると彼は主張するのである。

この推論において問題となるのは、小前提の根拠である。つまり、この根拠は、世界が新たに無から創造されたということを意味する。だがこれは、信仰に属することではなかったか。「その通り、だから神学は真理を述べているのだ」とボナヴェントゥラは考える。しかし同時に、まっとうに理性を使用すれば、哲学も同じ結論に行き着くはずだとも言う。なぜか。その根拠は、二つに集約できる。一方の根拠では、古代ギリシア哲学史を真理到達への進歩の過程と見なす。つまり、真理到達に向けてプラトンの欠陥をアリストテレスが補う形で哲学は進歩してきたが、アリストテレスも「無からの創造」には理解が及ばなかったために不十分であって、最終的に究極の真理に到達したのがキリスト教神学だとする。だから、「まっとうな理性の使用は神学の真理へと連なる」ことになる。他方の根拠では、世界の永遠性を否定する論拠として、「現実無限の不可能性という哲学的論拠」を使用する。つまり、永遠とは時間が無限に続くことであり、また、時間的世界は現実に存在する以上、時間の無限性も、可能的（つまり、知性的・数学的）なものではなく、現実的（つまり、物理的・自然的）なものでなければならない。ところが、現実に無限が存在すると考えると、論理的矛盾や奇妙な帰結を招来する。したがって、世界は有限であって始まりをもつと主張することこそが、まっとうに理性を使用した結果だということになる。

決定不可能という合理的な態度──哲学者ダキアのボエティウス

他方、この端的な対立に関して、両者は論理的に矛盾しないと主張するのが、デンマーク出身で、パリ大学学芸学部の教師を務めた哲学者ダキアのボエティウスである。彼は言う。「上述の事柄が注意深く吟味されるならば、キリスト教信仰と哲学との間には、世界の永遠性に関して、いかなる矛盾対立もないことは明々白々である。それは、表面的なところだけだと、そして、あまり注意深く考察しない人々にとってはキリスト教信仰と哲学とが齟齬をきたすと思われる他の諸問題において、神に助けてもらいながら、我々が明らかにしようとしているのと同様である」（『世界の永遠性について』）と。

ここで重要なのは、上述の事柄の内容であるが、それは次のように素描できる。哲学者は合理的根拠だけに基づいて探求し、結論を下す。他方、キリスト教信仰は奇蹟に基づいて探求し、結論を下す。そして、学問とは、自らの学問の原理に基づいて、結論を下すものである。ところが、世界が始まりをもつということは、合理的根拠だけからは論証できない。それゆえ、哲学者は、世界が始まりをもつことを否定せざるをえない。しかし同時に、世界が永遠であることもまた、合理的根拠だけからは論証できない。だから、哲学者にとっては、この問題は「決定不可能」なのである。それに対して、カトリック信仰は、「創世記」における神の創造という奇蹟を根拠にできるので、世界が始まりをもつという結論が真であると判断できるのである。

こうしたボエティウスの主張は、カトリック信仰に反することになるだろうか。つまり、パリ禁令を発布したタンピエは、いったい何が問題だと考えたのだろうか。それは、世界が始まりをもつことを否定する点にあったと考えられる。というのも、世界が始まりをもつことが、哲学によれば偽であり、キリスト教信仰によれば真であるなどと主張することは、あたかも対立する二つの真理があるかのような（二重真理説）愚かな誤謬を犯している、とタンピエには思えたからである。しかし、ボエティウスは、タンピエのこうした姿勢を見越してなのか、「注意深く」とわざわざ述べている。つまり、世界が始まりをもつことを否定することは、ただちに、世界が永遠であることを肯定することにはならない。どちらか一方に決定できないという立場が、論理的には可能ではないか。だから、哲学とキリスト教信仰との間には、まったく論理的な矛盾はないのだ。なぜなら、哲学は、世界が永遠であることも論理的には承認できないのだから。

合理的な態度の射程への問い

神学者ボナヴェントゥラも哲学者ボエティウスも、各々の合理性に基づいて、自身の主張を展開している。しかし、両者の間には、自然学（物理学）のような合理性の範囲内の自然的な事柄と、神の創造のような合理性の範囲外の超自然的な事柄とを、連続的なものと見なす（＝神学）のか、それとも、断絶するものと見なす（＝哲学）のか、という決定的な違いがある。このことを裏から見れば、次のような問いとして捉えることもできる。われわれの知的な探求は、合理的に〈解決できそうな〉課題に限定すべきなのか、それとも、合理的には〈解決できそうにない〉課題にも果敢に挑戦すべきなのか、つまり、「合理的な態度」というものをわれわれはどのように考えるべきなのか、という問いである。問いをこのように捉え直したとき、われわれが「本当の」合理的／哲学的な態度として採るべき途はどちらなのかという問いが、われわれ自身に突きつけられることになるだろう。

（辻内宣博）

13

13世紀における都市の勃興と文学
――アラスの場合

都市勃興期のアラス

12世紀から13世紀は、ヨーロッパの都市の勃興期であり、フランドルは毛織物産業でよく栄えた。中でもアラスの発展にはめざましいものがあった。もともとは市の西側にあったノートル・ダム司教座聖堂の周囲に築かれた「シテ」と呼ばれる中心地が栄えたが、7世紀に町の東側に建立された聖ヴァースト修道院が11世紀に市場税を免除した結果、職人、商人がその周囲に集まるようになり、町を表す「ヴィル」と呼ばれる空間が形成されて発展した。イギリスから羊毛を買い付けて、アルトワ産の大青（たいせい）で染めた毛織物やタペストリーを製造した。商人はそれをシャンパーニュなど、ヨーロッパの各地で発展しつつあった市で売りさばいた。12世紀には、ジェノヴァで活動するアラスの商人も現れたという。商人の中には金融業（高利貸し）を営むことにより、さらに財を大きくする者もいた。その結果、13世紀末にはアラスの人口は2万人に達した。

1180年には、フランドル伯フィリップ・ダルザスから諸特権を獲得して、町人を成員とする参事会が行政を担ったが、現会員が指名によって新会員を選ぶという運営がとられたために、いくつかの大ブルジョワの門閥によって独占されることになった。アラスは、フィリップ2世の下でフランスの王領となり、ルイ9世の時代にはその弟アルトワ伯ロベールに譲渡されたが、その間、一部の町人の権力独占によってもたらされた社会的不平等は、社会的騒擾の火種となり、14世紀には都市の衰退をもたらした。

芸人と町人による信心会と文芸コンクール

アラスの大ブルジョワたちは、自分たちの生活に貴族文化を取り込んでいった。本稿では、彼らが当時の文芸の担い手であったジョングルール（芸人）の保護者となったことから、この都市において独特の文化が形成されたことに注目をしたい。歴史学者ヴォルフガング・ハルトゥングが述べるように、中世の芸人は、ロマン主義的な吟遊詩人の伝説が持つイメージとはほど遠く、放浪の生活を送るがゆえに、中世の定住社会では周辺部に位置する不安要素として差別の対象となった。公的な文化の中心である教会からは、人々の心を惑わす悪魔の僕（しもべ）とされて、芸人として死ぬ限り、魂の救済はないとされた。たしかに、芸人は貴族文化の担い手だったから、王侯貴族のお抱えのメネストレルとなる者もおり、また、宮廷での祝祭の時にはおおいに歓待を受けた。しかし、教会文化は、芸人よりも貧者に施しをせよと言って、芸人を歓待する王を諫め続けた。このような状況にも関わらず、アラスでは例外的に、有力者の保護により土地に定住した芸人たちが町人と共に信心会（宗教的な兄弟会）を形成して、町人たちと文芸コンクールを催していたという記録が残されている。

「ジョングルールとブルジョワの信心会」の起源は12世紀初頭に遡るとされる。伝説によれば、聖母マリアのお告げを聞いた二人の芸人が、アラスの教会に行ったところ、お告げ通りにマリアが現れて、二人に火のついた臘燭（ろうそく）を渡す。マリアの指示に従って、そこから垂れる臘を水に溶かし、当時流行していた麦角黒穂病（「アントニウスの火」と呼ばれた）の患者に与えたところ、たちまちに患者の病は治癒した。こうした兄弟会が教会に認められたことは、芸人が社会に承認されたことを意味する。後述するジャン・ボデル（１１６０頃〜１２１０）も、アダン・ド・ラ・アル（１２４０頃〜１２８８?）、別名アダン・ル・ボシュ）もその会員で、二人の劇はこの信心会による集会の際に上演された可能性があるとされている。

芸人が社会的に認知された背景には、アラスの大ブルジョワの教養がある。彼らは子弟を大学に送ったが、その中には文芸を学ぶ者もいた。そのような教養層が主体になって、13世紀になると「ピュイ」と呼ばれる文芸コンクールが開催された。その活動は、１２３０年頃から１２７６年頃まで続いた。芸人と町人ばかりでなく、最盛期（１２５０年からの20年程度）には、後のイングランド王エドワード1世や、後の両シチリア王となったアンジュー伯シャルルも参加したという。審査員により最も優秀な作品と認められると、その発表者には「王（プランス）」の称号が与えられた。以上、この時期のアラスの状況については、片山幹生による論文の記述が要を得て、よい文献紹介にもなっている。

アラスにおける文芸活動の内容

ピュイにおいて花形であったと推測できるのは、ジュー・パルティと呼ばれるジャンルの詩である。これは、二人の詩人が同一のテーマを交代交代に歌う対話詩である。詩人の一人が、たとえば、「求愛する際に陽気にふるまう恋人と、慎み深くふるまう恋人では、どちらの恋が真剣であるといえる

聖ヴァーストと熊の伝説をモチーフにした15世紀アラスのタペストリー（1994年フランス発行の切手）

か」と、宮廷風叙情詩の伝統から汲んだ、どちらの立場も正解でありえるような問いを出す。もう一人の詩人は、どちらかの立場を選択して、その理由を歌う。すると、問いを提出した詩人は、それとは反対の立場をとり、相手の選択を論難しながら、自分の立場を主張する。それが繰り返された後、それぞれが審判に呼びかけて、自分の主張の正しさを主張する。このジャンルで最も作品を残したのは、もっとも長くピュイの王であったジャン・ブルテルで、後述するアダン・ド・ラ・アルとのジュー・パルティも残っている。

アラスの文芸活動は多彩であった。ジュー・パルティの他にも、叙情詩（シャンソン）、音楽をつけて歌われることのない物語詩（ディ）、また、おもに町人の暮らしぶりを面白おかしく語るジャンルの物語ファブリオー（わが国の落語によく似ている）でも最も古いものに属するものがこの町で書かれた。さらに、暇乞い（コンジェ）の歌、奇蹟劇、喜劇、言葉の形と言い表すところを切り離したところに成り立つ不条理を楽しむがらくた詩（ファトラジー）などのジャンルが書かれた。以下には、その中でも、この時代のアラスの文芸活動を象徴すると考えられる二人の作家による演劇の傑作を二篇紹介したい。

ジャン・ボデルとアダン・ド・ラ・アル

13世紀初頭の芸人ジャン・ボデルは、武勲詩『サクソン人の歌』、牧歌詩（パストゥレル）、奇蹟劇『聖ニコラ劇』、ファブリオー、叙情詩（ハンセン氏病に冒されてから、ハンセン氏病患者収容所に入るまでに綴った知人たちへの「暇乞いの歌」は特に有名である）のように多岐にわたる作品を書いた。『聖ニコラ劇』（1191～1202年頃）に登場する聖ニコラは貧者を救う聖人であると同時に、その像は泥棒よけになるという民間信仰があり人気があった。この劇でもキリスト教徒の囚人からその像を取り上げた王が、その効能を聞き、自分の宝庫にこれを置いて、鍵を開けておき、伝令にこのことを布告させるが、本当に効き目があれば許してやるという（異教徒は愚かに描かれている）。案の定、泥棒が入るが、聖ニコラが泥棒たちのもとに現れて、異教徒の王のもとに盗んだ宝と聖ニコラ像を返させる。王は聖ニコラを讃えて、キリスト教徒を解放し、自らキリスト教に改宗すると言う、というのがその内容である。この劇は、舞台の上に隣接して置かれているのであろう、王宮と泥棒たちが集まる居酒屋の二つの場において展開される。そのうち居酒屋はなぜかアラスの町にあるという不条理な設定になっており、実際にアラスにあったのであろう、無頼の輩のたまり場での勘定を巡っての争いや、骰子（さいころ）賭博の場面が展開される。

聖ニコラの小像（チョコレート）［Aline Dassel/ Pixabay撮影］

13世紀の後半に活躍したアダン・ド・ラ・アルは、ピュイの参加者としてジュー・パルティの他、叙情詩、ロンドーを残した他、牧歌劇『ロバンとマリオン』の作者でもあるが、彼の最高傑作は、『葉陰の劇』であろう。妻を捨てて、学問のためにパリに出ようというアダンの気持ちを、友人や父親がよってたかって挫いてしまうというのがその内容であるが、狂人や妖精も現れる祝祭的な空間において、アラスの抱える矛盾が笑いに紛れて批判されている。吝嗇病にかかっているとされる父親といんちき医者の対話では、同じ病に冒されているアラスの大ブルジョワたちが実名で痛烈な批判をされる。また、アダンが妖精の怒りを買い、永遠にアラスでの日常に煩わされるようにという呪いを受ける場面では、運命女神とその車輪が現れ、権力者の浮き沈みが揶揄される。さらに、狂人とその父親の対話では、新しいピュイの王に対するからかいを見ることもできる。フランス文学初の世俗劇とされるこの作品は、アラスの日常を知らない者には理解しがたいものだが、ロジェ・ベルジェやジャン・デュフルネら、中世文学研究者たちの、資料に基づいた読みが、当時の世相を活き活きと蘇らせて我々に伝えてくれる。

（高名康文）

14 中世フランスの民主主義

――都市と村落の自治

「独立自尊」をキーワードに個人の自立と国家の独立を論じた福沢諭吉の『文明論之概略』に深い影響を与えた書物として、フランソワ・ギゾー著『ヨーロッパ文明史』が知られている。この著作の中で、ギゾーはフランス中世都市の自治に触れ、「中世の市民は、自ら課税し、彼らの執政官を選出し、裁判を行い、処罰し、自分たちの問題を話し合うために集まり、全員がその集会に出席する。彼らは自警団を持つ。一言でいえば、彼らは自治を行い、主権を有する」と述べている。中世フランスと聞いて、人によっては、王政あるいは領主制の世界を思い浮かべるに違いない。たしかに、国王統治に服する臣民、あるいは領主統治に服する領民として、中世の人々が被治者であったことは疑いえない。しかしながら、個々の村落や都市の内部では、彼らは自治を行う住民、すなわち自治者でもあった。君主主権概念の確立者として知られるジャン・ボダンは、16世紀フランスにも存続したこの「被治者／自治者」の二重性を認識しつつ、「家から離れて共同体に入り、家内的なことがらを離れて公的な問題を議論する市民」を「他者〔＝国王〕の主権に従属する自由な臣民」と定義している。

村落・都市の成立と発展

中世フランスは村落と都市の明確な区別を知らず、例えば古フランス語《vile》は、「村落（village）」と「都市（ville）」の両方の意味を持っていた。農業に基盤を置く小都市と商工業の発達を見た大村落の間にはっきりとした境界線を引くのは難しく、実際、中世を通じて都市と村落の内部で発達した自治組織には著しい類似性が確認される。4世紀にローマ帝国各地で建設された都市は、5世紀から10世紀にかけてゲルマン人の侵入による破壊や商業の停滞により衰退するが、12世紀以降は市域を拡大し、村が拡大成長してできた、あるいはゼロから新設された都市も同時に増加する。一方、9世紀から13世紀にかけて教会や墓地を核としてその周辺に住居が寄り集まる集村化が起こり、並行して10世紀から12世紀にかけて城を核とした同様の現象も生じ、中世村落の多くは散村から集村へと変貌をとげる。こうした都市・村落の形成や発展の背景には、12世紀から14世紀初頭にかけての経済成長と人口増加があり、この間、フランスの人口は600万から1350万に倍増し、パリは10万人を超えるヨーロッパ最大の都市に成長した。中世盛期に位置づけられるこの時代、特定集落への定住が進み、12世紀以降は、同職組合の相次ぐ結成に見られるように、職業の専門化・多様化という経済活動における分業の増大が確認される。

住民共同体と自治体の生成

新たに誕生した、あるいは拡大発展をとげた都市や村落には、当初、その地を治める領主と取り結ぶ権利義務関係に応じて、隷属民から自由民にいたる様々な法的身分を持つ多様な住民が存在した。

各人が領主に負っている賦役や貢租は次第に均質化されていき、住民間の差異が消滅することで、事実上の住民共同体が成立する。住民による自治の萌芽は、富裕な有力住民による領主統治への関与に見られる。領主への助力あるいは恣意的な領主統治の抑制を目的に、彼らは領主が主宰する法廷に参席し、裁判上の助言を行い、領主税の徴収と各住民の納税額の配分を下請けする。領主と住民一般の仲介者として、時とともに、有力住民は住民共同体の代表者に変化していく。司法への参加や財政の下請けを皮切りに、住民共同体は領主が担っていた統治機能を吸収していき、平和裏に、あるいは暴力的対立を経て、領主統治から相対的に自立した自治体を形成するようになる。自治体政府は、民事訴訟を裁き――稀に刑事裁判権を行使する自治体もあった――、住民に課税して財源とし、民兵隊を組織して防衛を行い、農地・道路を管理し、公衆衛生に配慮し、商工業を規制監督し、各部門を担当する役職者が住民の中から選出された。

政治制度と意思決定過程

自治体の政治制度は、自治体代表、参事会、住民集会の三層からなる。前二者は富裕な有力住民からリクルートされ、自治体代表は、北仏では12名のエシュヴァン（筆頭がメール）、南仏では2～24名のコンシュルと呼ばれ、多数の参事会員によって補佐された。彼ら自治体の指導層は通常一年任期で、選出方法は、住民集会による投票指名から、現職による後任の指名、さらには領主による指名まで様々であった。こうした政治制度に参画する権利、すなわち参政権は、集落に一定期間以上居住し、不動産を有し、納税義務を果たす成人男性に限られ、自治体代表や参事会員は幾つかの富裕な家系によって占められた。彼らの大多数は平民身分であり、集落によっては騎士身分も含まれたが、どこでも聖職者は排除された。

自治体の政策決定は、①自治体代表による決定、②自治体代表と参事会員による決定、③住民集会による決定という三つのパターンがあり、当初は③が多用され直接民主政的な性格を帯びていた政治体制も、12～13世紀の経済成長の中で①②が中心の間接民主政あるいは寡頭政へと傾いていった。参事会や住民集会では、選挙あるいは政策について、投票を通じた集団的意思決定が行われた。出席が想定されている有権者の数はケースバイケースで変動するが、定足数は原則3分の2に設定され、出席者の素質も加味して、有権者のうち「多数かつ優れた部分」という表現の下、投票母体の正当性を保証した。投票方法には、挙手・起立などの公開方式と箱の中に豆や貨幣を投じる非公開方式があった。選挙の際、しばしば数段階の投票が行われ、二段階投票を例にとると、第一段階では、最終的な指名投票を行う大選挙人、あるいは被選挙人の候補が指名され、第二段階では、

「ベジエ市のコンシュルならびに参事会員の選挙法改正命令」（1411年）［ベジエ市文書館にて許可を得て著者撮影］

前者の場合、大選挙人によって、後者の場合、候補集団内部で相互に、あるいは外部の第三者によって指名投票が行われる。最終段階では、公正を期すためくじ引きが利用されることもあった。投票を通じた集団的意思決定の結果は、「全会一致」、投票者のうち「多数の部分」あるいは「多数かつ優れた部分」など、多数決の原理で正当化された。

寡頭政に対する異議申し立て

中世末期、14世紀にはじまる危機の時代は、気候の寒冷化、飢饉、英仏百年戦争の勃発、ペストの流行にみまわれ、経済は停滞し、人口は大幅に減少した。それにともない、自治体代表や参事会員のポストは、経済資本と文化資本に恵まれた貴族、大土地所有者、商人、法曹、手工業者など、ますます少数のエリートの手に集中し、都市・村落自治は寡頭政の色合いを強めた。しかしながら、百年戦争が本格化する14世紀半ば以降、戦費調達のために増大した国王税が自治体財政を圧迫し、都市や村落内部では住民間の税負担配分をめぐる対立が激化する。民衆によるエリートへの異議申し立ては、各自治体で財政政策をめぐる住民集会や出席者を増員した拡大参事会の開催を促し、あるいは暴力的な蜂起に帰結した。こうして14世紀後半に民衆の政治参加が再活性化されたが、彼らは寡頭体制を打倒すべく自治体代表や参事会員のポストを奪取するよりも、住民集会による選挙や政策決定、公正な税負担の配分を可能にする資産課税台帳の作成、税金の使途を透明化する会計監査などへの参加を通じて、寡頭政への監視と異議申し立ての機会を創出し、確保することを目指した。

自治体代表の社会的構成

古代アテナイの都市では、奴隷に経済活動を任せ、市民たちは「政治人」として政治活動に専念することができた。対して、中世の都市民や村落民は、日々の労働に価値を見出し、自ら経済活動を営みながら、同時に政治活動に関わることが要求される「政治＝経済人」であった。政治活動そのものが職業として成立していなかった中世世界において、無給あるいは薄給にも関わらず多くの時間とエネルギーを消費する自治体代表や参事会員のポストは、そもそも十分な富と暇を持つ少数の個人しか引き受けることができなかった。こうした自治を担うエリートは、富のほかに、徳、良識、思慮などの素質を有することが求められた。

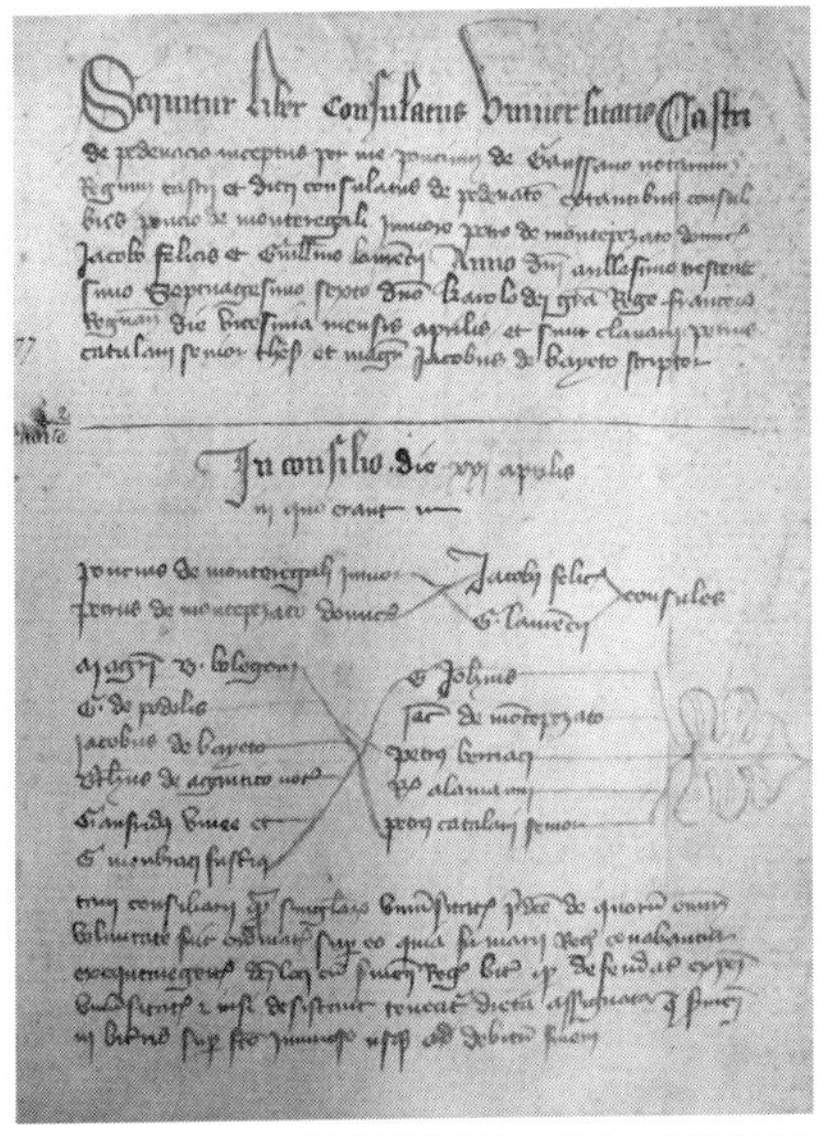

「ペゼナス市の自治体議事録」（1376～1377年度）
［ペゼナス市文書館にて許可を得て著者撮影］

とはいえ、人口増、分業化、階層化が進行した都市では、自治体代表の社会的構成は時代とともに変化する。当初、貴族や大土地所有者が牛耳っていた市政に、13世紀から1330年代にかけて大商人が加わり、1330年代以降、法曹につづいて、中小規模の手工業経営者が参入する。市政から疎外された人々の圧力に押されて、政治的代表制を正当化する原理は、地縁から職縁あるいは階級縁へと重心を移動させていく。

実際、モンペリエ、ニーム、ベジエなど一部の南仏都市は、各街区が代表者を選出する方法を13世紀中に放棄し、異業種の同職組合が複数寄り集まってできたグループである「エシェル」ごとに代表者を選出するシステムを採用する。さらに14世紀中には、市政独占、ずさんな会計、不公正な税負担配分などをめぐり、中下層の民衆によるエリートに対する異議申し立てが強まり、エシェルに参加する業種の範囲拡大が行われる。また、フォワやカストルなど、富裕層、中流層、貧困層の各階級から代表者を選出する方式が導入された都市もあった。

自治の限界と衰退

このように、中世フランスの都市や村落では真の住民自治が展開されたが、政策決定の場における領主役人の臨席や、選出された自治体代表、参事会員、その他役職者の領主役人による叙任の原則が存在し、領主権力の干渉から完全に解放されていたわけではなかった。領主制が弱体化した後は、代わって国王役人による後見的監督と許認可に服することになる。中世末から近世にかけての王権による中央集権化は、自治体から統治権を剥奪し、同時に国王統治機構内部では、地方組織から中央組織へと――村から都市、都市から地方首府、さらには首都パリへと――段階的に統治機能を移転させ、都市や村落の自治を空洞化させることになる。

（向井伸哉）

コラム 2

サン・テミリオンのワインとジュラード

南西フランスのガスコーニュ地方の小都市サン・テミリオンとその周辺地域は、1999年にユネスコの世界遺産に登録された。この年は同市のコミューン（自治都市）特権獲得の800周年にあたる。1199年4月6日にアキテーヌ公＝イングランド王リチャード1世が嫡子のないまま死去し、末弟のジョンが後を継いだ。この即位に異議を唱える勢力に対し、母アリエノール・ダキテーヌの支持を得たジョンは、自身への忠誠を確認できたアキテーヌ公領各地の都市に特権を与えた。こうして7月8日にサン・テミリオンの都市民がコミューン特権を獲得し、市長と市参事会員（ジュレ）とが同市の自治を担った。

紀元後1世紀頃にローマ人がブドウ栽培とワイン醸造技術を持ち込んで以来、ガスコーニュ地方はワインの産地として知られていた。1224年にアキテーヌ公領北部ポワトゥ地方がフランス王に占領されると、ガスコーニュ地方からのイン

サン・テミリオンのシャトー［シャトー・クーテット提供］

グランド向けの輸出が増大した。ボルドーなど他のガスコーニュの産地はクラレット（ロゼに近い赤ワイン）を輸出したのに対し、サン・テミリオンでは白ワインが輸出の中心を占めた。

中世史家サンドリーヌ・ラヴォーによれば、サン・テミリオンの市参事会員の団体は「ジュラード」と呼ばれるようになり、バン権（司法・警察権）をバンリュー（市壁外の領域）に拡張し、15世紀にはブドウ栽培とワインの醸造・流通を管理し、ワインの品質維持に努めた。

ジュラードは季節に応じた栽培作業を義務づけ、収穫終了時まで家畜の畑への侵入を禁止し、ブドウの実の盗難やブドウの木の引き抜きによる損害に対して調査を行った。こうした権力行使で最もよく知られているのが、毎年9月に行われる「ブドウ収穫公示（バン・デ・ヴァンダンジュ）」である。8月半ばに地区ごとに検査役と監視役が任命され、ブドウ畑は彼らの監視下に置かれた。ジュラードがブドウの成熟を見極めて収穫日を決定し、それ以前の収穫は罰せられた。

流通においては、ジュラードはワインの未納入や代金の未払いなど、取引に関する紛争を解決した。市内で流通が許されたのはバンリュー内で収穫されたブドウで醸造された地元産ワインのみであり、それらが不足した場合に限り、地域外のワインを市内で売却できる「持ち込み特権」がジュラードによって与えられた。また、ジュラードは都市とバンリューの全生産者に対し、自身の家におけるワインの小売りを認めつつ、最低価格を定め、安売りを防いだ。小売りの際にはワイン税が課され、その徴収業務は毎年の公的競売で請負に出された。

フランス語の「ワイン一杯（ポ・ド・ヴァン）」は賄賂と同義であるが、まさにワインは都市政府の内外の活動の潤滑油であった。行政長官やボルドー市長ら重要人物がサン・テミリオンに滞在した際、彼らに都市への支持を要請するために、ワインが贈られた。また、弁護士や代訴人などへの年金、徴税役やブ

2019年のジュラードの叙任式

ドウ畑検査役ら都市のために働いた者への報酬、都市役人と招待客との会食にもワインが充てられた。

　ジュラードはフランス革命時に廃止されたが、1948年にワイン生産者らの主導で、ジュラードの名称を借りたワイン振興団体が結成された。毎年9月に伝統的な赤い衣装をまとって、市内を練り歩き、塔の上からブドウ収穫公示を行っている。この日には市内の教会でジュラードの叙任式も行われ、毎年40人ほどが新たに名誉ジュラードとなる。これまでに3000人以上が叙任されており、日本を含む世界各地でワイン文化の普及に努めている。

（加藤　玄）

15 百年戦争の開始
――相次ぐ敗北と三部会の反乱

百年戦争の名称と期間

14・15世紀の英仏間抗争の異常な長さについては、既に当時から認識されていたものの、文献上、この一連の紛争に百年戦争（Guerre de Cent Ans）という名称が付けられたのは、ようやく18世紀末になってからである。スイス人史家ヨハンネス・フォン・ミュラーが1786年に出版した『スイス史』の中で「ヴァロワ家に対するイングランド諸王の百年戦争（hundertjährigen Kriege）」と言及したのが、百年戦争の初出であったとされる。このミュラーの著書は1795年にフランス語に翻訳され、さらに1823年にクリザント・デミシェルが編纂した『中世史年表』においてこの名称が採用されたことによって、百年戦争はフランスのナショナルヒストリーを語る上で重要なタームとなったのである。

一般的に百年戦争は1337年に始まり、1453年に終結したとされる。しかし英仏の対立はそれ以前から続いていたため、百年戦争の起源をジョン王治下のアンジュー帝国崩壊に求める見解や、さらにはフランスの一諸侯であったノルマンディ公ギヨーム2世がイングランドを征服した1066年まで遡る意見もある。また百年戦争の終結時期に関しても、1453年のボルドー降伏時に英仏間で休戦や平和条約が結ばれていないことから、戦争終結を１４７５年のピキニー休戦条約や１４９２年のエタープル平和条約に求めることもできる。さらには歴代のイングランド王が、百年戦争中に主張したフランス王号を１８０１年まで使用し続けていたことも注目される。

しかし、以上から百年戦争という言葉やその期間は、時代区分上の必要に迫られて、便宜的に過去を切り分けるためにつくられた近代歴史学の産物であると断定するのは早計である。現在、歴史学者たちは、百年戦争期をナショナリズム形成や近代国家生成のための重要な発展段階の一つと考え、その後のフランスの国家統合に向けた重要な画期とみなしているのである。

百年戦争の長期化と国際関係

ところで、百年という名が冠されるほど、中世後期の英仏間の紛争が長期化した原因は何であったのであろうか。その答えの一つは、当時のヨーロッパ国際関係に求められる。百年戦争は英仏両王家の対立を基幹としながらも、実際には約30ものヨーロッパの王国や諸侯国が、英仏いずれかの陣営に与して戦争に関わっていた。百年戦争では、これらの諸勢力を含めた複雑な国際関係が英仏間の抗争に密接に絡み合い、問題の解決を困難にさせていたのである。

例えば代表的な事例として、ブルターニュ継承戦争（１３４１～１３６５年）や、カスティーリャ継承戦争（１３６６～１３６９年）などが挙げられる。一般にこれらの事柄は、百年戦争の合間に語られる副次的なエピソードとして扱われることが多い。しかし、たとえ英仏間で休戦や平和条約が結ばれていても、これら英仏の同盟者同士の争いを通して、英仏両王権は間接的に交戦状態に置かれ、鋭く

カーン城。1346年のイングランド軍による騎行の途上に陥落するが、その後すぐにフランス軍が奪回した

対立することとなった。したがって、百年戦争が単なる英仏両王家の争いではなく、実際にはヨーロッパの諸勢力をも含めた重層的な国際紛争であったことが、この戦争を長引かせる一つの要因となったのである。

百年戦争初期の軍事的危機

百年戦争初期のクレシーの戦い（1346年）やポワチエの戦い（1356年）で、フランス軍はイングランド軍に対して大敗を喫した。特にポワチエの戦いでは、フランス王ジャン2世がイングランド軍の捕虜となり、フランスは1360年まで国王不在の状態が続くことになった。

このように初期の戦いでイングランドが有利に戦局を展開できた理由は、イングランド軍が用いた騎行と、長弓の活用という独自の戦術に負うところが大きい。騎行とは、騎兵が数キロメートルもの幅に並行して散開し、途中の都市や村々を略奪しながら行軍する戦闘形態である。騎行の目的は食料や戦利品を獲得することにもあったが、何よりもフランス王権下の住民の不安を募らせることで、しばしば不戦戦略を用いていたフランス王を決戦に踏み切らせることに主眼が置かれていた。

また英仏両軍の直接対決において威力を発揮したのが、イングランド長弓兵の一斉射撃である。長弓は約6フィート（1メートル80センチ）の長大な弓で、既に百年戦争以前のスコットランド独立戦争において用いられ、その実用性が証明されていた。長弓はフランス軍で使用されていた弩（いしゆみ）よりも速射に優れ、1分間に10本から12本の矢を連射することが可能であった。

しかしこれらの戦術も、常に有効であったわけではなかった。例えば、フランス王権による都市の防備強化と徹底した不戦戦略のために、1373年に行われたランカスター公による騎行は、ほとんど成果を上げることはできなかった。また長弓も、弩に比べてその習熟に時間がかかるという欠点があった。そのため戦争が長期化するに従って、熟練の長弓兵が次々と戦死した結果、イングランド軍内では次第に長弓兵部隊の質の低下が問題となっていったのである。

三部会の反乱と税制改革

ポワチエの戦い後、ジャン2世の長子である王太子シャルル（後のシャルル5世）は、直ちに父王の解放と軍の再建に向けて動き出した。しかしこの王太子の行動は、三部会の抵抗を受けることになった。

度重なる敗戦と百年戦争に起因する社会不安に不満を募らせていた三部会は、パリ商人会頭エチエンヌ・マルセルを中心として王太子と対立した。この対立は次第に激しくなり、1358年2月22日

図1　1360年のフランス（縦線部がイングランド領）

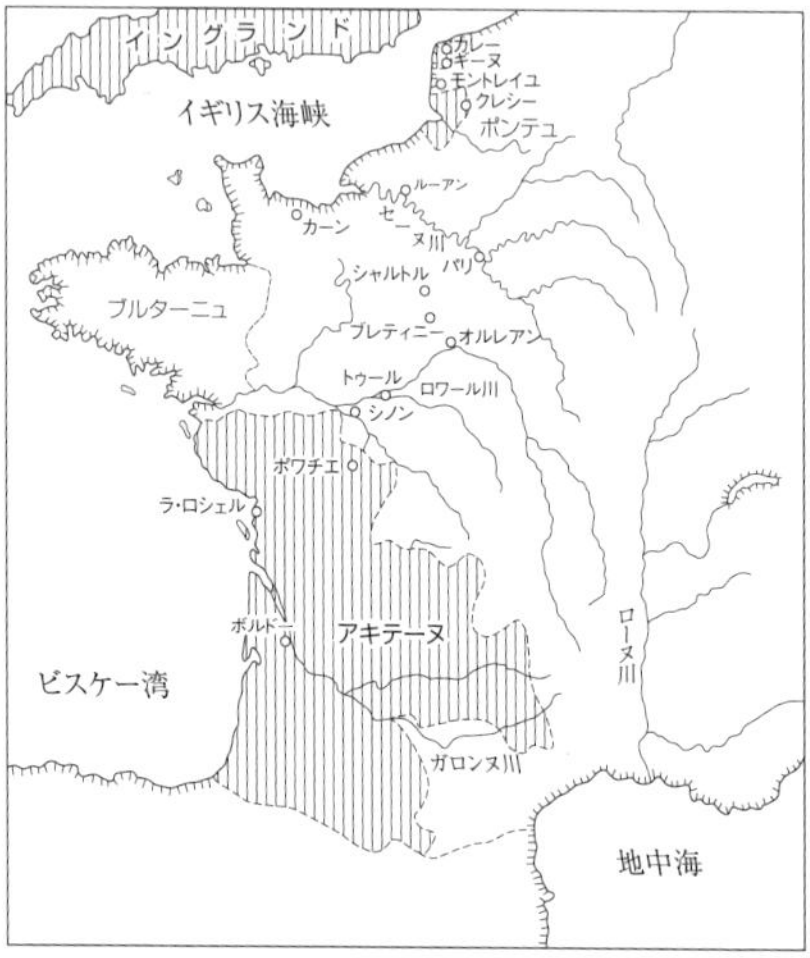

出　典：L. J. Andrew Villalon and Donald J. Kagay (eds.), *The Hundred Years War: A Wider Focus (History of Warfare)*, Leiden: Boston, 2005, p. li.

には、エチエンヌ・マルセル率いる一団が王宮に押し入り、王太子の面前でその側近の元帥2名を惨殺するという事件が起こった。

このため王太子は、3月17日にパリを脱出し、5月4日、コンピエーニュで新たに三部会を開催し、パリに抗して地方の支持を取り付けることに成功した。パリはボーヴェで発生したジャックリーの農民反乱と同盟を結ぶが、事態は好転しなかった。そして7月31日、王太子軍による包囲の最中、パリではエチエンヌ・マルセルが暗殺され、三部会の反乱は終結した。

１３６０年10月24日に締結されたブレティニー・カレー条約では、ポワトゥを含むアキテーヌ地方がイングランドに割譲され、総額３００万金エキュの身代金と引き換えに、ジャン2世が解放された。同年12月5日、王権はコンピエーニュ勅令とそれに付随する二つの指示書において、三部会の承認を経ない課税を定めた。従来、王領地からの通常収入以外に臨時に課税する場合は、三部会の承認が必要であった。しかし王権は、身代金３００万金エキュ支払いのための課税を四つの封建的援助金徴収の一つに該当するとみなし、身代金完済まで続く臨時税を課したのである。この臨時税設定には、パリの反乱の結果、王太子が三部会に対して警戒心を強めたため、三部会の同意を経ない課税を模索していたという背景がある。以後、王権は三部会に諮ることがなくても、シャルル5世が死去する1380年まで、課税を継続することが可能となったのである。

シャルル5世の反撃と長い休戦

1368年4月、アキテーヌで実施された臨時税に反対して、アルマニャック伯がパリへ上訴を行った。これを切っ掛けに百年戦争は再開し、シャルル5世はアキテーヌへの侵攻を開始した。フランス軍は1375年にブルッヘで結ばれた休戦協定までに、ボルドーやバイヨンヌなどのガスコーニュ沿岸部を除くイングランド大陸領の大部分を征服することに成功した。

このたびの侵攻では、フランス軍は百年戦争初期の敗北を教訓として、大規模な決戦を行わなかった。シャルル5世は、小貴族出身ではあるが、ブルターニュ継承戦争などで勇名を馳せたベルトラン・デュ・ゲクランをフランス軍総司令官に抜擢し、機動力に富んだ小規模の部隊を駆使して、イングランド王の戦略拠点を順次攻略していく作戦を採ったのである。

1380年9月16日、シャルル5世が死去すると、その息子シャルル6世が11歳で王位を継いだ。シャルル5世が1374年にフランス王の成人年齢を14歳と定めていたため、新王の叔父であるブルゴーニュ公フィリップを中心とする摂政会議が国政の主導権を握ることとなった。1388年にシャルル6世は親政を開始するものの、1392年には最初の精神錯乱を引き起こした。王の精神異常のため、国政の主導権を巡って、ブルゴーニュ公を中心とするブルゴーニュ派と、王弟オルレアン公ルイを中心とするオルレアン派の派閥争いが繰り広げられ、フランスの政局は混乱を来すようになった。

この間、英仏の対立は小康状態を得ることになる。1389年にレウリンゲンで休戦協定が合意され、1396年にはシャルル6世の娘イザベルとイングランド王リチャード2世の婚姻が成り、1426年まで休戦が延長された。しかしこの英仏間の平和も、1399年にイングランドでクーデタが起こり、ランカスター家のヘンリ4世が即位すると、再び悪化への道を辿っていくことになるのである。

（花房秀一）

16 百年戦争の終結とその後のフランス
——諸侯と公妃に導かれるフランス

15世紀初頭のフランスは、イングランド王の所領や諸侯領が並存する、モザイク模様の状態であった。しかし、百年戦争の終結とその後の王と諸侯との対立を経て、フランスは徐々に一つになっていく。中世後期のフランスにおいて、諸侯の存在は王国の状態を推し量る一つの指標といえる。また王国が成長を遂げる重要な局面でしばしば姿を現すのが、女公や公妃たちであった。ここでは諸侯やその妻たちに焦点を当てつつ、百年戦争後期とその後のフランスについて見ていく。

イザベルの仲介と百年戦争の終結

百年戦争が一時中断したシャルル6世治世に、フランスでは内戦が勃発する。王が精神疾患に見舞われたことで、国政の主導権をめぐり諸侯筆頭のブルゴーニュ公と王弟のオルレアン公とが相対立した。１４０７年にはブルゴーニュ公側の者によってオルレアン公ルイが暗殺される。これを一つのきっかけとして、フランスは内戦へ突入していく。１４１９年には逆にブルゴーニュ公ジャンが、オルレアン公の勢力をまとめていた王太子シャルル（後のシャルル7世）側の者によって殺害された。血を血で洗う争いが繰り広げられるなかで、イングランド軍は再度、大陸への侵攻を始める。アザンクールの戦いではフランス軍に大勝した。その後、父公の死去により新たにブルゴーニュ公となったフィリップが、復讐を果たすためイングランド王と同盟を組んだ。強力な同盟者を得て、イングランド軍の侵攻は加速し、北フランス一帯を支配するに至る。フィリップはさらに、イングランド王がフランス王位を継承することが決められたトロワ条約の導き手にもなった。この条約から2年後、イングランド王ヘンリ5世が死去し、その2カ月後にはフランス王シャルル6世も亡くなった。条約どおりフランス王位は、イングランド王位を継承していたヘンリ6世によって引き継がれた。一方、王太子シャルルは、ブルゴーニュ公とイングランド軍からの圧力におされ、南フランスに拠点を移していた。ブールジュで父王の死を聞くとともに、彼は自らがフランス王（シャルル7世）であることを宣言した。

このように、内戦はフランスを再び危機的状況に陥れた。ブルゴーニュ公がイングランド王に加担したことで、百年戦争の趨勢は大きくイングランド側に傾いた。イングランド軍はさらに、南フランス進出の姿勢をも見せる。危機が迫るシャルル7世側にとって、ブルゴーニュ公との和解は必要不可欠であった。そして1435年におけるアラスでの会談をむかえることになる。

この会談の6年前、1429年にフランス軍はイングランド軍に包囲されていたオルレアンの解放に成功する。解放戦には、神の「声」を聞いたというジャンヌ・ダルクも加わった。連敗の続くフランス軍が、この戦闘で総力を結集させていたことに加え、神の使者とされるジャンヌの参戦がフランス軍に相乗効果をもたらし、オルレアン解放は成し遂げられた。敗戦によりイングランド軍の勢いは止まり、戦局が変わり始める。これを契機にシャルル7世陣営は、ブルゴーニュ公と和解すべく水面下で折衝を行うようになる。この活動が実を結びアラスでの会談が開かれることになった。ここではまず、ブルゴーニュ公仲裁のもとで、ヘンリ6世とシャルル7世との停戦にむけた話合いがなされた。しかし、条件面での折り合いがつかず、二人の会談は早々に決裂した。その後、残されたシャルル7世とブルゴーニュ公との会談が始まる。シャルル7世はブルゴーニュ公からの要望を大きく受け入れ、和解は成立することになった。

内戦が解消されて以降、英仏百年戦争は最終局面をむかえる。1445年にフランスは軍制改革を行い、常備軍を創設していたこともあり、戦争はフランス軍の有利な方向で進む。1453年にイングランド軍の大陸における最大の拠点であったボルドーが陥落し、百年戦争は一つの終わりをむかえた。

百年戦争後期において、1435年は大きな転換点であった。因縁深いブルゴーニュ公フィリップとシャルル7世とがアラスで対面したのだが、その背景にはフィリップの妻イザベルの働きかけがあったとされる。表立った活動ではないため、正式な記録が残されているわけではないが、シャルル7世は後にイザベルに対してこの功績を称え、4000リーブルの年金を送っている。アラスでの内戦終結が、その後の百年戦争の趨勢に与えた影響を加味すると、両者の仲を取り持ったイザベルの存在も忘れるわけにはいかないだろう。

二人のアンヌと諸侯領の統合

百年戦争を乗り切ったシャルル7世は、1461年に死去した。続くフランス王たちは、諸侯との対立を繰り返すなかで、徐々に諸侯領を王領へと統合していく。ブルゴーニュ公、ブルターニュ公、ブルボン公と、各諸侯の所領には、王国から切り離された独自の統治組織が整備されており、それぞれの諸侯を中心とした「国」が成立していた。しかし、各諸侯領は、様々な形で王領に取り込まれていくことになる。諸侯たちは、各々のやり方で王権との距離をはかりつつ、所領の独自性を維持していた。

ブルゴーニュ公の所領は、家系に男子の後継者が絶えたことをきっかけに、その多くが王領に取り込まれることになる。1477年にブルゴーニュ公シャルルはアヌシーで戦死した。父公フィリップから公位を継承して以降、シャルルは自らを王とする国を、フランス王国と神聖ローマ帝国との間に築こうと奮闘していた。しかし、野望は志半ばで潰えた。ブルゴーニュ公が保持していたブルゴーニュ公領とブルゴーニュ伯領は、元々王から付与された親王領であり、直系男子の継承者が途絶えた際には、王領に戻されることになっていた。フランス王ルイ11世はシャルル死去の後、これらに加えてアルトワとピカルディも強引に手に入れた。シャルルの一人娘で父の後を継いだマリーは、所領を守る後ろ盾を得るべくハプスブルク家のマクシミリアンと結婚した。北東フランスで領地をめぐり争いが続くなかで、最終的には話合いのもとブルゴーニュ公領、ピカルディはすぐに、そしてブルゴーニュ伯領とアルトワは後にフランス王のものとなること、残りの部分は、マクシミリアンとマリーの息子フィリップのものとなることが決められた。

ブルターニュ公領は、婚姻政策によって王領に統合されることになる。ブルターニュ併合の中心にいたのは、ルイ11世の娘である王女アンヌとブルターニュ女公アンヌであった。王女アンヌは、父王の死去に伴い弟のシャルル（シャルル8世）が弱冠13歳で王位を継いだことから、彼の後見人となった。一方の女公アンヌは1488年に父公フランソワ2世が死去したことにより、公位と所領を継承した。

女公アンヌを誰が娶るかでブルターニュ公領の行く末が変わる状況下で、彼女は夫にハプスブルク家のマクシミリアンを選んだ。彼もまた、妻マリーが急逝したため結婚相手を探していた。しかし、二人の結婚は成立しなかった。というのもフランソワ2世は生前に、娘アンヌの結婚には、必ずフランス王の承認が必要であるとの契約をルイ11世と結んでいた。そして王の後見人であった王女アンヌは二人の結婚を認めなかった。その後、軍事的圧力を受けるなかで、女公アンヌはブルターニュ公領の統合を目論むシャルル8世との結婚を受け入れた。

最後にブルボン公の所領は、フランス王に没収される形で王領に併合された。1521年にブルボン女公シュザンヌが死去する。彼女は、遺言書で夫のシャルル（ブルボン公シャルル3世）をブルボン家財産の相続人に指名していた。しかし、いとこのルイーズ・ド・サヴォワがこの相続に待ったをかける。故シュザンヌと血縁関係が一番近いことを理由に、ブルボン家財産の継承を主張したのである。結局この問題は、高等法院に持ち込まれた。判決はルイーズに有利なものであった。法廷での争いが続く間に、ブルボン公シャルル3世は神聖ローマ皇帝カール5世と結託して反乱を起こす計画を立てていた。判決後、計画を実行に移そうとしたが、途中で情報が漏れ

図1　15世紀末から16世紀初頭のフランス

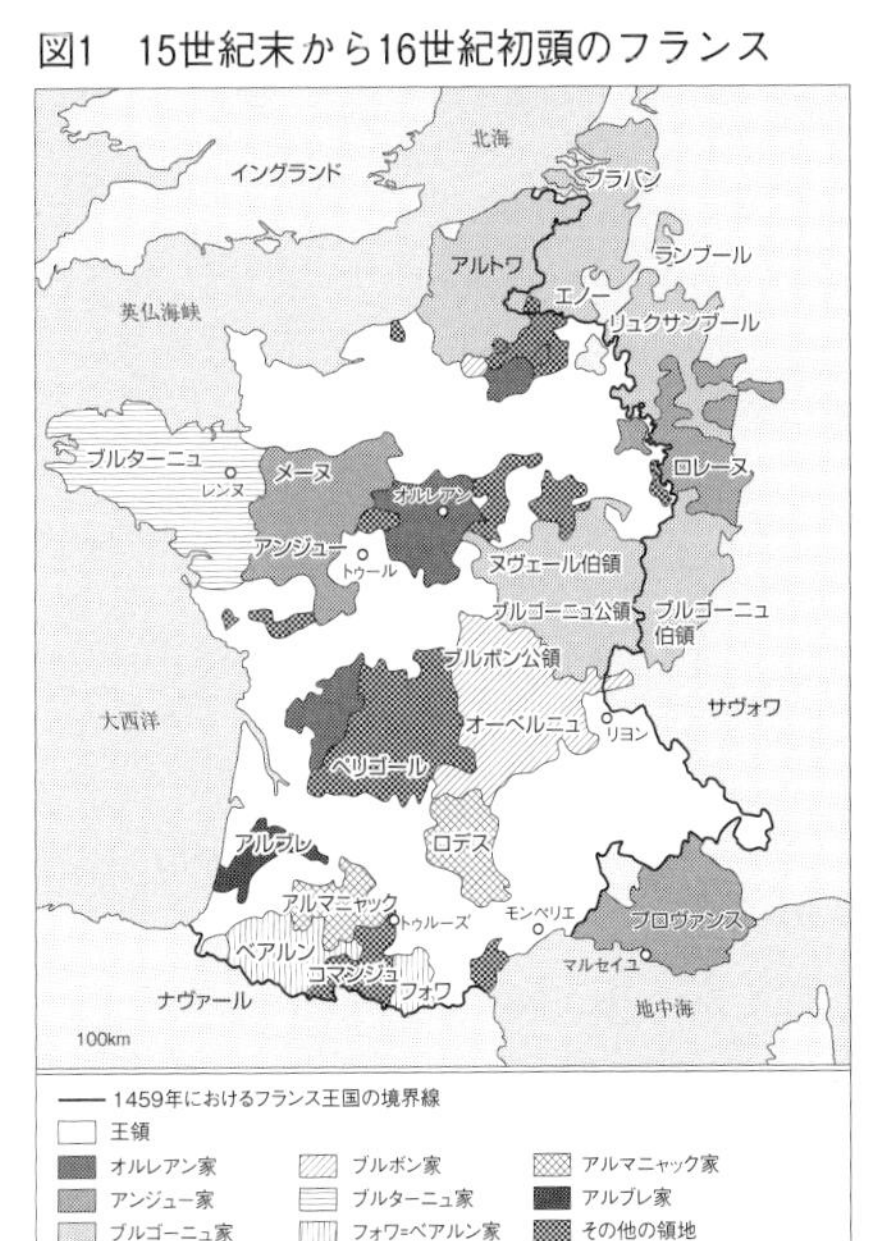

出典：Philipp Hamon, *Les renaissances 1453-1559*, 2009, p.313より作成。

てしまう。シャルル3世はカール5世のもとへと逃げ込んだ。フランス王フランソワ1世はシャルル3世に対して国家反逆罪を言い渡し、ブルボン公の所領を没収した。ルイーズの息子はフランソワ1世であった。それゆえ、ブルボン家財産の継承をめぐる裁判には、フランス統合を目指す王家側の政治的な意図があったとされる。

ブルボン女公シュザンヌの母は、シャルル8世の後見人を務めた王女アンヌであった。彼女は1473年にブルボン家に嫁いでいた。本来ブルボン家の所領は、直系男子の後継者が途絶えた際には、王領に戻されるはずであった。しかし、王女アンヌは当時のフランス王ルイ12世と交渉し、一人娘であるシュザンヌに所領が受け継がれるようにした。さらに、シュザンヌとブルボン家の傍系モンパンシェ家のシャルル（ブルボン公シャルル3世）とを結婚させることで、ブルボン家の所領が確実にブルボン家の者によって継承されるような道筋も作った。王女アンヌは、高等法院での争いが続くなかで死去した。政治経験の豊富な彼女がいなくなってしまったことは、ブルボン家にとって大きな痛手であったといえるであろう。娘婿のシャルル3世は、交渉ではなく反乱という行動によって問題の解決を試み、そして失敗してしまったのである。

こうして、フランスは15世紀から16世紀初頭にかけて一つになっていった。結果だけ見れば、王権の諸侯に対する勝利といえるだろうが、各諸侯領の統合が決して一筋縄ではいかなかったことを忘れてはならない。そして、王国の輪郭がはっきりしてくるなかで、王国全体の統治組織の整備も進むのだが、その際、利用されたのが諸侯領にすでに整えられていた制度的枠組みであった。中世後期の諸侯領は、こうして王国のなかで生き続ける。

（上田耕造）

コラム 3

ジャンヌ・ダルクとそのイメージ

2016年3月、ある指輪がロンドンのオークションに出品された。指輪はジャンヌ・ダルクの遺品と紹介され、フランスで歴史テーマパークを運営する財団が30万ポンドで落札した。この指輪は銀製で、五つの十字とイエスとマリアの銘が彫られており、たしかに裁判時にジャンヌが語った指輪の描写と一致する。また、オックスフォードの研究所の分析では、ジャンヌの活躍した15世紀の製造であるという。しかし、この種の指輪は当時ありふれたもので、出品された指輪の来歴を辿れるのは1900年代以降でしかない。落札された指輪をジャンヌが所持していたという史料的根拠を欠いたまま、財団はジャンヌの指輪のフランスへの帰還を祝うイベントを盛大に催したのである。

ジャンヌ・ダルクを巡る伝説は、指輪一つとっても、今なおフランス人の心をとらえて離さない。なぜ人々はジャンヌに惹きつけられるのだろうか。小村の農民の娘でありながら、オルレアンを解放し、シャルル7世のランスにおける成聖式を実現させ、聖職者と対決し、火刑台の上で最期を遂げたジャンヌの生涯は非凡であり、英雄を求める人々の心性に合うのかも知れない。中世史家コレット・ボーヌの指摘によれば、今日でもジャンヌにまつわる伝説が多様かつ根強いのは、ジャンヌは存命時から伝説化され、ある者からは聖女として崇められ、ある者からは魔女として謗られた人物であり、預言者・戦士・羊飼いなど複数の多義的なイメージを纏ってきたからである。

中世末期には預言が影響力を持っており、当時は少なくとも4〜5人の預言者が国王シャルルの周囲にいた。ジャンヌはオルレアンの解放やイギリス人の駆逐などを預言したが、他の預言者と異なり、その預言の達成という使命を国王に押し付けず、自ら引き受けた。１４３１年の処刑裁判の時点では、その使命全てが果たされたわけではなく、審理では彼女の預言はペテンだと結論づけられた。その後、国王がイギリス人に勝利し、ジャンヌの予告全てが成就した。そのことは彼女が真の預言者であった証拠となり、１４５６年の無効裁判では彼女の預言が神の思し召しに対応していたと理解された。

彼女の業績の中で最も驚くべきことの一つは、女性でありながら、兵士を指揮し、オルレアンを解放へ導いたことであろう。騎士道ロマンのような想像の世界には戦う女性が多く登場するが、現実には稀少であった。しかし、兵士の大部分はジャンヌを信じ、アランソン公は彼女によって大砲の弾の直撃から救われたと証言した。

ジャンヌ騎馬像（オルレアン）

彼女が実際には羊飼いではないにもかかわらず、国王は彼女を羊飼いと呼んだ。それは、羊の群れを守る女羊飼いと、臣民の羊飼いである国王というイメージを重ねて流布させるという政治的な理由のためであった。

19世紀にナポレオンによってジャンヌが称揚されたことはよく知られている。近代史家ミシェル・ヴィノックが詳らかにしたように、彼女は、ミシュレのような共和主義者には「民衆の代表」であり、カトリック教会には「聖女」であり、民族主義者には「愛国の乙女」であった。

１９２０年代には、服装による女性の解放、抵抗や地位向上の言説が、男装を非難されたジャンヌに重ね合わせられた。その後もフェミニズムの文脈でしばしば引き合いに出され、彼女のイメージは今もアクチュアルな価値を失ってはいない。

（加藤　玄）

第Ⅱ部
近世

17 フランスの宗教改革
――福音主義運動の展開から改革派教会の創立へ

新しい生のあり方を求めて

現在のフランス社会は、国民の10%を占めるというイスラーム教徒との関係をめぐり、排除と包摂、分断と共生の間で揺れ続けている。この問題を宗教上の「他者」との共生という観点で考えるならば、フランスは16世紀の宗教改革以来の長い経験を有している。この宗教改革というヨーロッパを覆った一つの運動は、信仰の問題にとどまらない多様な影響を社会に与えてきた。たとえばプロテスタントは、良心に基づいて聖書を読むという行為を信徒の重要な務めとしたという点で、それまでにはなかった信徒と聖書の関係、ひいては人と神の関係を作り上げることになった。活版印刷術の発明以来、出版物は急増し、人は自ら本を手にする機会を得て文字に触れ、そして文字を認めるという行為を修得していく。出版物が社会をめぐり、行政がますます文書という形で行われるようになると、司法や行政の職に携わり、社会的上層の地位に就くためには読み書き能力が求められるようになった。こうして学びの必要性とその変化は、新たな社会の階層化を促したという点でも深淵な影響を与えたのである。

フランスの宗教改革は主に、15世紀後半から16世紀初頭にかけて芽吹いた教会改革運動、そこからカルヴァンが出てきて急展開するプロテスタント宗教改革、そして主に17世紀に深化していくカトリック改革の三つの流れで理解されてきた。しかし宗教改革500周年を経た現在では、カトリックやプロテスタントという枠には必ずしも当てはまらないような改革運動や、宗派というかたちを取らなかった信仰生活の刷新、宗派間を往還した人びとの存在など、この時代の多様な宗教的感性のありかと宗教に対する内面的理解にも光が当てられつつある。

初期の宗教改革

ルターの宗教改革に先立ち、フランスでもキリスト教人文主義者ルフェーヴル・デタープルを中心に、カトリック教会内部の改革運動が始まっていた。デタープルの影響を受けたサン・ジェルマン・デ・プレ大修道院長ギヨーム・ブリソネがモーの司教になると、「モーの説教師団」と呼ばれる弟子たちがモー司教区を中心に福音主義を展開し、主任司祭や聖堂参事会員となって、任地における現状を改善する目的のもと教会改革運動を推し進めていく。早くも1512年に『パウロ書簡註解』を出版したデタープルに導かれた彼らは、既存の聖職者制度の中で自律的な司牧活動を行い、聖人崇敬を批判する代わりに原典としての聖書読解に立ち返り、恩寵に対する信頼を説くことを試みたのである。当時の保守勢力であったパリ（ソルボンヌ）大学神学部、そしてガリカニスムの担い手である高等法院は、デタープル訳のフランス語聖書に基づいて解説を行う彼らの活動を異端と見なし、弾圧を強化していった。

始まったばかりで、なお脆弱な集合体でしかなかった教会の改革運動を保護し、援助したのが、時

ジャン・カルヴァン（作者不明、フランドル派、16世紀）［Musée Historique de la Réformation, Bibliothèque de Genève所蔵］

の国王フランソワ1世（在位1515～47）であった。フランソワは皇帝位を夢見てハプスブルク家とイタリア戦争を繰り返す一方、ルネサンス文芸の愛好家でも知られ、数多くの文物をイタリアから持ち帰ると同時に、人文主義にも理解を寄せていた。国王がこうした新しい思潮に好意的であった背景には、ハプスブルク勢力に対抗するために、神聖ローマ帝国内のプロテスタント諸侯との同盟を必要とする外交上の配慮もあったのかもしれない。またフランソワ1世が伝統を重んじるパリ大学神学部と相反する立場をとり続けたのは、ソルボンヌ神学者が王権にとって悲願であったボローニャの政教協約――国内の高位聖職者の任命権を国王がもつという協約――に同意しなかったことを根にもっていたとも考えられる。さらに、福音主義運動を熱心に保護した国王の姉マルグリット・ド・ナヴァールの存在がある。マルグリットはルフェーヴル・デタープルの説く恩寵による救済を信じ、母ルイーズ・ド・サヴォワとともに福音主義の庇護者となり、国王に対しても大きな影響を与えた。カルヴァンとも文通した、この知的で活動的なマルグリットの影響は、以後の宮廷やその人脈を見渡しても無視できないものがある。ただし、1525年パヴィアの会戦でフランソワが神聖ローマ帝国軍の捕虜になってしまったことにより、「モーの説教師団」は後援者を失い、解散に追い込まれることになったのである。

他方で、早くも１５１９年にはルターの著作がフランスに入り、数年後にはフランス語に翻訳された。高等法院とパリ大学神学部がこぞってルターの著作を異端として糾弾したため、福音主義者たちは表向きはルターを否定する言説を繰り返しながら、自分たちの改革活動を守ろうと尽力した。しかしこの中から、スイスの宗教改革にも関わっていくギヨーム・ファレルのように、そしてこのファレルに導かれたジャン・カルヴァンのようにジュネーヴに逃れ、新教会を立ち上げる事業に加わる者たちが現れてきた。こうした動きが目指したのは、もはやこれまでの教会内部の改革ではなく、別の新たな教会の設立であった。カルヴァンはまさしく時宜を得て１５３６年『キリスト教綱要』を出版したのである。１５４０年代には彼の予定説に基づく禁欲的職業倫理が改革を望む人びとに受け入れられ、改革派教会の組織化へと突き進んでいった。

改革運動の弾圧と宗教戦争への序曲

人文主義的キリスト教の一潮流である「福音主義」の教会改革運動がフランスで広がりを見せ、高等法院やソルボンヌ大学神学部の弾圧をよそに、王権の寛容な態度の下で浸透しつつあったにもかかわらず、なぜそれが血で血を洗う全面戦争に行きつくのであろうか。この結末に至るにはおそらく、少なくとも二つの重要な節目があったと考えられる。

一つ目は、カトリックのミサを激しく攻撃する檄文が各地で一斉に掲示された、１５３４年の「檄文事件」である。カトリックにとって何より重要なミサ典礼を諸悪の根源と主張する、この過激な挑発行為とその広範な組織力は、それまで新しい思潮に好意的であったフランソワ1世を恐れおののかせたに違いない。ブロワでは国王の寝室の扉にまで貼られていたという。教会分裂の危機を悟ったフランソワは、政治力でプロテスタントを迫害する方向へと転換し、1540年フォンテーヌブロー王令ですべての世俗裁判所に異端取り締まりの権限を与える。続いてアンリ2世（在位1547～59）も、1547年パリ高等法院内に異端の処刑のための特設火刑裁判所を設置するなど、弾圧を強化していった。こうした転換には、その背景にスペインや教皇といったヨーロッパの強大なカトリック陣営からの圧力に応じる必要があったことも考えられる。

二つ目の節目は、1559年、ハプスブルク家との和平を祝って催された馬上槍試合で、アンリ2世が槍の一撃を受けて急死した事故に端を発する。即位した長男フランソワ2世も後を追うかのごとく一年後に早世し、次男シャルル9世（在位1560～74）が未成年で王位を継承する。若く、脆弱な王権が国内外の難局を乗り切るには、本心としての願望はともかく、カトリック信仰のみで押し通すことも、プロテスタントをまともに受け入れることも、できない相談であったに違いない。というのも、宗教戦争は信仰上の対立に端を発しながらも、大貴族間の党派争いと深く関わったからである。筆頭親王家のブルボン家、ロレーヌ地方に強力な地盤をもち、ステュアート家にも連なる急進派カトリックのギーズ家、全国に600の封地をもち筆頭元帥を主君とするモンモランシ家といった、有力貴族間の覇権争いが宗派対立に覆いかぶさっていた。個人が自らの信念に基づいて信仰を選ぶ自由は認められていなかったこの時代、貴族や領主の宗派は自ずとその家臣や領民をも巻き込むことになった。こうしてカトリック教会で始まった改革運動は、今や国内を分断する党派争いの様相を帯び始めたのであった。

パリで第1回全国教会会議が開催され、プロテスタントがアウグスブルクの和議に力を得て政治権力に自らの公認を要求したのも、この1559年という年であった。このときすでにプロテスタント人口は200万人、改革派教会は2000を超えていたとされている。こうした中で、アメリカ大陸からの大量の銀の流入が、プロテスタントの多い西部および南西部フランスの諸都市を潤し、ヨーロッパにおける繁栄の分布図を変えつつあった。シャルル9世治世期において摂政であった王母カトリーヌ・ド・メディシスが、大法官ミシェル・ド・ロピタルとともにいわゆる「融和政策」をとったのは、政治的寛容の願いという以上に、宗派に分かれて敵対する諸勢力に対して、この時期の王権による対応の難しさ、なす術のなさを物語っていたのである。

（小山啓子）

18 宗教戦争の終結とアンリ4世
――内乱を経て王国再建へ

アンリ4世という国王

今なおフランス人に好まれる国王として、必ず上位に名の挙がるアンリ4世（在位1589～1610）。この人気は、彼の生きた時代やその人生とどのような関係があるのだろうか。

アンリの即位がフランスの形成にもたらした貢献は、主に二つに集約される。一つは領土の問題である。ジャンヌ・ダルブレを母にもつ彼は、母方に由来するナヴァール王としての資格をもっていた。これに加え、アンリはアルブレ公やフォワ伯であると同時に、リモージュやネラック、ベアルン等この南西フランス一帯に広がる領主領の主君でもあった。他方、父はフランスの筆頭血統親王ブルボン家当主アントワーヌである。1553年に生を受けた時、アンリのフランス王位継承順位は第4位、ただし翌年王家に四男フランソワが生まれると第5位という順位になる。普通ならば王座がまわってくるのは難しい位置づけであろう。ところがその後戦乱の数十年の間にヴァロワ家の不幸が続き、おそらく当初はあまり想定されていなかったこのアンリが、ブルボン朝初代国王として王座に就くのである。そして彼が父方と母方、つまりブルボン家とナヴァール家が有してきたフランスの中部から南西部に広がる領土を引き継いだことで、現在のフランスの広大な部分が、内実はともかくもより確かに「統合」されることになったのであった。

二つ目は精神的な功績である。人文主義の庇護者であり、福音主義思想の影響を強く受けた母ジャンヌはプロテスタントに帰依しており、息子アンリはこの信仰を母から譲り受けていた。宗教戦争を経て、やがてアンリが王位をめぐる争いに加わっていく中でフランスは、クローヴィス以来伝統的に「篤信王」という称号を有してきた王位に座する者が、プロテスタントでありうるのかという前代未聞の決断を迫られたのであった。そもそもランス大聖堂の聖油は、プロテスタントの王の身体にも注がれうるのか。最終的には聖別式を挙行する前にカトリックへの改宗を選んだアンリ４世であったが、宗教戦争を終わらせるため１５９８年にナント王令を発布し、カトリックとプロテスタントの史上初めての「共存」に道を開いた。この王令により両宗派の完全なる平等が実現されたとは言えなくても、

アンリ4世（『聖霊騎士団の十字架を提げたアンリ4世』フラン・プルビュス作、1622年以前）

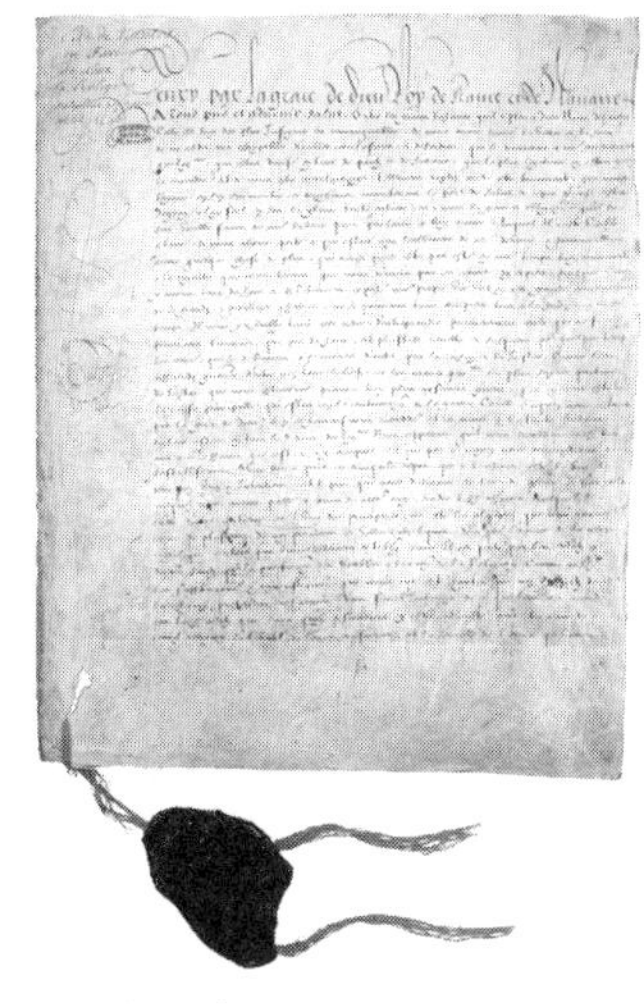

ナント王令［出典：Archives nationales, Musée de l'Histoire de France, AE, II, 763.］

この精神性は、両宗派の父母をもつ彼の出自そのものに由来すると同時に、ヴァロワ後期の王権が模索し続けた融和体制を引き継ぐものでもあったのである。

このように、フランスという国家の形成に大きな役割を果たすことになったアンリ4世であるが、ではこのアンリ4世が即位し、36年間続いた戦争を終わらせ、ブルボン朝の基礎を築くまでに至った激動の経緯を見ていくことにしよう。まずは、彼が決着をつけることになった宗教戦争がどのように展開したかを確認しておく。

宗教戦争の勃発と展開

対立を深めるカトリックとプロテスタントの間の妥協点を探していたヴァロワ王権は、プロテスタントに都市外での礼拝の自由を認める1562年1月王令を出すが、これに呼応するかのように、同年3月、ヴァシーで宗教戦争の火蓋が切られた。聖バルテルミの虐殺までの10年間を宗教戦争の前半として捉えるならば、その特徴はいずれの戦争でもはっきりとした勝敗はつかなかったということである。和解するためにプロテスタントに認められた権利の大小は各王令によって異なるが、結局はそれを不服とするカトリックか、または弾圧政策に警戒心を掻き立てられたプロテスタントが次の開戦を導いた。

この戦争中最大の犠牲者を出すことになった事件が、1572年8月の聖バルテルミの虐殺である。アンリ・ド・ナヴァールと国王の妹マルグリット・ド・ヴァロワの異宗派結婚は王権の融和政策の頂点として知られるが、パリでの挙式後にコリニー提督をはじめとするプロテスタントの首領の暗殺が実行に移されたのである。暗殺の首謀者は史料の不在により明らかにされない。ただ、この事件を通じて見えてくるのは、虐殺を全く阻止できなかった公権力の無力さである。虐殺は瞬く間に各地に広まり、3000人から1万人に及ぶ犠牲者を出してしまう。そしてこの事件以後、プロテスタントは王権と決別し、レジスタンス化していくのである。

聖バルテルミの虐殺（フランソワ・デュボワ作、1572～1584年）
［Musée cantonal des Beaux-Arts de Lausanne所蔵］

この王国分裂の危機の中で、多くの国政論が認められた。聖バルテルミの虐殺を経験したプロテスタントは暴君放伐論を展開し、権力を濫用する国王に対して人民は抵抗する権利があると強く主張した。これを受けて、王権寄りの穏健派カトリックである「ポリティーク派」は、暴君政治よりも悪質なアナーキーに陥る方がより危険であるとして、国王権力の優越性を主張し、強力な王権のもとでの平和の実現を説いた。その代表であるジャン・ボダンは、『国家論』の中で主権を「国家の絶対的・恒久的な権力」と定義し、臣下による拘束を受けず、教皇や皇帝といった外部の権威からも自由である国王が主権を有すると論じた。そして立法権を持つ国王が責任を負うのは、ただ神に対してのみとした。こうして、いくつもの対立軸が交錯するフランスの危機の中から、伝統的な制約を取り払って現状を乗り越えるような、王権を国家の中心に据える理論が用意されていったのである。

1584年に王弟フランソワが死去すると、アンリ3世（在位1574～89）には嫡子がいないため、いよいよアンリ・ド・ナヴァールが次期王位継承者として浮上する。これに対し、異端の王の出現を阻止するべく、パリを筆頭に有力諸都市でカトリック同盟が結成された。同盟の背後にはスペインという強大な勢力がひかえており、宗教戦争の後半は、このカトリック同盟と王権の対立を軸に展開した。カトリック、プロテスタント、そして時の国王も含め、各派閥を取り仕切った中心人物がみな同じ名前であったことから、この時期の攻防を「三アンリの戦い」という。しかしこの「三アンリ」のうち二人は暗殺により相次いで落命し、アンリ・ド・ナヴァール、後の国王アンリ4世ただ一人が生き残ったのである。

カトリック同盟は当然のことながらこの異端の王を認めず、フェリペ2世の娘をフランス王位への候補者として擁立し、徹底抗戦に入った。アンリはこうした事態を受けて最終的に改宗を決断し、1594年シャルトル大聖堂において聖別式に臨む。翌月、バリケードを築いて抵抗していたパリが開城すると、ギーズ公をはじめとするカトリック貴族も続々と王権に帰順していった。

こうして1598年、ナント王令が発布されることで宗教戦争は一応の終止符が打たれた。ナント王令は信仰の自由を掲げながらも、礼拝は場所や身分の限定があり、カトリックの祝日の遵守や十分の一税の支払い義務といった、カトリックにとっての既定路線が確認されるに留まった。しかし他方で宗教上の争いを調停するために、両派の代表によって構成される特別法廷を設置したり、プロテスタントも公職に就くことができるなど、これまでにない「平等」も目指された。このナント王令に関しては、プロテスタントの解放状として高く評価するものから、カトリック再建のための手段に過ぎないという悲観的な解釈まで、その評価をめぐっては様々な議論がある。しかしこのナント王令体制というものが、部分的で不十分なものであるにせよ、激しい戦乱と犠牲の末にフランスがようやくにして獲得した、生を維持するための妥協点であったとするならば、異宗派の存在を認めたというその意味において、現代につながる価値をもちうるのではないだろうか。

アンリ4世の治世

このようにほとんど命からがら王座までたどり着いたアンリ４世であるが、その治世を見渡すと、なおも安泰とは程遠い時代であったにもかかわらず、彼がかなりの意気込みをもって復興のための改革に取り組んでいたことがうかがえる。戦争で疲弊し、多額の借金を抱えたフランスにおいて常に最大の難題であったのは言うまでもなく財政改革である。これに関しては、プロテスタントの下級貴族シュリーを財務卿に登用して国家財政の再建を図った。まずは主要財源である直接税に目を付け、このタイユ税の配分と徴収を適切に行うために各地に親任官を派遣し、調査、介入を行った。この親任官はのちに地方長官と呼ばれるようになり、王権の施策を地方で実行する役人として、近世を通じて活躍していくことになる。さらに租税全体の中で、第三身分からしか徴税できないこの直接税の割合を下げ、間接税である塩税を導入して、聖職者や貴族を含むより広範で安定的な財源を確保することを目指した。１６０４年にはポーレット法を制定し、これまですでに慣習化していた官職の世襲を正式に認めるかわりに、官職価格の60分の１を毎年国庫に納めることを命じた。これらの改革ではいずれも、富裕者層に対する徴税を、間接的な方法であるにせよ実現したという点が重要であろう。こうして治世末期には通常収入が支出を上回り、王権の財政基盤が確立したのである。

アンリ4世は他方で、カトリック同盟に参与した都市に対して特権を削減したり、市政役人の選挙に介入して国王役人の比重を高めるなど、統治を集権的に進めるうえで障害となりうるものを取り払おうとした。またチュイルリ宮の改装や、ポン・ヌフ、国王広場、王太子広場の建設など、自らの威光を高めるために都市空間の改造を行ったこともよく知られている。イメージ戦略に積極的で、フランスの復興者、父なる善良王、寛容の王といった、国王のイメージを流布するための銅版画や絵画も多く作成させた。最期は狂信的カトリックの刃に倒れたアンリであったが、幾度も暗殺者の影が忍び寄る中、5回の改宗を経て戦乱の世を生き残り、玉座に座った者の使命として、彼は次世代の礎石を築くべく奔走したと言えるのかもしれない。

（小山啓子）

コラム 4

フランスのルネサンス文化

フランスにおけるルネサンスは、百年戦争の荒廃から立ち直りつつあった15世紀末以降約百年間に花開いた。イタリア戦争を一つの契機とするものの、それ以前からも隣接するイタリアとの人的・物的交流は盛んであり、フランスはゴシックの長い伝統をもちながら、イタリア・ルネサンスの芸術に触れて、瞬く間に魅了されていくことになる。そしてそれは当初イタリアの文化を受容し、模倣して満足するものであったが、次第にフランス固有の風土の中で「加工」され、独自の発展を遂げていく。フランスにおけるルネサンス文化の代表的なものといえば、アンボワーズ、シャンボール、ブロワ、シュノンソーなど世界遺産に登録されているロワール渓谷のいくつもの城であっ

シャンボール城［出典：Benh LIEU SONG/ Wikimedia Commons］

たり、フォンテーヌブロー宮殿といった壮麗な建築物がある。シャンボール城はイタリア人建築家ドメニコ・ダ・コルトーナが設計したが、実際にはフランスの石工によって建てられた。このようにして、中世的な円塔に加えて、地元で切り出された石材を用いてイタリア建築様式が施されるというような、混合スタイルが生まれたのである。

イタリア芸術家たちの最大のパトロンが、国王フランソワ1世であった。レオナルド・ダ・ヴィンチを招聘したことでも有名な「文芸の父」フランソワは、ギリシア語やヘブライ語など古代の知識を有する学者たちを積極的に後援し、のちにコレージュ・ド・フランスとなる王立教授団をパリに創設した。これは、古代思想とキリスト教の調和の中に人間本来のあり方を追究する人文主義運動がフランスに根づくにあたって、重要な知的拠点となった。16世紀の半ばになると、ルネサンスを発信したイタリアではマニエリスム、バロックへと展開していく中で、フランスでは古典主義が確立していく。ピエール・ド・ロンサールらプレイヤード派詩人の活躍や、思想領域ではミシェル・ド・モンテーニュの『エセー』など、古代の知識を原点としてそこに人間性を洞察していく試みは、近世を通じて長くフランス文化の基層を形成していった。

ルネサンスという16世紀の文芸復興運動に、それまでの時代に起こった文化的な変革とは異なる要素があったとするなら、それはルネサンスが印刷術という強力な媒体を持っていたことに他ならない。1539年ヴィレール・コトレ王令でフランソワ1世は公文書におけるフランス語の使用を義務付けたが、これは間接的に翻訳家たちの仕事を鼓舞することになった。つまりこれ以降、キケロやアリストテレス、プルタルコスの『英雄伝』などに加えて、ペトラルカの詩、マキアヴェッリの著作、カスティリオーネの『宮廷論』など、ギリシア・ローマ期の重要な古典からイタリアの書物までが、すさまじい勢いで翻訳出版されたのである。そして学者でありながら印刷業者でもあった者たちは、エラスムスのような著名な人文主義者と一般の人びとの間の媒介者として活躍した。文芸の庇護者としても著名なフランソワ1世の姉マルグリットは自身も一流の人文主義作家であり、ジョヴァンニ・ボッカッチョの『デカメロン』を模倣した風俗説話集『エプタメロン』を書いて高い評価を得ている。散文フィクションの領域では、フランソワ・ラブレーの『ガルガンチュア』と『パンタグリュエル』が群を抜いているだろう。ギリシア語、ラテン語の素養があり、学識ある医師ラブレーは、エラスムスに傾倒する人物でもあり、ソルボンヌの神学者たちに代表される保守的な学問文化をあざ笑うために、民衆文化を取り込むという技巧を用いた。演劇作品についてもイタリアの悲劇や喜劇が与えた影響は大きく、17世紀に本格化するフランス演劇の興隆に大きく寄与したのである。

（小山啓子）

19 ルイ13世とリシュリュー
――国家の利益で結ばれた王と宰相

『ダルタニャン物語』第1部「三銃士」の中で、作者のアレクサンドル・デュマは、ルイ13世（在位1610～43）の口を借りて、リシュリュー（1585～1642）を次のように形容している。「わたしが眠っているときに寝ようともせず、わたしが遊んでいるときにせっせと働き、フランスと言わずヨーロッパと言わず、国の内外の出来事を一手に切り盛りしているあの男」（鈴木力衛訳）。有能で老獪な宰相と、その圧倒的な存在感の陰に隠れた陰気で小心な国王――19世紀の文豪が描いた二人の肖像は、その後も映画などを通じて繰り返し再生産され、強固なイメージとなって定着している。

しかし、こうした紋切り型の肖像は、小説や映画の登場人物としては魅力的だが、現実をきちんと反映していないようである。とくにルイ13世については、無気力で無能な国王とは程遠い姿が知られている。ルイ13世の伝記を書いた歴史家のジャン・クリスチアン・プチフィスは、ある雑誌に寄稿した文章で「ルイ13世なくしてリシュリューはなく、しかしまた、リシュリューなくしてルイ13世もなかった」と語り、国王と宰相が協働してフランスという国家を支えていた点を強調している（『ル・ポワン』1892～1893号、2008年）。

リシュリューの立身と「母子戦争」

1610年、暗殺された父王アンリ4世の王位を継いだとき、ルイ13世はまだ8歳だった。政治の舵取りは、フィレンツェの名門メディチ家出身の母后マリ・ド・メディシス（1573〜1642）が摂政となっておこなった。マリは官職や年金をばらまくことで大貴族を手なずけようとしたが、やがて財源が枯渇し、懐柔策は行き詰まる。さらにマリが同郷出身のコンチーニ（生年不詳〜1617）を重用すると、不満を募らせた大貴族は、1614年1月、ついに武装蜂起し、摂政政府に全国三部会（身分制議会）の開催を約束させた。

同年5月から翌1615年2月まで開かれた全国三部会では、王国改革をめぐって議論が重ねられたものの、各身分の利害が対立し、有効な改革案が出されることはなかった。そうしたなか、巧みな演説で母后マリの歓心を得た人物がいた。リュソンの司教、リシュリューである。三部会閉会後まもなく、ルイ13世がスペイン王女アンヌ・ドートリッシュ（1601〜66）をめとると、母后はリシュリューを王妃付きの司祭として宮廷に迎えた。こうしてリシュリューは、母后マリの庇護の下、中央政界に進出することになった。

全国三部会が開かれた1614年、ルイ13世は国王の成人年齢である満13歳になっていた。しかし、母后マリとその寵臣コンチーニは、その後も実権を手放さず、ルイを政治から遠ざけ続けた。こうした状況に業を煮やしたルイ13世は、1617年、実力行使に訴える。衛兵隊に命じ、パリのルーヴル宮でコンチーニを射殺させたのである。この国王のクーデタに対し、母后マリは一部の有力貴族と結んで1619年から武力闘争を展開する。この「母子戦争」で調停役を果たし、母后の宮廷復帰を実現したのがリシュリューだった。この働きが認められ、リシュリューは1622年に枢機卿となり、その2年後には宰相に任命された。こうしてリシュリューは聖俗両面において大きな権威と権限を手に入れたのである。

「国家内国家」の解消

ただし、宰相に就任したとはいえ、リシュリューがルイ13世の信頼を得たわけではなかった。ルイ13世はリシュリューを母后マリの手先とみなし、依然として心を許そうとはしなかった。二人の距離が縮まるのは、1620年代後半におこなわれた国内のプロテスタントとの戦いを通じてのことである。フランスの宗教戦争（ユグノー戦争）は、1598年のナント王令によって一応終結したはずだったが、アンリ4世の死後、新旧両派の対立が再燃していた。とくに1620年秋にルイ13世がプロテスタントの勢力下にあったベアルン地方に進軍し、カトリック復興を企てたため、南西部を中心にプロテスタントの反乱が広がっていた。

鎮圧に向かう国王軍を悩ませたのは、ナント王令の追加条項で認められた「安全保障地域」、すなわち守備隊を擁する要塞都市の存在で、そこは王権の統制の及ばない「国家内国家」の観を呈していた。なかでも難攻不落を誇ったのが、大西洋岸の港町ラ・ロシェルである。1627年、そのプロテスタントの拠点に加勢するため、イギリスが艦隊を派遣すると、ルイ13世はリシュリューとともに出陣し、陸海両面から約1年にわたりこの都市を包囲し、陥落させた。長期にわたる兵糧攻めによって、ラ・ロシェルでは多数が餓死し、2万8000いた人口が5400まで減ったと言われる。

1629年に出されたアレスの王令は、改めてプロテスタントの信仰を許可したものの、「安全保障地域」などの政治的・軍事的特権は廃止された。ルイ13世とリシュリューが問題にしたのはプロテスタントの信仰そのものではなく、彼らが王権から自立した政治勢力になることであった。こうして「国家内国家」は解消され、プロテスタントは王権の下に統合された。

三十年戦争への介入

プロテスタント問題解決への尽力によって国王の不信を拭い去ることに成功したリシュリューであったが、これとは反対に、もともとの主人である母后マリとの蜜月は終わりを迎える。きっかけは三十年戦争（1618～48年）への対応をめぐる意見の違いだった。神聖ローマ帝国内の宗派対立から始まったこの戦争は、ドイツ諸侯のみならず周辺諸国を巻き込んだ国際戦争へと発展していた。

熱心なカトリック信者であった母后は、同じカトリックを奉ずるスペインと足並みをそろえて皇帝陣営につくよう主張した。一方、リシュリューの考えでは、スペインは信仰を同じくする仲間である以上に、フランスにとっての脅威だった。実際、当時のスペインはイベリア半島以外に、ネーデルラント南部、アルプス西麓のフランシュ・コンテ、北イタリアのミラノ、イタリア半島南部のナポリ王国など、フランスを囲繞する形で領土を有していた。それゆえリシュリューは、枢機卿というカトリックの高位聖職者でありながら、スペインの勢力を抑えるためにも、プロテスタント側での参戦を唱えたのだった。

両者の軋轢は思わぬ形で終わりを迎える。1630年11月11日午前、母后がパリの自邸で国王にリシュリューの罷免を直訴し、その場に突如現れ許しを乞う宰相を罵った。母后のあまりの剣幕にルイ13世はたじろぎ、リシュリューも追放を覚悟して退席せざるをえなかった。リシュリュー失脚を確信した母后とその一派は喜びに沸いた。ところが、同じ日の午後、ルイ13世はヴェルサイユの離宮で宰相と会談し、その翌日、母后派の大臣マリヤック（1563～1632）を逮捕した。こうして母后一派の期待は裏切られた。そのため、この事件はその直後から「欺かれた者たちの日」と呼ばれる。しかし、11日午前の出来事に関する証言はいずれも伝聞に過ぎず、確たる証拠は何もない。確かなことは、翌1631年に母后が宮廷を追われ、1635年にはスペインに宣戦がなされたことである。さらに、ルイ14世（在位1643～1715）誕生の年である1638年には神聖ローマ帝国にも宣戦し、スペイン・オーストリアの両ハプスブルク家と対峙することになった。

戦時国家体制の構築

国内のプロテスタント制圧と、国外のプロテスタント支援は、一見矛盾するように見えるが、ルイ13世とリシュリューにとっては、国家の統合と国際秩序の構築という国家の利益を最優先した結果だった。ただし、三十年戦争への介入によって、国家には軍事費が重くのしかかることにもなった。その帰結は、課税額の大幅な増加である。

リシュリュー政府は直接税の徴収を確実なものとするため、各徴税区に親任官僚である地方長官を派遣し、徴税業務を監督させた。この政策は旧来の官職保有者（金銭で官職を購入した世襲官僚）の権限を侵食したため、彼らとの間に軋轢を生むことにもなったが、1642年以降、地方長官は任地に常駐するようになり、地方行政の最高責任者の役割を担うようになる。

一方、間接税には徴税請負制が採られた。これは国家が金融業者と請負契約を結び、税収の前貸しと引き換えに徴税権を譲渡する方法である。国家はこれで手早く税収を確保できたが、徴税請負人は前貸しに対する利息分を上乗せして徴税できたため、民衆の負担はより一層重たいものになった。その結果、1630年代後半には反税蜂起が各地で相次いだ。

リシュリューとその政策に不満を抱く者は宮廷にもいた。リシュリューは主要な大臣ポストや高級官僚を自身の保護下にある者たちで固めた。そのため、リシュリュー一派に地位を奪われた大貴族は、宰相の「専制」を非難し、ときにその命さえ狙った。それでもなおリシュリューは、1642年12月に熱病に倒れるまで、国家の利益という共通の目標でルイ13世の支持を保持しつづけることができた。宰相の死から半年後、ルイ13世も後を追うように死去すると、それまで蓄積された官職保有者・民衆・貴族の不満の矛先は、リシュリューの後継者であるマザラン（1602～61）に向けられることになる。

（嶋中博章）

『皇帝ティトゥスの施し』（ジャック・ステラ作、1637～38年）（部分）。リシュリュー城に飾られた作品。民衆に金貨を施す皇帝ティトゥスとして描かれているのはルイ13世。その背後で、金貨を用意した人物として描かれているのがリシュリュー

［出典：Emmanuel Le Roy Ladurie, *L'ancien régime de Louis XIII à Louis XV 1610-1770*, Paris, 1991, p. 71.］

20 フロンドとマザラン
――戦時体制への不満と党派間の争い

１６４３年５月、ルイ13世が41歳で没した。後を継いだルイ14世（在位１６４３～１７１５）はまだ4歳だったため、先王の遺言により母后アンヌ・ドートリッシュ（１６０１～６６）が摂政として国政を担うことになった。アンヌはスペイン王フェリペ４世（在位１６２１～６５）の姉であり、対スペイン戦争を主唱したリシュリューから疎んじられていたため、リシュリューとその好戦的な政策に不満を抱いていた人々は、体制の転換に期待を寄せた。ところが、彼らの期待は裏切られる。アンヌはリシュリューが後継指名したジュル・マザラン（１６０２～６１）を宰相として続投させたばかりか、愛人関係が噂されるほど重用したのである。

マザランはイタリア出身で、もとの名をジュリオ・マザリーニという。１６３０年代にローマ教皇の外交使節としてフランス政府との交渉を担当していたときリシュリューの目にとまり、１６３９年には帰化状が与えられて正式にフランス王に仕えるようになった。１６４１年にはルイ13世の推挙により枢機卿の地位を得ている。リシュリューの死後は、宰相の地位とともに前任者が始めた戦争とそれに伴う戦時国家体制を引き継いだが、それに付随する不満も一身に引き受けることになった。その帰結がフロンドである。

フロンドのはじまり

マザラン政府の喫緊の課題は、リシュリューが始めた戦争を継続するための財源を確保することであった。1644年には家屋税と富裕者税が、1646年には入市税が、それぞれパリの住民に課された。フロンドは、このように立て続けに出される課税案に、1648年1月11日から14日にかけて、パリの住民が暴動を起こしたことから始まる。さらに同年4月にマザラン政府が官職保有者への俸給支払い停止を決定すると、パリ住民の反税闘争は、パリ高等法院の司法官を中心とする官職保有者たちの反政府運動と結びついた。

「フロンド」という呼び名が生まれたのもその頃で、官職保有者の反抗的振る舞いが、官憲の目を盗んでおこなわれる学生の石投げ遊び（フロンド）になぞらえられ、揶揄されたのだった。しかし、高等法院の司法官たちは決して遊び半分に行動していたわけではなく、1648年7月には、直接税の減税・徴税請負制の廃止・地方長官の廃止などを盛り込んだ改革案を政府に突きつけた。8月26日、マザランは反政府派の中心人物であった高等法院司法官ブルセル（1575～1654）を逮捕する強硬策に打って出たものの、その直後、パリの住民がバリケードを築いてこれに抗議したため、官職保有者たちの要求の一部を受け入れざるを得なくなった。従来の歴史書では、このパリ住民によるバリケード蜂起をフロンドの始まりとみなしているものも多いが、それ以前からすでに反政府の狼煙は上がっていたのである。

フロンドの変質

1649年1月、マザランは幼い国王と母后アンヌを伴い、パリから密かに抜け出し、サン・ジェルマン・アン・レへと逃れた。それと同時に国王軍にパリを包囲させたことで、政治危機は一気に内戦の様相を帯びるようになった。パリの司法官たちは、マザランに不満を抱く一部の大貴族と結んでこれに対抗した。ただし、司法官たちはリシュリュー以来の戦時国家体制に反対したのであって、国王の権力そのものを否定したわけではなかった。実際、同時期にイギリスで起こっていたピューリタン革命で英王チャールズ1世が処刑されたのを知ると、彼ら司法官たちは態度を軟化させ、同年3月、政府との和解に応じた。こうして司法官たちが脱落したあと、反政府運動を主導したのは大貴族たちだった。

ただし、司法官と異なり、大貴族たちにとって国政改革は問題にならなかった。彼らが目指したのは、マザランに取って代わって政権を掌握すること、つまりはリシュリューとマザランが築いた中央集権的な国家の中枢に自身とその手下たちの座を確保することだった。こうしてフロンドは、国政の改革を目指した運動から、権力掌握を賭けた有力者間の党派争いに変質していった。とくに、筆頭王族のコンデ親王（1621～86）、王の叔父のオルレアン公（1608～60）、そしてパリ副大司教のレ枢機卿（1613～79）は、この党派間闘争でマザランにとってもっとも手強い競争相手であった。

ペンの戦い

党派首領の有力者たちはたんに武力に訴えたばかりでなく、競争相手を貶めたり、民衆を扇動して「政治の道具」として利用したりするため、印刷物を活用した。フロンドの期間にばらまかれた約5

000種に及ぶそれらの文書は、今日、マザリナード（les mazarinades）と呼び慣わされている。マザリナードという言葉は「マザランのおこない」を意味し、直接の起源は詩人スカロン（1610～60）が叙事詩の荘重な文体でマザランの滑稽な振る舞いを嘲弄した作品『ラ・マザリナード（*La Mazarinade*）』（1651年）にあるとされる。そのためマザリナードは「マザラン批判文書」や「反マザラン風刺文」と訳されることもある。

ただし、現在マザリナードに分類される文書のなかには、マザランを弁護する内容のものや、マザランには直接関係のないテクストも少なからず含まれており、必ずしもマザラン批判の文書のみを指しているわけではない。フロンド期に出版された文書群の総称としてマザリナードという言葉を用いたのは後世の書誌学者や愛書家たちで、とりわけ19世紀半ばに書誌学者のセレスタン・モロー（1805～88）が『マザリナード書誌』（全3巻）を編纂して以降、その用法が定着した。

「マザリナード」に描かれたマザランの肖像。「フランスのすべての良き都市によって味付けされたマザランのクール=ブイヨン」と題された反マザランのマザリナードで、1649年の政府軍によるパリ包囲の際に出回った［出典：Mathieu Deldicque (dir.), *Le Grand Condé. Le rival du Roi-Soleil ?*, Gand, 2016, p. 70.］

それら広い意味でのマザリナードの多くは、8頁から16頁、あるいはせいぜい32頁ほどの小冊子で、8頁の作品なら白パン500グラムより安い値段で売られていた。なかには書籍と呼びうるほどの分厚い作品や、逆に一枚ものの張り紙も存在する。内容も多岐にわたり、高等法院裁定などの公文書、政治論、演説、手紙、詩、戯れ歌など、あらゆるジャンルを含んでいる。少数ながら木版画の挿絵がついたものもある。つまり、当時利用可能だったあらゆる出版形式と記述形式が、政治闘争に総動員されたのだった。文字通り剣とペンを用いたこの党派争いの結果、コンデ親王は亡命、オルレアン公は隠棲、レ枢機卿は入牢することになり、1653年7月、最終的にマザランの勝利が確定した。

くすぶり続ける火種

とはいえ、フロンドが終わったあとも不穏な状況は続いた。1654年、パリ大司教が死去すると、獄中のレ枢機卿がその後任となった。王権は撤回させようとしたが、レ枢機卿は脱獄し、亡命先から王権を批判する文書を発信した。同じころ、教区内における権限と自立を求めて独自の運動をおこしていたパリの主任司祭たちも、これに同調する動きを見せ、マザランに新たな内戦を危惧させた。ある歴史家はこうした事態を指して「聖職者のフロンド」と呼んでいる。また、フロンド以前から続いていた、ヤンセニウス（ヤンセン）の遺著『アウグスティヌス』（1640年）をめぐる恩寵論争も政治問題化していた。フロンドでマザランと敵対した大貴族や高等法院司法官の間に、ヤンセニウスの支持者（ジャンセニスト）が広がったのである。危機感を抱いたマザランはこれを禁圧しようとしたが、ジャンセニスト陣営も非合法出版という手段で対抗した。パルカル（1623〜62）の『田舎の友への手紙』（1656〜57年）もその産物のひとつである。

1655年春には、新たな課税案に対しパリ高等法院が抵抗の動きを見せる。怒ったルイ14世は、4月13日、法院を訪れ、審議の中止を命じた。このとき、国家の利益をもちだして課税に反対する法院長に対し、王は「国家とは私のことだ（朕は国家なり）」と言い放ったとされる。しかし、実際に王がこの有名な台詞を発したという確たる証拠はない。確かなのは、マザランが法院長らを買収し、なんとか事態の収拾を図ったことである。

マザランは、内政を安定させるためにも、重税策の原因である戦争を終わらせねばならなかった。フロンド中の１６４８年10月にウェストファリア条約が結ばれ、三十年戦争は終結していたものの、スペインとの交渉は長引き、和平がなったのは１６５９年11月のことだった。だが、このとき結ばれたピレネー条約によってフランスはアルトワ地方やルシヨン地方などを獲得し、領土を拡大できた。同時に、ルイ14世とスペイン王女マリ・テレーズとの結婚も取り決められた。フランス優位で戦争を終わらせ、１６６０年６月、無事国王の結婚を見届けたマザランは、翌年３月、燃え尽きたかのように息を引き取った。

死後にマザランが残した資産は、３５００万リーヴルともそれ以上ともいわれる。当時の国家予算の半分近い金額で、アンシアン・レジーム期に個人が残した財産としては最高額である。マザランの資産の特徴のひとつは、個人的債権が多いことで、債務者には徴税請負人や大貴族の他、ルイ14世も名を連ねていた。マザランは、国王ひいては国家の財政難を巧みに利用して、財産を築いたのである。その莫大な資産の管理・運用を任されていたのがコルベール（１６１９〜８３）で、マザランは死の直前、彼を登用するよう国王に遺言した。マザランの目利きの正しさは、ルイ14世の親政期に証明されることになるだろう。

（嶋中博章）

21 ルイ14世の親政
――「偉大なる世紀」の光と影

秩序の回復と権力基盤の強化

なぜルイ14世の親政がことさら強調されるのだろうか。それは太陽王がアンリ4世の治世期を除いて16世紀半ばから続いていた歴史、すなわち外戚、摂政、宰相が王にかわって統治の実権を握っていた歴史を断ち切ったからである。そして、王自身が統治への強い意欲を示し、実際に王族、大貴族を含めた全臣民に君臨し、自ら統治したからでもある。

1661年3月、マザランが死去した。1643年に4歳で即位したルイ14世は長らく摂政・母后アンヌ・ドートリッシュと宰相マザランに支えられていたが、宰相の死の翌日には親政を宣言し、リシュリュー以来の「枢機卿＝宰相体制」から脱却する。満を持して統治の表舞台に躍り出た22歳の若い王は、直ちに国政の最高機関である最高国務会議から王族と大貴族（帯剣貴族）を排除し、比較的最近に法服貴族になったごく少数の大臣中心の編成に変える。同年9月には重臣の中で最も権勢を誇っていた財務卿フーケを策略によって失脚させ、その後任にコルベールを抜擢する（財務総監に職名を変更）。コルベールには財政のほか、海軍、国際商業、建築なども委ね、陸軍を司るル・テリエ、ルヴォワ父子とともに重用することになるだろう。王はいくつかの専門に分かれる国務会議を大法官

（法務大臣）、財務総監、国務卿――外務卿、宮内卿（内務大臣）、陸軍卿、海事卿――などによる少数の編成に変え、最高国務会議のほか、内務国務会議と財務国務会議は自ら主宰する。

フランス絶対王政において国王は法源であり、臣民に「正義（裁き）」を施すことは国王の権威の重要な基盤である。ルイ14世は民事王令（1667年）や刑事王令（1670年）を発布して訴訟手続の統一・整備をはかり、商事、海事、河川・森林などの領域で法の統一と体系化を推進する。また、パリ警視総監職を創設して（1667年）ポリス（治安）を司法――その頂点に高等法院がいることを想起せよ――から初めて独立させ、内乱の余韻が残る首都の治安を飛躍的に改善する。フロンドの乱の苦い経験を踏まえ、建言権を制限するなどして高等法院の勢力を抑え、都市の自治も大幅に縮小する。

ルイ14世は自らが直接、任命する地方長官（正式名称はポリス〔治安〕・裁判・財務に関する監察官、国王の親任官）を改めて各地に派遣し、地方統治をより強固なものとする。確かに、彼らは少数の部下しか持たず、実務の多くを現地の名望家に負わねばならなかったが、徴税をより確実にし、地方のさまざま

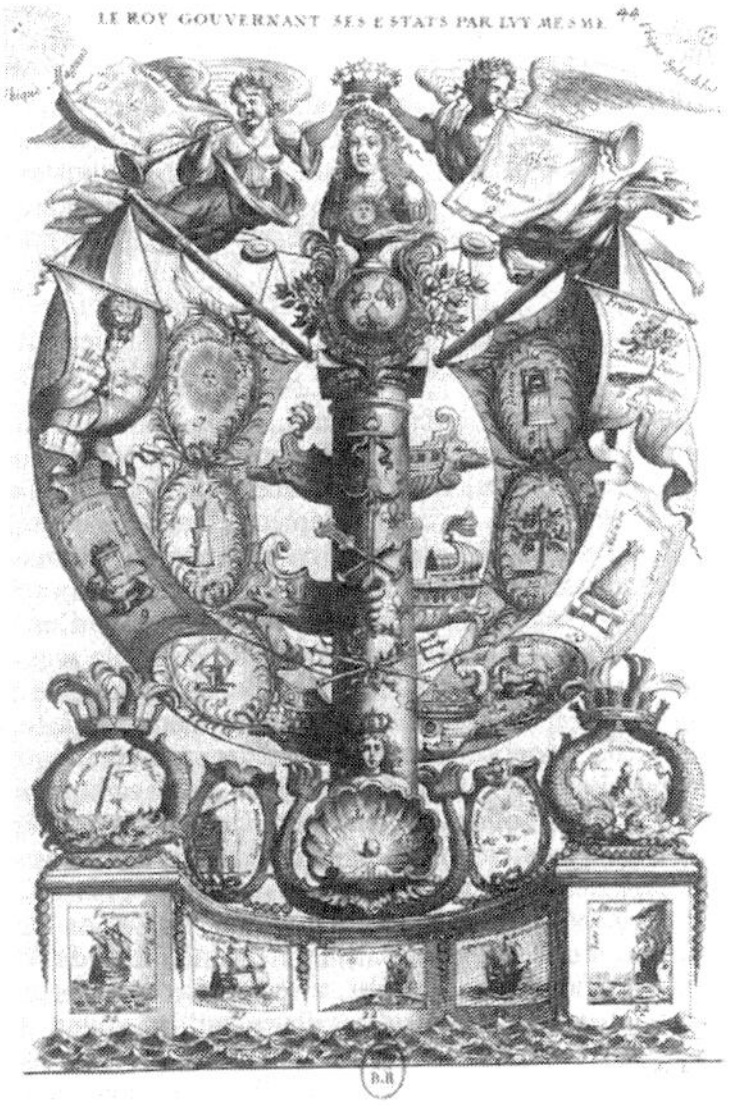

「自ら国を統べる王」（フランス国立図書館所蔵）
［出典：Jean-Pierre Néraudau, *L'Olympe du Roi-Soleil: Mythologie et idéologie royale au Grand Siècle*, Paris, Les Belles Lettres, 1986, p. 105.］

な情報を国王にもたらしたことの意味は大きい。さらに、中央政府を支えた実務官僚群から大部分の地方長官が選出されたことも見逃せない。彼らは中央では国務会議を下支えし、地方では国王の名代を務めたのである。

こうして、新王はかつての対抗勢力を抑えつつ自らに権力を集中させて権力基盤を固め、パリそして王国全体の秩序を再建していった。太陽王の親政期には、前世紀や17世紀前半に見られたような政権を揺るがす規模の内乱、王族・大貴族の叛乱は見られず、大規模な民衆叛乱も少なくなる。政治的・社会的に安定をもたらした治世といえよう。しかし、「偉大なる世紀」であっても、光の部分があれば、影の部分もある。フランス絶対王政の二つの支柱としてしばしば「官僚制」と「常備軍」がいわれるが、次にこの二つに注目し、太陽王の治世の光と影を見ていこう。

官僚制

ルイ14世親政期、絶対王政の統治システムが飛躍的に発展したのは間違いない。国王権力を支える機関の数は増え、官僚の数も増えた。実際、後述する保有官僚の数は1600年頃の2万5000人から1664年の4万5000人へと急増している。ただし、官僚数の増加が統治機構の充実をそのまま反映しているわけではない。当時の官僚制は質、量ともに問題を抱えていたからである。

当時の官僚は売官制の対象になる保有官僚（官職保有者）と対象外の親任官僚に大別される。前者は官職を購入して官僚となり、保有する官職を転売、譲渡、世襲することができた。しかも、彼らは実質的に罷免されなかった。地方長官によって代表される後者は、国王が特定の職務のために一定期間のみ任命する官僚で、いつでも罷免され得た。国王は自らと国家のために官職を創設するだけでなく、その売却や保有から利益を得るために官職の数を増やした。官職を新規に創設できなければ、一つの官職の1年の任期を2分割、3分割してポストを増やすことさえした。このため、官僚の圧倒的多数は保有官僚であった。

官職売買自体は中世末期から存在する慣行であったが、17世紀初めに制度化されて官僚数が増えてくると、売官制のマイナス面が問題視されるようになる。官職が家産化しているために官僚としての能力が問えないことに加え、兼職の問題もあった。保有官僚の中には二つだけでなく、三つ、四つと官職を兼任する者もいた。当然、複数の職務を同時に遂行することはできない。離れた場所の官職であれば、任地に赴任しないことも起こりうる。歴代国王は兼職も任地不在も禁止したが、実質的にそれらは野放しであった。不適格者を罷免できなかったからである。こうして、保有官僚は国王あるいは国家よりも所属する組織の方に帰属意識を持つ、国王の統制から自立した社会集団を形成することになった。

保有官僚のこのような問題点はもちろん、国王政府側も理解していた。リシュリューもコルベールも売官制を廃止することを望んだが、相次ぐ戦争による王国財政の赤字体質がそれを許さなかったし、売官制は社会に深く根付いてもいた。実際、アンシアン・レジーム期で最も売官制が蔓延したのは、ルイ14世の最後の二つの戦争の間である。その後、売官制廃止の試みも為されるが、フランスが最終的に官職売買の呪縛を脱するにはフランス革命を待たねばならないのである。

常備軍

中世において軍隊は恒常的に存在するものではなかった。国王は戦争の際、封建制の軍役奉仕義務に基づいて自らの封臣を招集し軍隊を編成した。つまり、中世の軍隊は国王の軍というより、国王の封臣たる貴族のいわば私兵の寄せ集めであった。また、常備軍もルイ14世の時期に創設されたのではない。15世紀半ば、百年戦争末期にシャルル7世によって国王直属の常備軍、勅令隊が創設されていた。その後、16世紀における火器の飛躍的な発達や築城術の向上、それに伴う戦術の変化、騎兵の役割低下などを経て、歩兵を中心とする兵員の数がものをいう近世の軍隊が誕生する。

17世紀前半の三十年戦争時、フランスの兵員定数は20万（実数は12万5０００）とされている。これがアウグスブルク同盟戦争中の１６９０年では歩兵27万７０００、騎兵６万５０００、民兵９万２０００、合計43万４０００と見積もられるまでに急増した（表1）。同時期のロシアの兵員数が22万、オーストリアが10万、プロイセンが3万とされるのと比べれば、ルイ14世がいかに強大な軍隊を作り上げたかが分かる。この兵力と戦費を支えたのは、１７００年頃でヨーロッパの４人に１人はフランス人とされる、フランスの人口の多さである。

このように強大な陸軍ではあったが、それは多分に中世的な特徴を残してもいた。将校職は、官僚と同様に、売官制の下にあったので、彼らの能力は担保されておらず、兼職の問題も抱えていた。また、国王政府ではなく将校が国王の名の下に各自の中隊を募兵して国王軍に加わっていた（これとは別に、外国人傭兵部隊も、常備軍に組み込まれる形で存続した）。兵士の質や練度も低く、脱走や犯罪も多かった。さらに、中隊の定員を名目上うめる徴募、すなわち偽兵士も横行していた。これらの問題に対し

表1　フランス陸軍兵員数

時期	平時定数	戦時定数	戦時実数
1445～75	14,000		
15世紀後半		40,000～45,000	
1490	17,000		
1540～50年代		70,000～80,000	60,000～70,000?
1567～68		80,000	70,000?
1570年代初頭	12,700		
宗教戦争（1589～98）		50,000～60,000	
1600～10	10,000		
1610年の計画		55,000	
1610～15	10,000		
30年戦争（1635～48）		200,000	125,000
1660～66	72,000		
フランドル戦争（1667～68）		134,000	
オランダ戦争（1672～78）		279,000	253,000
1678～88	165,000		
アウグスブルク同盟戦争（1688～97）		420,000	340,000
1698～1700	140,000～145,000		
スペイン継承戦争（1701～13）		380,000	255,000
1715～25	130,000～160,000		
オーストリア継承戦争（1740～48）		390,000	
1749～56	160,000		

出典：佐々木真「ヨーロッパ最強陸軍の光と影──フランス絶対王政期の国家・軍隊・戦争」阪口修平・丸畠宏太編『近代ヨーロッパの探究⑫　軍隊』ミネルヴァ書房、2009年、16頁より作成。

て、国王政府は戦間期の1679～88年に軍の再編、軍規の確立などで対処したが、兵士の社会的地位、信用、イメージは絶対王政期を通じて低いままであった。

1688年に創設された国王民兵制も、兵力増強に貢献した。従来、兵士の徴募は志願制だったが、国王民兵制は各小教区から20～40歳の独身男子を強制的に選出する徴兵制であった。当該時期ではおよそ2万3000～3万9000人の平民を徴用した。ただし、特権階級は徴兵を免除されたし、平民でも代役を立てるなどさまざまな抜け道があって、国民皆兵制というわけではなかった。

ルイ14世は4度の戦争によって

自身と王国の威信を高めた。ヴェルサイユ宮殿やそのほかのさまざまなメディアを介して、「戦士としての王」の栄光は喧伝された。だが、実際には領土的な拡大はごくわずかであった。フランドルの一部、アルトワ、アルザス、フランシュ・コンテだけである。海外においてもほとんど戦果をあげることはなく、結果的にイギリスとの対立を決定づけ、その後のイギリスの優位を基礎づけることにもなった。もちろん、当時の君主観や戦争観、国家間の状況、フランスの地政学的条件を考慮すれば、ルイ14世だけに責を負わせるわけにはいかない。それでも、彼は54年間の親政の半分以上（29年間）で戦争を行い、戦費の比率は最も高い１６９４年には歳出全体の8割弱に達し、平時の１６８３年でも5割を超えていた。親政期の国家財政は一時期を除くと恒常的に赤字であり、そのような財政状況の中で太陽王は戦争を続けていたのである。

（正本　忍）

22 絶対王政の統治構造
——社団、儀礼、公共圏

社会の社団的編成を介した統治

人は個人として生きると同時に、家族、学校、職場、市町村などのさまざまな社会集団に属して生活している。その集団の中では、同僚、同級生のような横の関係、先輩－後輩、上司－部下など縦の関係を取り結んでいる。このような人と人との結びつきをソシアビリテ（社会的結合関係）という。このソシアビリテに注目してフランス絶対王政の統治構造と権力秩序を考えてみよう。

図1・図2に見るように、アンシアン・レジームの社会は、空間的・地縁的にあるいは機能的・職能的に結ばれたソシアビリテに基づく、一種の法人格を持つ団体（社団）によって編成されていた。絶対王政期のフランスでは、かつてイメージされていたように諸権力が国王に一元的に集中されていたのではなく、国王が一円的な領域支配を実現していたのでもない。国王は、社会の社団的編成を踏まえた上で、社団に独自の特権と慣習を認め、社団から助力と協賛を得ることによって、それらを自らの権力秩序の中に組み込みつつ王国全体の統治を実現していたのである。

換言すれば、国王は社団的編成に立脚する社会を、臣民ひとりひとりを支配するのではなく、彼らが属する社団を自らの権力秩序の中に取り込むことによって、統治していた。つまり、絶対王政は社団に内包される統制と秩序維持の機能、あるいは支配・従属関係を自らの統治のメカニズムの中に巧みに活かしていたわけである。その結果、個人と国家との間の支配・従属関係は間に社団を挟む間接的なものになった。

図1　空間的・地理的結合

図2　機能的・職能的結合

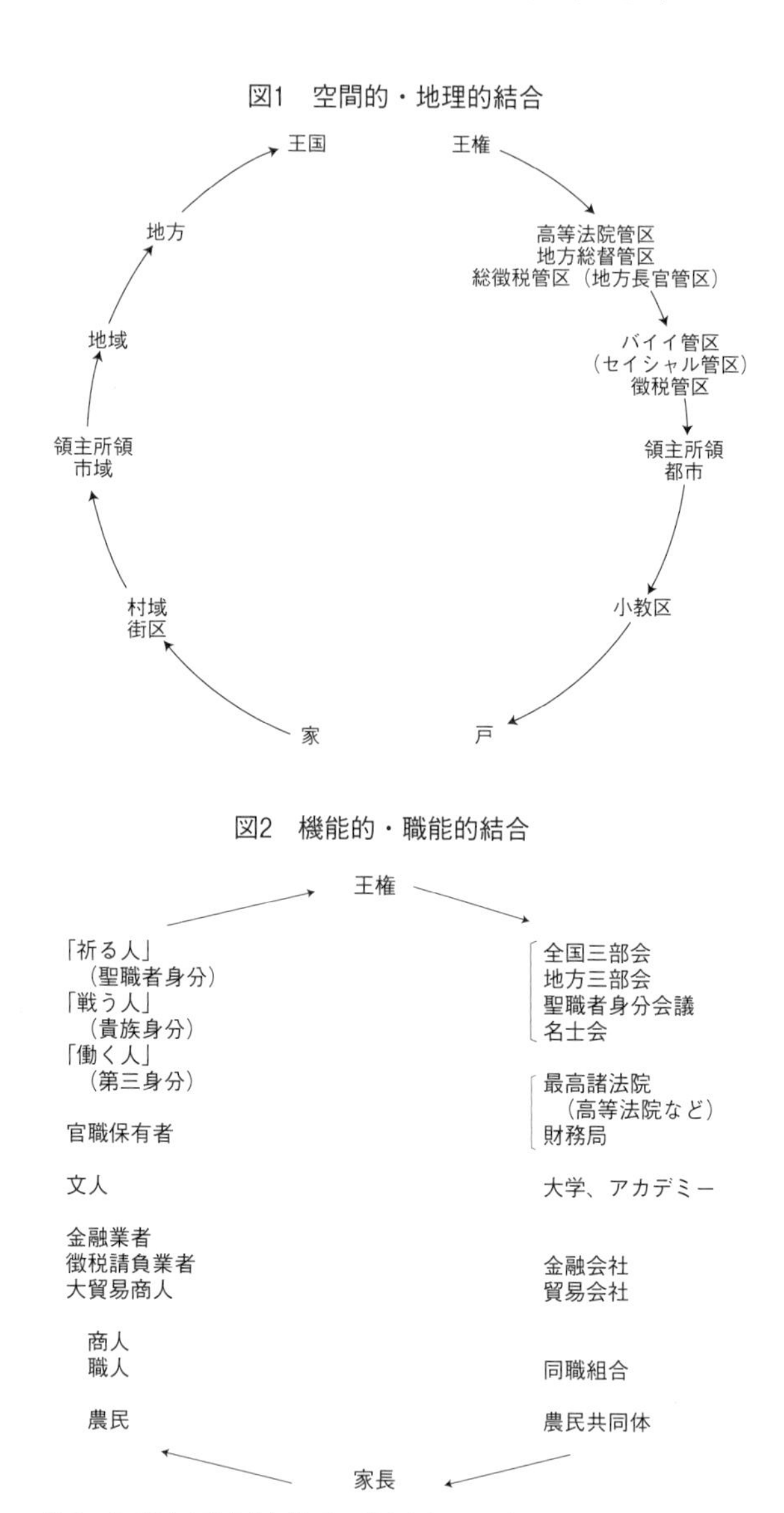

出典：『二宮宏之著作集』第3巻、岩波書店、2011年、146、155頁。ただし、もとの図はフランス語で示されているので、筆者が日本語に訳している。

この国家－社団－個人の間に形成された権力秩序を変化させたのはフランス革命である。国家と個人との関係は大革命以降、すなわち近代の到来とともに変容することになる。革命政府は革命前の旧体制下のフランスと決別すべく、その基盤である社団を廃止する。特権を持つ旧来の地域・地方が廃止され、均質な行政区域が新たに画一的に設けられる。経済活動の自由化の一環として同職組合・ギルドも解体、廃止される。このように、革命政府は特権と結び付いていた社団から個人を引き離した上で、それまで自らが属する社団に対して専ら向けられていた人々の帰属意識を国家の方へと向けようと努力する。なぜなら、国家への帰属意識こそが近代の国民国家に不可欠だったからである。

儀礼による統治

国王の権力と権威という理念を実現するためには、法や制度、それを実施する官僚群と組織、とりわけ軍隊や警察といった強制力が必要なことはいうまでもない。王権神授説や「公共善」の国王による独占という政治思想も不可欠である。だが、それだけでは十分ではない。「権力の行使は常に象徴上の実践を必要とする」（リン・ハント）からで、国王の権力・権威を象徴において実践する国王儀礼が絶対王政期に顕著に発展したのである。

国王儀礼は影響を及ぼす空間の規模によって三つのレベルで考えられる。第一に、国王の宮廷で日々繰り返される儀礼。特にヴェルサイユ宮殿での宮廷儀礼が重要である。第二に、国王がより開かれた特別な場に現れ、公衆の面前で行われる国家儀礼。国王の葬儀や成聖式（戴冠式）、入市式（国王などが都市に入る際に行われる儀礼）、ロイヤル・タッチ（国王による瘰癧（るいれき）患者に対する治療儀礼）などがある。

ルイ14世（イヤサント・リゴー作）
［出典：Hervé Drévillon, *Les Rois absolus, 1629-1715,* Paris, Belin, 2011, p. 499.］

第三に、国王の図像およびイメージを伝達するメディア、すなわち国王の彫像、メダル、版画など。紙幅の都合により、ここではヴェルサイユにおける宮廷儀礼だけ取り上げよう。

宮廷が国王による統治の中枢としての役割を担うようになるのは、宗教戦争の混乱が去り絶対王政が確立される過程においてである。ルイ14世は親政開始の翌年、ヴェルサイユに新王宮の建造計画を立て、１６８２年、全宮廷を引き連れて未だ建設中のヴェルサイユに移動する。国王への権力集中に伴って、高位聖職者、帯剣貴族（旧貴族）、ブルジョワ出身の法服貴族（新貴族）は、競って国王の恩寵を得ようとする。彼らははじめはパリ、ついでヴェルサイユと宮廷の近くに館を構え、宮廷貴族化する。必然的に、宮廷での国王の役割が重要になっていく。

ある寵臣の記録によれば、ヴェルサイユでのルイ14世の日課は次頁の表1のようなものであった。政務はもちろんだが、儀礼の割合が極めて大きいことに気づく。国王が常に人々の視線に曝されていたことは明らかで、国王には起床から就寝まで（あるいは就寝後も）、公人をやめることは許されなかっ

表1　ダンジョー侯爵の『目録』（1854年）によるヴェルサイユ宮における国王の日課

目覚め	8時頃	「陛下、お時間でございます」
起床の儀	9時半頃まで	王が衣装を身につける間、入室特権を持つ廷臣が順次拝謁
国務会議	9時半～12時半	日曜　最高国務会議 月曜　最高国務会議／内務諮問会議（1週おき） 火曜　財務諮問会議 水曜　最高国務会議 木曜　なし（時に臨時会議を招集） 金曜　宗務に関わる会議 土曜　財務諮問会議
ミサ	12時半	宮廷内の礼拝堂。王族も列席。廷臣も競ってこれに加わる。
午餐	ミサの後	小膳式（国王のみの食事）
外出	食後	庭園散策、狩猟など（廷臣を伴う社交）
政務	午後	担当国務卿との協議、外国使節謁見
夜会	火・木・土19～22時頃	玉突き、カード遊び、コンサート、舞踏会、時に芝居
晩餐	22時頃	大膳式（王族との会食）
就床の儀	深夜0時	起床の儀とは逆の順番で、国王が着替える間に廷臣拝謁
就寝	午前1時頃	近侍が一人、国王の足許で寝る

出典：『二宮宏之著作集』第3巻、岩波書店、2011年、248頁。

たのである。

宮廷儀礼の中で特に重要な儀礼は、「起床の儀」と「就床の儀」である。なぜなら、この際、宮廷の中心、すなわち国王との距離が、宮廷人としての序列の形で如実に示されたからである。当時の宮廷人の証言に基づいて、「起床の儀」を再現してみよう。

起床した王は、側近の手を借りて肌着、カツラ、靴、衣装を身につける。王の着替えの手順やお付きの者の役割も細かく規定されている。王は夜着から昼の正装へと参列者の眼前で着替える。参列者はまさに太陽王が生成されるシーンに立ち会い、その一部を手助けするわけである。その間に六つのカテゴリーに分けられた宮廷人が次々に入室し、「拝謁」が行われる。前半の「小起床」では王の近親者とその身辺で仕える王家直属の役職者の拝謁がある。後半の「大起床」では政務を司る官僚、聖職者、宮廷

1668年のヴェルサイユ宮殿［出典：Ana Claudia Fonseca Brefe et Krystel Gualdé (dir.), *Pouvoirs: Représenter le pouvoir en France du Moyen Age à nos jours*, Paris, 2008, p. 62.］

儀礼の責任者など、より公的な役職者に対する謁見がある。注目すべきは、決まった者以外に、特に拝謁を許された者の存在である。彼らは、王の筆頭侍従から名前を呼ばれて寝室への入室を許される。つまり、彼らに対しては、王の恩恵、不興が明確かつ露骨に示されるのである。

国王は儀礼を介して特権の序列を可視化する。そして、この序列を維持すると同時に、寵愛という形でそこに恣意性を介入させることによって、それを統制している。このように宮廷儀礼は、国王の「ソフトな」統治の手段として有効に機能したのであった。

太陽王と「公共圏」

公共圏は現在、公共善や社会的公正についての議論が戦わされる場といった程度の意味で用いられている。平等性、自律性、公開性などを特徴とし、フランスでは18世紀のサロンがその典型とされる。太陽王は文化政策をおおいに推進したし、メセナも推進したが、親政期をこと公共圏の観点から見れば、国王政府がその成立を阻害していたことに気づく。

まず、確認すべきは識字率の問題である。1689～90年の全国平均の識字率（署名ができるかどうかで計られる）は男29％、女14％である。もちろん、職業や出身社会層、住んでいる場所で、識字率は大きく変わってくる。例えば、農村より都市の方が高く、都市では聖職者と貴族、さらに平民の上層（保有官僚、大商人、自由業者など）はほぼ100％の識字率に達していたという。とはいえ、1675年頃の総人口はおよそ2190万でそのうちの8割強が農村に住んでいたと推定され、人口のおよそ半分が女性だとすれば、より目立つのは識字率の格差である。しかしながら、国王政府は民衆教化の政策をほとんどとらず、当時の民衆の識字教育を担っていたのは専ら教会、聖職者であった。

また、民衆層がさまざまな情報を得ようにも、マスメディアにあたるものがなかった。揺籃期の新聞や雑誌はあったものの、それらは国王から特権を得て出版されており、いわば紐付きのメディアであった。しかも、当時、出版を含め言論はさまざまな統制を受けていた。反マザラン文書の氾濫によって言論統制の重要性を痛感していた国王政府は、検閲を実施し出版を許可制にした。1667年に創設されたパリ警視総監に命じて、国王、政府、教会、風紀・良俗に反する出版や発言を取り締まり、封印状によって訴訟手続を経ずにバスチーユやヴァンセンヌの監獄に投獄することもあった。親政末期の官僚ボワギユベール、元帥ヴォーバンによる政策批判の書物も、禁書処分となった。一方、出版特権を持つ出版業者たちは自主規制することによって、政府の出版統制に加担していた。

このように知識と情報を得る手段が限られる中で、議論する場はどうだろうか。アンシアン・レジーム期の公共圏でしばしば例として挙げられるのがサロンと地方アカデミーである。サロンはすでに16世紀のパリにあり、17世紀前半にはプレシオジテ（才女気取り）を主導した。ただ、これは基本的に知的および金銭的エリートの集まりであり、ルイ14世がヴェルサイユに宮廷を移してからは衰退する。

サロンが再び盛んになるのは、太陽王の死後、摂政期以降のことである。また、カフェや地方アカデミーが公的な話題、すなわち政治や経済を議論し始めるのも18世紀後半である。啓蒙思想の拡がり、識字率の上昇、出版統制の緩和、キリスト教の影響力の相対的な低下などさまざまな要因によって、アンシアン・レジーム最後の世紀には公共圏が育まれ、世論が醸成されて、革命を準備していくことになる。

（正本　忍）

23 近世のパリ

——王権による首都統治体制の形成

シャトレ裁判所

フランス王国の首都パリを統べる国王役人の代表的存在といえば、シャトレ裁判所のパリ奉行（プレヴォ）であろう。だがこの職は16世紀には名誉職化する。シャトレ裁判所には司法と秩序維持を受け持つ民事代官、刑事司法を専門に担当する刑事代官が創設され、パリ奉行に代わって実務を遂行することになった。パリにはシャトレ裁判所以外にも、商人奉行（商人会頭）を筆頭とする市庁舎、シャトレ裁判所の上級審にあたる高等法院、軍事的権限を有するパリ総督府などの存在があり、彼らの役割が明確に線引きされていたわけではない。とりわけシャトレ裁判所と市庁舎は競合関係にあり、協力と対立を繰り返すことになるだろう。

パリの街区（カルチエ）は住民を都市社団へ編み上げる役割を担っていたが、17世紀には機能不全を生じさせることになる。パリの動向に注意を払っていた王権は、街区を監視するためにシャトレ裁判所の役人である警視（コミセール）を用いていた。警視は民事代官や刑事代官の指揮系統に属し、首都の治安維持や各種団体の監督を行い、訴訟を受け付け、調書を作成し、証人尋問を行う。1419年には16名の警視が16の街区にそれぞれ配置されていたが、1532年には32名に倍増した。

シャトレの外観
［出典：gallica.bnf.fr/ Bibliothèque nationale de France］

シャトレ裁判所と領主裁判権

16世紀に入るとパリは地方からの流入によって人口が増加する。市壁の外側に広がる街は城外区（フォブール）と呼ばれた。左岸のフォブール・サン・ジェルマンのような富裕層が集まる地域を除けば、城外区に流れ込んだ者の多くは貧民だった。1526年の国王宣言では、彼らが市内や城外区や郊外（バンリュー）で多くの犯罪行為に及んでいるとの認識が示されている。1548年の王令では、城外区が浮浪者や素行不良者の溜まり場となり、若者に悪影響を与え、犯罪の温床になっているとされた。

だが、シャトレ裁判所の役人が影響力を積極的に行使することは困難であった。城外区には土地所有者たる領主の存在があったからだ。領主たちは領主裁判権を有し、バイイやプレヴォといった人員を配置していた。領主裁判権の及ぶ範囲は城外区だけでなくパリ市内の街路にも及んでいた。17世紀にパリ案内書を記したアンリ・ソヴァルによると、領主裁判権保有者は上級から下級まで25名（団体を含む）を数えたという。彼らの管轄する空間にシャトレ裁判所の役人が立ち入ることは領主裁判権の侵害と見なされ、抵抗するに足る理由となった。

治安の悪化

17世紀のはじめ、約30万の人口を擁したとされるパリは、ルイ14世の親政期（1661〜1715年）

には約45万の都市民を抱えていた。パリの治安維持は喫緊の課題だった。というのも、首都の秩序は危機的な状況を迎えていたからである。１６６６年8月、刑事代官ジャック・タルデューがシテ島の自宅で夫人と共に強殺された。王権は後任にジャック・ドゥフィタを置いて体制の立て直しを図るが、翌月にはシャトレ裁判所の事実上の長官である民事代官アントワーヌ・ドルゥ・ドブレーが怪死する。実の娘による毒殺だった。シャトレ裁判所は重要な指導者を立て続けに失ったのである。ルイ14世にとって、相次いで世を去ったシャトレ裁判所の双頭は、フロンドの乱を共にくぐりぬけた古参の臣下だった。しかし司法と秩序維持を担う民事代官や刑事代官が空位となったことは、王権にとって、首都統治体制の改革に取り組むまたとない機会の到来を意味していた。

パリのポリス改革

治安の悪化に加え、隣国の都ロンドンを襲ったペストの脅威など、パリでは多くの課題が山積みになっていた。ルイ14世の片腕である財務総監ジャン・バチスト・コルベールは、１６６６年9月からポリス改革を始動して事態の改善を図ろうとする。ポリスとは今日的な意味での治安維持に特化したものではなく、都市行政全般に及ぶ広い意味を有していた。改革の末、１６６７年3月、シャトレ裁判所に警察代官と呼ばれる役人が据えられる。形式的には先に見た民事代官の職権を割いた存在とされる。だが「公共や個々人の安寧を保証し、都市から無秩序の原因となりうるものを排除し、富をもたらし、各人を身分や本分に応じて生活させる」ことを務めとする警察代官の権限は、パリの都市行政全般に及ぶものだった。そのため、半ば必然的に、旧来の特権を有する領主らの反発を招くことになる。パリ市内と城外区に張り巡らされた領主裁判権は王権の攻勢を受けつつも旧来の特権を維持しており、警察代官を新たに加えたシャトレ裁判所に対抗しうる勢力であり続けた。

領主裁判権をシャトレ裁判所へ

状況が転じたのは1674年2月だった。オランダ戦争（1672～1678年）のさなか、王権はパリのすべての領主裁判権をシャトレ裁判所へ統合することを宣言したのである。この決定により領主裁判権はパリから失われ、シャトレ裁判所の役人は権限を全市的に行使可能になる。これは領主裁判権が庇護していた都市民に対し、王権が直接的に干渉可能な局面が訪れたことを意味する。ちなみに18世紀に入ってもパリでは上級領主裁判権の存在が確認されるが、警察代官（1674年4月からは警察総代官）の命に従うことを義務付けられたうえで、施設や囲い地のなかで発生した事案に限って裁判権を付与され再興されたものに過ぎない。1674年4月には王権によって首都の境界線も再定義され、パリはシャトレ裁判所の警察総代官によって統治されるべき空間として枠組みが整えられていく。

ガブリエル・ニコラ・ド・ラ・レニー（1625～1709）。リモージュ生まれ。初代警察代官・警察総代官。1697年まで警察総代官を務め、以降は最高国務会議に籍を置いた。今日では近代フランス警察の雛型を作った人物と目されている。明治政府は警察制度をフランスに倣ったため、我が国の近代警察と無縁ではない官僚である

警察総代官の地位と組織

警察総代官は首都行政を管轄すると同時に、王権の意向を体現する役人である。彼のもとにはパリの各所から報告がもたらされるため、ヴェルサイユで主要な大臣へ情報提供することになっていた。警察総代官は大臣と共に仕事を行い、時にはパリの動向を気にする国王もその場に現れたという。警察総代官を務めた者は、その職務を終えれば、政治闘争に巻き込まれて自陣営が敗北しない限り、ほぼ確実に国政の最高機関である最高国務会議に評定官として連なることができた。王国のエリート官僚にとって、中央での栄達が約束されるに等しいポストであった。

警察総代官の強大な職権をめぐっては、領主裁判所以外にも、パリ市庁舎との間で争いがおこった。その決着が付いたのが1700年であり、パリの陸の部分については警察総代官が、セーヌ川については市庁舎が管轄することが決まっている。このように地盤を固めた警察総代官は、フランス革命に至るまでパリの中心的な役人であり続ける。彼が率いた組織について、歴史家アラン・ウィリアムズは6部門に区分している。①警邏部門（1483名）②捜査および諜報部門（360名）③公共事業部門（699名）④監査部門（376名）⑤司法部門（156名）⑥行政および情報伝達部門（40名）である。括弧内は1788年段階での人員数であるが、この時代としては、非常に大きな組織を統括していたと述べて差し支えない。

警部と警視と都市民

警察総代官の組織の中で、治安行政に特化した役人が警部（アンスペクター）である。警部は首都の規律化を望む警察総代官の意向を受けて活動したため、都市民との間に様々な対立を生むことになった。１７０８年段階では40のポストがあったが、１７４０年には刷新されて20になっている。

警察管区内において、警部の制度的な上役となったのが先述の警視である。１６６７年以降、警視は警察総代官の指揮系統にも組み込まれていた。定員は48名となり、１７０２年に20の警察管区（カルチエ）が敷かれると、住民数に応じて1～3名が配置されることになった。警視は警察管区内における行政全般を監督し、日々の出来事を警察総代官へ報告する。騒擾が起これば都市民は警視の家に押し寄せてくるので、彼らの言い分を聞いたうえで調停を行わなければならない。歴史家のアルレット・ファルジュとジャック・ルヴェルが取り上げた１７５０年の民衆騒擾では、調停者としての警視の立ち位置が色濃く出ている。

警視は都市民と接触して業務を行う役人である。そのため従来の研究ではパリの地区に根差した役人であるとみなされてきた。17世紀から18世紀初頭にかけて活躍したニコラ・ドラマール警視は、その大著である『諸事取締要綱』にて、都市で起きるすべての事象に介入することは不可能なので、配属された先の社会に寄り添いながら、必要に応じて権力を行使するのが警視なのだと述べている。18世紀末のジャン・バチスト・シャルル・ルメール警視によれば、警視は地域社会と密着している役人であり、市民と不断の関係にあるのだという。だがルイ・セバスチャン・メルシエが著した18世紀末のパリ観察記録たる『タブロー・ド・パリ』には、大多数の警視が業務を遂行せず堕落していたことが記されていた。ルメールが主張する理想像と実態には乖離があったと考えるべきだろう。

（神野峻至）

24 近世フランスのキリスト教（17〜18世紀）

――カトリックとカルヴァン派の信仰生活

16世紀後半から18世紀初頭まで、フランス王国の人口はおよそ1800万人から2100万人のあいだを推移し、フランス革命の勃発する1789年には2850万人に達したが、その大多数はローマ・カトリックを信仰していた。それ以外の宗教的少数派としてはプロテスタントがおり、アルザス地方のルター派信徒を除くと多くはカルヴァン派を信仰していた。彼らの人口は、17世紀初頭で約125万人であったが、1680年代に約20万人がオランダ・イギリス・プロイセンをはじめとする北西ヨーロッパに亡命した。カトリックとプロテスタント以外にユダヤ人も1789年には約4万人が王国内に居住していた。（ユダヤ人については第40章を参照）この章では、カトリックとカルヴァン派について、それぞれの信仰生活を検討していこう。

王国統治とカトリック教会

近世フランスの国王は、カトリック教会の保護者としてふるまい、国内の大司教・司教および大修道院長の指名権を掌握する一方、フランスの教会組織をローマ教皇から相対的に自立させ、フランス教会の長としての権威を確立しようとした。フランス国王と教皇との間で緊張関係がしばしば高まったのは必然で、最も激しい軋轢を生んだのは1680年代であった。この時期に国王ルイ14世がプロテスタントへの迫害を強めた背景の一つには、教皇との緊張関係を緩和しようとする意図があった。

カトリックの信徒は、自らが居住する地区にある小教区教会に通って信仰生活を営んでいた。とくに、洗礼・堅信・司祭になるための叙階・結婚・臨終の終油という五つの宗教儀式が、それぞれ、誕生・仕事上の見習い教育の開始・聖職選択や家族の形成・死去という人生のライフサイクルと一致していた。フランスのカトリック勢力は、宗教戦争が一段落した後の17世紀にカトリック宗教改革を進め、プロテスタントとの教義をめぐる論争を続けながら、小教区教会を核に信徒の間に正統な教義と儀礼を広めようとした。たとえば、問答形式で編まれた教義を要約した教理問答集（カテキスム）は、青少年の信仰育成やプロテスタントからの改宗者の信仰教育に用いられた。この形態は近代まで続けられることになるが、その文書は読むことではなく暗唱することを義務付けられた。それゆえ、文字を読めない階層にまで信仰の内容を一定程度理解させることを可能にした点は大きいが、時代が下るにつれ、この形態が形式的な信仰理解であるとの批判を生むことにもなった。カトリック教会はまた統治組織の補佐的役割も果たし、住民に生活面での道徳を説き、社会秩序の維持に努めた。そのため、住民＝信徒と日常的・直接的に接する小教区主任司祭は、重要な役割を果たした。18世紀には王国の村々にいたるまで、トレント公会議での決議を踏まえた「正統な」カトリックの神学と司牧の方法論を、神学校で身につけた主任司祭が派遣されることとなった。この新たな信仰刷新の取り組みは、一方で民衆の間に浸透してきたローカルな習俗を迷信として排除することも多かった。

ところで、信仰を絆とする人々の結びつきは小教区教会に留まらない。中世に起源をもつ兄弟会と呼ばれる宗教結社もこの時代に多様な活動や性格を伴って発展した。この団体は、共通の守護聖人への帰依を目的として集まり、司教や司祭による保護と監督を受けながら教会組織から自立して活動した。具体的な活動としては、祈禱・信心業や各種祭礼の運営から始まり、会員間の懇親や相互扶助、さらには都市での慈善活動を実施する主体となる場合まであった。

17世紀以降、宮廷内部の貴族や国庫に資金を調達して権力基盤を固めつつあった「法服貴族」に代表されるような新興エリート層は、トレント公会議以降のカトリック内部の刷新に刺激され、新たな宗教的感性を持ち始める。戦乱や貧困で苦しむ社会を目の当たりにした彼らは、自分自身の宗教的な救済のみならずカトリシズムに基づく社会の改善を目指すようになった。彼らは単独で、あるいは熱意を共有する人々と連帯して、貧困や病気を救護する施設の運営を経済的に援助し、福祉や教育活動に従事する修道女の団体の設立を支援した。

ジャンセニスム問題

しかし、カトリック勢力が一致して信仰刷新に取り組めたわけではない。神学的な次元で最も激しく対立したのが、イエズス会とジャンセニスム運動であった。17世紀のイエズス会は、コレージュ（中等学校）を核として各地でエリート層の中等教育に貢献した。また、宮廷内部には、国王や王妃の告解を聴く聴罪司祭職を務める人材を供給していた。その半面、イエズス会士は入会時に「教皇への服従」の誓いを立てていたため、フランス教会の自立を主張する高等法院の司法官や司教から疑念と反感を抱かれ、18世紀後半にはその批判的見解が世論を通じて増幅された結果、１７６４年に王国内

サン·メダル小教区教会付墓地の「痙攣する人々」（18世紀）［出典：gallica.bnf.fr/ Bibliothèque nationale de France］

でイエズス会は廃止されることになった（フランス革命後の1815年に活動再開）。他方、ジャンセニスム運動はネーデルラントの神学者ヤンセンによるアウグスティヌス思想の解釈を出発点とし、人間を罪深き存在と捉え、その人間を救済できるのは神のみであるという悲観的人間観に立脚していた。その点で、ルネサンス以降の人間の自由意志による信仰の強化を主張するイエズス会士たちと激しい論争を繰り広げた。この運動は男女を問わず法服貴族層の一部の信徒から熱烈な共感を集めた。彼ら／彼女らは、世俗の不安定な社会情勢や「権謀術数のはびこる」宮廷から離れて、祈禱・改悛・黙想の内面生活に没頭した。こうした信仰生活がカトリック改革精神の一つの発露であったことは確かであるが、神による救済を過度に強調しておりカルヴァン派の唱える予定説と同じものと認識され、17世紀後半にはローマ教皇を頂点として、この運動への糾弾が始まった。ルイ14世は、この問題では教皇と歩調を合わせ、時には壊滅的な状況に陥らせるまでこの思想運動の取り締まりを強めた。その一方、高等法院の司法官やガリカン司教の間で、この問題は教皇からの介入を受けずに、フランスの教会自身で判断すべきとの主張が高まった。18世紀に入ると、各種出版メディアを通じて世論への働きかけが行われ、神学的論争というよりむしろ、信仰生活を再考する啓蒙主義的議論の契機となった。そこでは、教皇と協働する国王への批判、最高権威としての教皇位を相対化する言説、「正統」教会における聖職者の役割の検討や彼らに管理された信心業への批判などが噴き出す。その代表的な事例が、パリ南部の民衆的な街区にあったサン・メダル小教区教会で起こった「奇蹟」現象である。この小教区教会の助祭でジャンセニスムの理念に従って生きていた助祭パリスが1727年にこの地に埋葬されて以降、彼の墓地で痙攣や病気治癒などの「奇蹟」が相次いで目撃され、ここに多くの巡礼者を集まるようになった。この現象は「正統」教会と公権力により激しく抑圧されたが、教区民は、世論を喚起し法的措置にも訴えて対決した。こうして、カトリックの内部からも教会権力への批判的態度が生まれ、フランス革命への流れが準備された。

カルヴァン派信徒とナント王令の廃止

近世フランスのカルヴァン派教会は16世紀中葉以降に組織化が進行し、1598年に発布されたナント王令によって法的な基盤が整えられた。1620年代にカルヴァン派の政治・軍事拠点が国王軍により制圧された後、国王の保護のもとに礼拝や信仰生活の拠点としての教会は残ったが、17世紀を通じて職業生活や司法手続きでの差別は強まった。カルヴァン派の信徒は、カトリックと同じく、毎週日曜に聖書の朗読、詩篇の讃歌、説教を含む礼拝に参加した。しかし、カトリックと異なり、聖餐は年に4回しかなく、万人司祭主義に基づき、長老と呼ばれる信徒が教会共同体の代表を務め、独身制に拘束されない牧師は信徒によって選任され、教導の役割を務めた。牧師は、国内のプロテスタント神学校（アカデミー）という独自の研究機関での教育を受けて養成された。礼拝空間もカトリックの教会堂とは異なり、装飾や聖像・聖画像といったものは置かれず、簡素な意匠で構成された。原則的

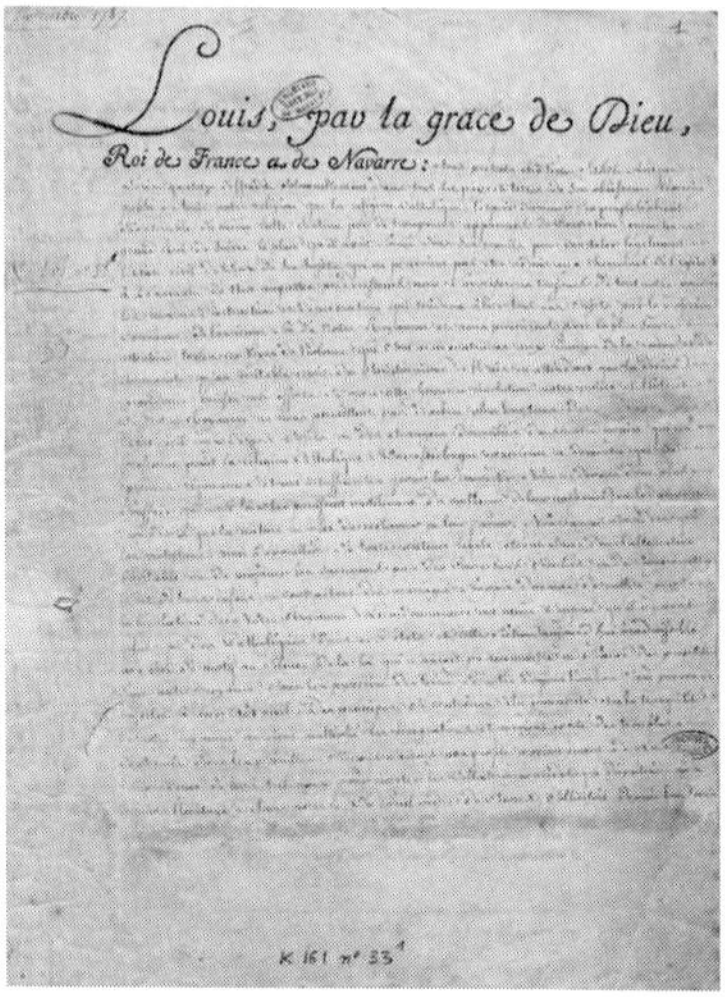
Louis, par la grace de Dieu,
Roi de France et de Navarre:
K 161 n° 33

「寛容王令」(1787年)［フランス国立公文書館所蔵］

には、異宗派婚は認められず、埋葬される墓地も別であった。カトリックとカルヴァン派両派ともに、相手側の誤謬を証明するために各種の討論会や著作を通じた宗派論争を繰り広げたことは確かであるが、１６６１年にルイ14世の親政が開始されるまで、両宗派の間で、融和的関係、社交活動の協力、学芸分野での文化交流などを確認できる場合もあることが近年明らかにされつつある。いずれにせよ、１６８０年代に入ると、軍隊を用いた強制改宗のような強硬手段も取られはじめ、カルヴァン派への弾圧が一層強まる中で、１６８５年10月にナント王令が廃止された。王国内に留まりカトリックに改宗した場合にも、「新カトリック」と呼ばれて実質的な差別が続いた。彼らの中には、自らの信仰を秘匿しながら生活したものもいた。18世紀に入ると、南フランスでの武力ゲリラ闘争の時期を経て、世紀後半には非暴力の形でカトリックとの法的対等性をもとめる啓蒙的「寛容」運動が進められた。１７８７年、国王ルイ16世は「寛容王令」を発布し、カトリック以外の宗派の人々に関する出生・婚姻・死亡の記録を保管するよう命じた。実は宗教的少数派は、ナント王令廃止以降、この種の記録を残されなかったため、法的権利が保障されてこなかった。しかし、この直後にフランス革命が勃発し、この王令の意義は歴史の陰に埋もれてしまった。

（坂野正則）

25 「近代家族」の誕生
――夫婦と親子をつなぐ情愛の絆

男と女は愛し合って結婚し、親は子どもに惜しみない愛情を注ぐ、このような情愛によって結ばれる血縁家族を、私たちは「近代家族」と呼んでいる。アナール学派が過去の家族の構造や心性の解明に取り組んだことで、アンシアン・レジームの社会と工業化以降の社会では、家族が果たす役割や家族をめぐる意識が変化したことが示された。家族は生産の単位ではなく、愛情を育むプライベートな生活空間となり、夫は外で仕事、妻は家庭で家事と育児、という性別役割分業も成立することになる。しかし、「近代家族」が形成される時期は地域や社会階層によって異なり、フランスではアンシアン・レジームに貴族と上層市民を中心に成立し、19世紀に平民にも広がっていった。

家族規模の縮小と教会・王権

フランスの歴史人口学は、ヨーロッパの家族は工業化に伴い大家族から単婚家族（核家族）に変化する、という従来の通説を覆し、フランスでは工業化以前に単婚家族が一般的になっていたことを明らかにした。家族規模が夫婦を中核とする小集団に縮小したのには、教会と王権が秘密婚の阻止を目的に家族に介入してきたことが関係している。

教会が中世に婚姻法を定めて以来、婚姻は解消不可能な秘蹟になった。婚姻は配偶者同士が合意し、秘蹟を相互に与え合えば成立したが、教会は秘蹟が有効性を持つための婚姻諸条件を示し、秘密婚を認めなかった。また、キリスト教では色欲は七つの大罪のひとつとされ、夫婦間で生殖を目的とする場合を除き、快楽のための性交渉は姦淫の罪にあたると考えられた。このようなカトリックの結婚観は、プロテスタントの批判にも関わらず、トリエント公会議（1563年）で再確認されている。

その一方で、王権も秩序維持の観点から、父権を強化する立法措置を取った。その端緒となるのが、アンリ2世が1556年2月に公布した二つの王令である。これは婚姻に両親の同意を必要とする一方で、秘密出産と嬰児殺しを死罪とするもので、秘密婚を阻止する目的があった。その後、宗教戦争を経てフランスでもカトリック改革が進むが、王権はガリカニスムの立場からトリエント公会議の教令をあくまで国策に沿う形で採り入れ、家族政策を進めていく。

このような教会と王国の法のもとで結婚した夫婦は、単婚家族を形成することが多かったが、それ以外の家族形態もみられた。ラスレットは家族形態を、①単独世帯、②非家族世帯、③単婚家族世帯、④拡大家族世帯、⑤多核家族世帯、に分類している。しかし、実際の家族はこの分類だけでは十分に説明できない。というのも、多死多産の時代に家族の形は変化しやすく、両親の受け入れにより単婚家族から拡大家族や多核家族になり、配偶者の死と再婚により家族は解体と再建を繰り返していたからである。また、地域や社会階層によって家族形態は異なり、南フランスでは拡大家族や多核家族が比較的多く、また家系を重んじる貴族は拡大家族や多核家族を形成することもあった。

家族の機能

工業化以前にフランスの家族の多くはすでに小規模になっていたが、機能のうえでは「近代家族」ではなかった。アンシアン・レジームの家族は、財産の維持・継承や生産といった経済的機能を持っており、家の経営は男女の役割分担によって成り立っていた。夫婦と親子を結びつけたのも、情愛ではなく、家系の存続・発展や生き残りといった利害関係であった。

婚姻は社会的・経済的動機にもとづき同質の社会・職業集団の間で結ばれる傾向にあり、そのことが社会階層の再生産を促した。貴族と上層市民は家系の存続や発展を重視したため、同じ社会階層に属する者同士で婚姻が結ばれた。しかし、上層市民が貴族に融合する形で新興エリート層の形成が進むにつれ、利益が見いだされれば階級を超えた結婚も稀ではなくなり、それによって社会移動が促進された。その一方で、平民にとって結婚は生産活動に不可欠であった。商業、手工業、農業は、家族の構成員が労働を供出することで成り立っており、女性も職業労働に従事していたため、地元の同業者の間で結婚するのが普通であった。

また、子どもは慈しむべき特別な存在ではなく、エリート層にとっては家門の後継者、平民にとっては労働力であり、我が子を自分で育てない親が多かった。新生児は産婆によって取り上げられると、司祭から洗礼を施され、キリスト教徒になった。乳幼児は農村では母乳で育てられたが、都市では極貧層を除き乳母に託されていた。乳母を利用する理由は社会階層によって異なり、エリート層では母乳を与えることは身分にふさわしくない品位に欠ける行為だと考えられていたためだが、平民の場合は働くためにやむをえなかった。7歳になると、子どもは教育を受け始めるが、唯一の義務教育は、教会で司祭が教えるカテキズムだけであった。読み書きを習う「小さな学校」は都市の一部にしかなく、子どもは家庭で教育を受けるか、能力に応じた労働に従事した。12～14歳になると、初聖体拝領を受け、職業訓練で仕事を学ぶか、一部は中等学校へ通った。このように、子どもの多くは早くから働き始め、子どもと大人の世界の境界は明確ではなかった。

捨て子現象

アンシアン・レジームの家族は子どもの養育機能をあまり持っていなかったが、親が産まれて間もない新生児を遺棄することも少なくなかった。捨て子は特に18世紀に増加し、深刻な社会問題となる。新生児は路上や教会の扉の前に遺棄されることが多く、発見された捨て子の扶養は上級裁判権を持つ領主の義務であったが、この義務は果たされていなかった。新生児を保護するために、17世紀後半から18世紀にパリと地方の大都市に捨て子養育院が設置されるが、施設の「捨て子箱」に匿名で容易に子どもを預けられたため、入所者数は増加の一途を辿った。

なぜ我が子を遺棄する親が後を絶たなかったのか。その主な動機として、非嫡出子と貧困が挙げられる。最も多かったのは、神の教えに反して姦淫を犯したあげく、秘密出産した場合であり、未婚の母は世間の偏見や法の裁きを免れるために、非嫡出子を密かに遺棄した。しかし、なかには貧困家庭の親が、経済的困難からやむをえず嫡出子を遺棄することもあった。

施設に保護された新生児は、司祭から洗礼を施され、乳児期に施設内外の乳母に育てられた後、少年期になると施設に戻ってキリスト教教育と職業訓練を受けた。しかし、保育環境は劣悪で、乳幼児の死亡率は非常に高かった。このような哀れな子どもたちの境遇に対する関心が１７６０年代から高まり、家族観の変化につながっていく。

情愛にもとづく親子の絆

以上に見てきた伝統家族のなかから、「近代家族」の形成につながる新しい家族行動が、エリート層を中心に観察されるようになる。

まず、子どもを大人の世界から分離しようとする動きが17世紀に生まれる。アリエスが「子ども期の発見」と呼ぶ現象である。エリート層の家族は子どもの教育を重視するようになり、親は子どもの教育に責任を負う、という意識を持ち始めた。その結果として、親は子どもの数を減らしてよりよい教育を受けさせることを望むようになり、教会の教えに反する意図的な産児制限、つまり避妊の慣習が18世紀に密かに広がった。

また、１７６０〜１７７０年代に子どもの境遇に対する関心が高まる。この時期に、医師やモラリストによる乳幼児期の育児方法に関する著作が出された。そのなかで重視されたのが母乳育児である。医師たちは母子の健康のために母乳育児を推奨していたが、特にルソーが『エミール』で母乳育児を通じた母性愛を称賛したことが、貴族や上層市民の女性の意識の変化につながった。母乳を与えることは、もはや恥ずべきことではなく、身分にふさわしい上品な行為とみなされるようになったのである。母乳育児はエリート層の一部にしか広がらず、１７８０年代に流行は下火になる。しかしその一方で、パリの貴婦人たちの間で、母乳育児を平民にも広めようとする運動が生まれる。その主体となったのが、1786年に貴族のフジュレ夫人により創設され、王妃マリ・アントワネットが会長を務めた母性愛徳協会である。このボランティア団体は、貧困家庭の母が子どもを遺棄したり乳母に託したりすることなく、母乳で子どもを育てられるよう、育児手当を給付する活動を行った。

ジャン・ロラン・トランケス作『子どもに授乳する若い女性』（1777年）［マルモタン・モネ美術館所蔵］

さらに、フランス革命も家族観を大きく変容させる。信教の自由が成立し、「戸籍」の管理が市に委ねられると、キリスト教道徳の影響力も減少した。また、母子保護への政治的関心が高まり、革命政府は1793年5月の政令で子どもを産む母に母乳育児をする条件で育児手当を給付することを計画していた。

アンシアン・レジームにエリート層の間で生まれた「近代家族」は、19世紀に工業化が進み、家族が経済的機能を失うことで、平民の間にも普及し始める。家族はもはや生産の単位ではなくなり、夫婦と親子が愛情を育む場となる。そして、女性の役割は社会では後退するが、家庭ではより重要性を増し、母乳育児の慣習も少しずつではあるがエリート層の間で再び広がりを見せるであろう。しかし、労働者層の場合は母親の労働のために母乳育児が難しく、乳母のもとに里子に出すか、隣人または親族による人工授乳を行っており、貧しさから新生児を捨て子養育院に預けることもあった。こうした状況に対し、母性愛徳協会は家族の絆をつなぐための母子保護活動を各地で展開することになる。

20世紀になり、母子保護制度が整備されたことで、「近代家族」は社会に広く定着した。しかし、1960年代にフェミニズム運動が高まると、性別役割分業にもとづく家族のあり方は、ジェンダー平等の観点から批判にさらされるようになる。そして、「近代家族」が終焉を迎えようとしている現在、フランスでは家族の多様化が進んでいる。

（空 由佳子）

26 啓蒙思想
――「敢えて賢くあれ」

啓蒙思想とは何か？

アンシアン・レジーム期のフランス君主制は「王権神授説」によって、カトリック教会からのイデオロギー的な支持を得ていた。王権と教権が一体化して政治的・思想的なヘゲモニーを握っていたと言ってもよい。しかし18世紀半ば近くになると、このイデオロギーを批判し、人間と社会のあり方を根底から考え直そうとする一群の思想が現れた。聖書の教えに必ずしも整合的ではない天文学の知識や、イエズス会宣教師によってもたらされた、非キリスト教圏の社会と文化に関する知識などの普及が、その背景にあるだろう。この一群の思想をまとめて「啓蒙思想」と呼んでいる。

カトリック教会（以下、「教会」）は、人間の認識力・思考力は原罪によって曇らされており、人間は独力では真理を認識し得ないと教えていた。啓蒙思想は、人間の理性は信用に値するもので、人は思考力を用いることで物事を正しく認識できると考えた。教会が教えるのは「啓示宗教」、すなわち聖書などを通して神から示された教えであって、その中に理性では受け入れ難い教義が含まれていても、信仰によって受け入れるべきであるとされていたが、啓蒙思想は、理性を用いて合理的に推論できる範囲で想定できる神のみを受け入れる「理神論」、または神など認めない「無神論」をそれに対置した。教会は、「神」や「善悪」の概念は神があらかじめ人間の魂に刻み込んでおいたもの（＝生得観念）としたが、啓蒙思想は人間の魂は生まれた時には白紙の状態で、人は感覚を用い、経験を通して外部世界を認識していくと考えた（＝感覚論的認識論）。そして経験を通して子供に新しい知識に目覚めさせるような教育を提唱した。教会は、人は真理と救いに至るためにはカトリックの教えに従うほかはないと説いたが、啓蒙思想は、人は自力で、それぞれの道を伝って真理に達しうるのだから、社会で重要なのは寛容であると考えた。このような点を捉えて、エマニュエル・カントはその論文「啓蒙とは何か」の冒頭で「啓蒙とは、人間が自分の未成年状態から抜け出ることである。……『敢えて賢くあれ』『自分自身の悟性を使用する勇気を持て』、これがすなわち啓蒙の標語である」と述べたのだった。

モンテスキュー

順番に見ていこう。モンテスキュー（１６８９〜１７５５）はボルドー高等法院の裁判官で、『法の精神』（１７４８年）において政体を、共和政・君主政・専制に分け、それぞれの原理（＝その政体を維持するために国民が持つべき心性）を、共和政は徳、君主政は名誉、専制は恐怖とした。そして各国の自然的条件や社会的条件がそれぞれの原理の維持に適合的かどうかを吟味した。原理が維持される限りはその国の政体は安定的だが、原理が失われると政体は動揺し、やがては他の政体に移行するのである。ただし国民は自然や社会の外的条件に盲目的に動かされるのではなく、為政者は原理の維持のために好ましい制度や法律を制定することで、政体の安定をはかることができる。そのために為政者は自国がおかれた種々の条件をわきまえた上で、自国にふさわしい法を制定しなければならない。それが「法の精神」なのである。つまりモンテスキューは世界の国々がなぜ安定して繁栄したり、混乱に陥ったりするのか、言い換えれば世界の歴史はいかにして移り変わっていくのかを、ある意味で自然科学的な方法で、客観的に理解しようとしたのだった。もっともモンテスキューの意図はそれだけに留まらない。右の図式をフランスにあてはめてみると、この国がおかれた条件のもとでは君主制が一番ふさわしいのに、現実には専制（＝絶対王政）に向かっていることを危惧し、本来の穏和な君主制に戻るべきことを読者に訴えようとしたのだった。彼には『ペルシア人の手紙』（１７２１年）や『ローマ盛衰原因論』（１７３３年）などの著作もあるが、大きく見るなら、彼の生活と研究のすべてが『法の精神』に注ぎ込まれるような生涯を送ったのだった。

1736年ころのヴォルテール（モーリス・カンタン・ド・ラ・トゥール作）

ヴォルテール

ヴォルテール（１６９４〜１７７８）は非常に才気煥発な人物で、詩人としても演劇作家としても活躍したし、歴史書や思想書も書いた。しかし彼が生涯を通じてもっとも力を入れたのは教会批判、つまりキリスト教の教え全般というよりも18世紀フランスのカトリック教会のあり方を手厳しく批判することである。１７６１年の秋から冬にかけて、南仏のトゥルーズでカラス家およびシルヴァン家の家長が子供殺し（カラス家では長男、シルヴァン家では次女）のかどで逮捕される事件が起きた。両家はともにプロテスタントで、それぞれの子供がカトリックに改宗しようとしたのを妨げるために殺害したと疑われたのである（実際には自殺および事故）。二人の家長はともに死刑判決を受け、カラスは処刑されたがシルヴァンは逃亡に成功した。これらが冤罪事件であることを確信したヴォルテールは、逃亡したシルヴァンを援助するとともに、次々とパンフレットや有力者への手紙を書いて世論を動かし、最終的にはカラスの名誉回復とシルヴァンの再審・無罪判決をかち取るのに成功した。またこの活動の中で『寛容論』（１７６３年）を著した。若いころには、イギリスの宗教的寛容と市民の自由を称賛し、ニュートン力学をフランスに紹介した『哲学書簡』（１７３４年）を著してもいる。

ジャン・ジャック・ルソー（1753年、モーリス・カンタン・ド・ラ・トゥール作）

ルソー

ルソー（１７１２～１７７８）は、正規の音楽教育を受けたことはないのだが、若いころは音楽家志望だった。自らが作曲したオペラ「村の占い師」が１７５２年にフォンテーヌブロー宮殿で国王臨席のもとに上演されて好評をはくし、国王への謁見を勧められたが、自由に生きることを望んだルソーはこれを断ったため、国王からの年金をもらい損なうことになった。それで写譜屋（楽譜を一枚いくらで書き写す職業）を生業とし、波乱万丈の生涯を送りながら、種々の分野でそれぞれに重要な著作を著した（コラム5「ジャン・ジャック・ルソー」参照）。

ディドロ

ディドロ（1713〜1784）の業績でもっとも重要なのは『百科全書』の編集と出版である。これは出版人アンドレ・ルブルトンが持ちかけたもので、当初はイギリスで出版されたチェンバースの『百科事典』（1728年）をフランス語訳する予定だったのだが、ディドロが独自の事典の編集を主張したのである。1751年に第1巻が刊行され、全部で本文17巻、図版11巻の大部な事典として、1772年にようやく最終巻が完成・出版された。その間、ディドロは自らも項目を執筆するとともに、多くの啓蒙思想家に協力を呼びかけた。項目の執筆に参加した人々は「百科全書派」と呼ばれ、右に紹介してきたモンテスキュー、ヴォルテール、ルソーも含まれるが、無名の執筆者も多い。当時の先端的知識人を糾合して人間が持つ知識の総目録をめざした点で、『百科全書』は啓蒙思想の集大成

ENCYCLOPÉDIE, OU DICTIONNAIRE RAISONNÉ DES SCIENCES, DES ARTS ET DES MÉTIERS, PAR UNE SOCIÉTÉ DE GENS DE LETTRES.

Mis en ordre & publié par M. DIDEROT, de l'Académie Royale des Sciences & des Belles-Lettres de Prusse; & quant à la PARTIE MATHÉMATIQUE, par M. D'ALEMBERT, de l'Académie Royale des Sciences de Paris, de celle de Prusse, & de la Société Royale de Londres.

Tantùm series juncturaque pollet, Tantùm de medio sumptis accedit honoris! HORAT.

TOME PREMIER.

A PARIS,

Chez BRIASSON, rue Saint Jacques, à la Science. DAVID l'aîné, rue Saint Jacques, à la Plume d'or. LE BRETON, Imprimeur ordinaire du Roy, rue de la Harpe. DURAND, rue Saint Jacques, à Saint Landry, & au Griffon.

M. DCC. LI.

AVEC APPROBATION ET PRIVILEGE DU ROY.

『百科全書』第1巻（1751年ころ）

とされる。刊行途上の1759年から65年までは啓蒙思想家の活動に懐疑的になった王権から出版許可を取り消され、また種々の事情からヴォルテールやルソー、それに共同編集者だったダランベールなどが離れていく中で、ほぼ独力で最後まで編集をやり遂げたディドロの功績は大きい。

エルヴェシウスほか

エルヴェシウス（1715〜1771）は『精神論』（1758年）、『人間論』（1771年）を著し、感覚論的な認識論とともに、快楽論的な倫理を主張した。すなわち心地よいものを選び、不快なものを避けようとするのが人間の行動原理なのであり、基本的にはその原理は承認されるべきだが、目先の快・不快に左右されずに長期的に見て何が本当に快楽であるかを判断できるようにするのには、適切な教育が必要だと唱えたのである。

その他、『人間認識起源論』（1746年）や『感覚論』（1754年）を著したコンディヤック（1715〜1780）、『自然の体系』（1770年）を著したドルバック（1723〜1789）、『人間機械論』（1747年）の著者であるラ・メトリ、『フランス史論』（1765年）、『立法論』（1776年）を著し、コンディヤックの兄でもあるマブリ（1709〜1785）なども、主要な啓蒙思想家として挙げることができる。

啓蒙思想の多様性

だが啓蒙思想家たちは決して一つのまとまった集団をなしていたわけではなく、個人差は大きい。

急進派と穏健派を区別する説、三つの世代に分けて考える説も出されているが、いずれの説においても、その分類できれいに整理できるわけではないのである。また啓蒙と反啓蒙の境界も明らかではなく、両者の様々な対立の中には思想的な面での反発というより、好悪の感情も含んだ個人的・人間的な対立と見られる場合もある。啓蒙思想は特定の学派・流派としてではなく、第2段落末尾に述べたカントの言葉が示すような知的傾向として捉えた方が、18世紀後半の思想状況を誤解なく理解できるように思われる。この時代には経済の発展にともなって、教育水準の全般的な向上やジャーナリズムなどの出版文化の展開が見られる。カントが言う意味での啓蒙思想は、こうして登場してきた新たな読書人層の知的欲求だったのであり、出版業界全体がこの欲求の影響下に置かれていた。啓蒙思想の中での流派もしくは傾向の違い、啓蒙と反啓蒙の対立と言っても、全体がカント的な意味での「啓蒙思想」に包まれる中での相違だったのである。

（山﨑耕一）

コラム 5

ジャン・ジャック・ルソー

ジャン・ジャック・ルソー（1712～1778）は破天荒な生涯を送った。1728年、16歳で生まれ故郷のジュネーヴを出奔すると、1731年まで南フランス・北イタリア・スイスを放浪している。1730年代の10年間は主にシャンベリーのヴァラン夫人の家に居候しているが、1742年に夫人と別れてパリに出る。ここで啓蒙思想家としての活動を始めるわけだが、62年に著書『エミール』がパリの高等法院から断罪され、逮捕状が出るとスイスに逃亡。以後は、被害妄想に悩まされながら、頻繁に居所を変える生活を死ぬまで送っている。1766年には哲学者デヴィッド・ヒュームの招きでイギリスに渡ったが、仲たがいして、翌年にはフランスに戻った。また私生活においては、パリに出てからほどなく女中に雇ったマリ・テレーズ・ルヴァスールと事実婚の関係になり（1768年に正式に結婚）、5人の子をなしたが、自分では育てず、養育院に預けるというかたちで実質的には捨て子にした。代表的な啓蒙思想家の一人と位置づけられるが、神の摂理をめぐってヴォルテールと論争し、親友になったディドロとも喧嘩別れしている。

彼の思索と著述もまた多岐にわたっている。政治論・経済論・教育論・宗教論は言うに及ばず、植物観察とその記録も行なえば、一人で音楽事典の執筆もした。最近では比較的若いころに書いた化学論の原稿が見つかり、研究者の注目を集めている。そのような次第でルソーに関しては、モンテスキューのように代表作を一つにしぼったり、思索全体を貫く基本的な問題関心を指摘したりするのは難しい。それでも敢えて単純化して整理するなら、『人間不平等原因論』（1755年）、『社会契約論』（1762年）、『エミール』（1762

年）、『告白』（没後出版）を取り出すことができるだろう。これら4点はテーマが相互に関連している。社会全体を取り上げて「不平等が支配する現実の社会はいかにして出現したのか」を問題にするのが『不平等起源論』であり、「いかにすれば不平等のない理想の社会を形成できるか」を問うのが『社会契約論』である。同じことを個人について行ない、「ルソー本人という現実の人間はどのように育ち、どのような生涯を送ったか」を記すのが『告白』であって、「もし理想の教育を施すことができるなら、どのような人間を養成できるか」を考察するのが『エミール』である。つまり、対象が社会か個人か、現実の姿かあり得べき理想かの2種類の対比の組み合わせで、これら4点の著作を相互に位置づけることができる。もちろんこれは敢えて単純化した整理であって、教育論の古典である『エミール』には宗教論も含まれるし、また主人公で理想の教育を受けたはずの少年エミールの成人してからの人生は必ずしも幸福ではない。それにしても、これら4点に書簡体の恋愛小説である『新エロイーズ』（1761年）をつけ加えれば、ルソーの思想の骨格にあたる部分はおよその見当がつくであろう。

ルソーは生前から人気のある著作家だった。特に『新エロイーズ』は当時としては空前絶後のベストセラーとなった。その原因の一つとして、彼は読者との間に独自の特殊な関係を作りだすのに成功したことが挙げられる。読者はルソー本人の人生に関心を抱き、共感し、その著作を読者に個人的に宛てられた通信であるかのように読んだ。『エミール』の家庭教師や『新エロイーズ』の主人公の一人はルソー自身であると、しばしば解釈されることになった。こうした「共感型」もしくは「参加型」の読書を生み出した点に、ルソーの独自性が認められるのである。

（山﨑耕一）

27 ルーヴル美術館の誕生
――アンシアン・レジームから革命へ

「最も美しい王国の首都は、ヨーロッパの中で唯一、君主の宮殿が未完成で、放置されてむき出しになっている有様で、あちらこちらが完全な廃墟になる危険にさらされている」。１７４７年のパンフレットに描写されたルーヴル宮の姿である。カペー朝のフィリップ2世がセーヌ右岸に築いた城砦は、フランソワ1世の下で王宮へと改築され、以後も増改築が重ねられる。ルイ14世が親政を開始した後も、東翼が建設されたりグランド・ギャルリーの内装工事が行われるなど、手入れは続いた。しかしヴェルサイユ宮に宮廷が移ると、ルーヴル宮は放置された。１７３０年代に制作された「チュルゴの地図」を見ても、セーヌ川沿いのグランド・ギャルリーの北側や西側のチュイルリ宮に隣接するように建物が乱立し、東側には屋根がかかっていない部分も認められる。

18世紀のパリ市民はルーヴル宮の再興を切望していた。もっとも同宮には、各アカデミーをはじめいくつかの団体が本拠を置いていた。中でも王立絵画彫刻アカデミーは多くの場所を占め、グランド・ギャルリーの中2階には、同アカデミーの主要な美術家たちのアトリエが設けられていた。

同アカデミーの会員たちは、１６９９年にグランド・ギャルリーで自作品の展覧会を開催した。その後も王家の祝事に合わせて数回の展覧会が行われ、１７３７年からは同ギャルリーの東端にあたるサロン・カレで毎年開催されるようになった。これは「サロン展」として定着し、年々、多くの来場者を集めるようになる。

サロン展の人気は美術界の変化を反映していた。すでにアムステルダムやアントウェルペン、ロンドンなどでは17世紀前半から美術市場が形成され、作品を自由に売買できる環境が確立していた。その波が1730年代にパリに到達し、没後遺産売却を中心に美術品が市場に出回るようになり、美術コレクターが増え始める。これまでは入手できなかった過去の巨匠の作品を蒐集して大規模なコレクションを形成する者も出現し、愛好家や美術家を招いて勉強や議論の機会を設けることもあった。同時期にはデュッセルドルフ選帝侯のギャラリー（1710年）、ローマのカピトリーノ美術館（1734年）、ドレスデン絵画館（1744年）、ザクセン選帝侯のギャラリー（1746年頃）のように、ヨーロッパの各国で君主が自身のコレクションを公開し始めていた。

国王コレクションの公開

1747年という年はこうした美術界の変化が定着し始め、フランスでも美術を見ることへの関心が高まっていく時期である。この年、冒頭に引用したパンフレットの中で、国王コレクションを公開するギャラリーをルーヴル宮内に設けることが初めて提案された。著者ラ・フォン・ド・サン・ティエンヌ［以下、ラ・フォン］は、前述のルーヴル宮の荒廃と共に、ヴェルサイユの「日当たりの悪い小さな部屋に積み上げられて埋もれている」国王所有の絵画の保管状態を問題視する。「これらの絵画は空気に当てられたりさらされたりすることがないために、近い将来、必然的に傷んでしまう」と懸念を示し、すでに多数の傑作を適切な方法で管理し、愛好家にも公開して称讃を得ていたパレ・ロワイヤルのコレクションを引き合いに出して、国王コレクションが「しかるべき場所に展示され、自由に見ることができる」ようにと求めた。ラ・フォンにとってルーヴル宮への国王絵画ギャラリーの開設は、同宮の再興とコレクションの管理状態の改善、そして公開による美術家や愛好家への教育効果という三つの側面を併せ持つ包括的な策であった。

この提案は各方面で好意的に受け止められる。3年後の1750年10月15日には、リュクサンブール宮内にフランスで初めての王立美術ギャラリーが開設される。当時、ルーヴル宮内には適当な場所がなかったが、将来的には同宮内に本格的なギャラリーを設けることが念頭に置かれたうえでの開館だった。リュクサンブール宮にはもともとルーベンスの傑作「マリ・ド・メディシスの生涯」連作があり、これに国王コレクションから選ばれたイタリア派、北方派（フランドル、オランダ、ドイツ）そしてフランス派の三流派による百点余りの絵画と素描が加えられてリュクサンブール宮ギャラリーが構成された。その一室「玉座の間」には、主にルイ14世治世下のフランスで活躍した画家の作品が二十数点集められ、それまでイタリア派の後塵を拝していたフランス派の優越を印象付ける。同ギャラリーは毎週水曜日と土曜日に、冬季は午前中（10〜12時）、夏季は午後（16〜18時）に公開され、管理人が展示を案内した。

ダンジヴィレの美術館計画

ルーヴル宮へのギャラリーの設置はその後も提案され続けるが、七年戦争による財政負担増等の影響により、美術行政は十分な予算を確保できず、しばらく目立った動きは見られなかった。

風向きが変わるのはルイ16世が即位してからである。すでに水面下ではルーヴル宮グランド・ギャルリーへの王立美術ギャラリーの開設が有力視されていた。当時同ギャラリーにはフランスとヨーロッパ各地の要塞都市の地図とレリーフ模型が収容されていたが、それらが1776年の冬から翌春にかけてアンヴァリッドに移設される。美術行政の総元締としてルーヴル宮へのギャラリー設置を主導した王室建造物局総監ダンジヴィレ伯爵は、早速同ギャラリーの改装案を建築家たちに依頼する。長大な空間をどのように使うべきか、どのような採光が望ましいかが主な焦点となった。

一方でダンジヴィレは展示物の準備も始めていた。元々、国王所有の絵画の公開が目的だったが、ダンジヴィレは既存の作品のみでは満足せず、より体系的な展示を目指す。国王コレクションには少なかった北方やスペイン派、フランス派の作品を合計220点以上も新たに購入し、現存の画家と彫刻家に注文する「奨励制作」により130点余りを制作させる。この奨励制作は、フランスの歴史上のエピソードや偉人の題材が徳という観点から選ばれ、市民教育に資することが期待された。

だが、国王と親しかったダンジヴィレはフランス革命の勃発と共に糾弾され、1791年4月末に亡命する。これに伴い、綿密に立てられた美術館計画も頓挫した。

フランス革命と美術館の開館

ところが革命政府は、これまで「10人の王と50人の浪費好きな宰相たちが数世紀かけてできなかったこと」を実現させれば「旧体制に対する新体制の優越の輝かしい証拠」になるとの論理を打ち立て、

グランド・ギャルリー（1795年頃、ユベール・ロベール作）［©Musée du Louvre/ A. Dequier - M. Bard］

むしろルーヴル宮の美術館計画を利用していく。1792年8月10日の王権停止後まもなく、画家ら6名から成る美術館委員会が組織され、開館に向けての具体的準備が進められる。直近に国有化された宗教施設等の財産の整理は間に合わなかったが、美術館開設を念頭にすでにルーヴル宮の倉庫に収蔵されていた絵画に加え、ヴェルサイユ宮からも百数十点の絵画を移設した。他方、グランド・ギャルリーの空間整備に関しては、天井採光が目指されたものの、実際には工事に着手する時間はなかった。美術館の開館日が1793年8月10日と定められたからである。王権停止一周年を記念する祭典の一環としてサロン展の開幕と美術館の開館を華々しく挙行することで、前年の9月虐殺や年明けの国王の処刑といった暴力的事件のイメージを払拭し、革命の成果を強く印象付けることが目論まれた。この日の開館は、いわば政治的要請であった。

「共和国美術館」としての開館時に展示された538点の絵画と124点の彫像・工芸品等の内容

は、こうした事情を反映したものとなっている。18世紀フランスの画家による絵画はジョゼフ・ヴェルネの海景画を除いて排除され、王族を表わした作品も多くが展示されなかった。その後1か月あまりで美術館は閉館となる。床の修理等を行って11月18日に再開館すると、革命暦の各旬日（10日間）のうち初めの5日が美術家のための日とされ、続く2日間が清掃、終わりの3日間が公衆への開放日と定められる。1796年5月20日からは再び補修工事のために閉鎖され、この間に革命戦争により接収された美術品を披露する展覧会が隣接のサロン・カレで開かれた。1799年4月、ようやくグランド・ギャルリーの東半分が公開されるも、西半分を含む全体公開は1801年7月14日までずれ込む。翌年就任する中央美術館館長ヴィヴァン・ドゥノンが、外国からの接収品や国内の没収美術品を組み入れながら展示を整備し、ナポレオン美術館（1803年7月改称）は史上最多の展示品を誇った。それでもなお収容できない美術品は、1801年9月1日に出された政令に基づき、地方15都市に創設された美術館に移管される。以後、ルーヴル宮の美術館は全国美術館ネットワークの頂点に位置付けられ、現在に至っている。

ナポレオンが廃位宣言を出すや、美術品を収奪された各国から次々と返還を求める使者が訪れ、理想の美術館は短命に終わった。ドゥノンは巧みな交渉術を用いて、特に地方に分配されていたベルギーやイタリア諸国由来の作品の多くを留めることに成功する。現在、ルーヴル最大の絵画とされるヴェロネーゼ作《カナの婚礼》は、この時に返還を免れた作品の代表例である。

（田中　佳）

第Ⅲ部 近代

28 フランス革命の展開
——中道派からみた革命

現在のフランスは第五共和政である。フランス革命期に成立した共和政から数えて五番目の共和政体となる。２０１７年5月、史上最年少で就任した大統領エマニュエル・マクロンは、ＥＵ問題や移民問題に対して極右政党が支持を獲得し、また経済政策に対する労働者の反発が激化するなか、「左でもなければ右でもない中道路線」を強烈に打ち出している。フランス革命においても中道派と呼ばれる集団が形成されていた。だが、伝統的なフランス革命史学では彼らの存在は見落とされるか、あるいはそぎ落とされてきた。本稿では、フランス革命の展開を中道派の静動という観点から振り返りながら、現代のフランス共和政を理解するヒントを探し求めたい。以下においては、フランス革命の展開をやや単純化し、１７８９年から９３年、１７９３年から９４年、そして１７９４年から９９年に区分し、まずはそれぞれの時期における中道派の動きから確認していく。

１７８９年から９３年の中道派

18世紀後半、深刻な財政危機に瀕していたフランスでは、財政改革をめぐって王権と貴族が熾烈な論争を繰り広げていた。貴族の牙城であるパリ高等法院は、全国三部会のみが新税を可決する権限を有するとしてその召集を要求し、国王はその開催を約束した。その後、議会の開催形式や採決方式をめぐって議論が紛糾するなか、民衆のあいだで「アリストクラートの陰謀」という観念が生まれ、民衆騒擾に発展する。民衆が革命の展開に決定的な影響を与えた最初の事件が1789年7月14日のバスチーユ襲撃事件であった。この事件をきっかけに革命の展開は一気に加速していくのであるが、反革命的な集団に並んで、残虐な暴力をふるう民衆に対して一定の距離を置く中道派が議会に形成されたのもこの頃であった。

1791年6月20日未明、国王とその家族は国外逃亡を試みたが、国境付近のヴァレンヌで行く手を阻まれ、パリに連れ戻された。この事件によってヨーロッパ諸国は革命に危機感をもちはじめ、フランス国内においても一部の知識人に浸透していた共和主義的な思想が全国的な規模に押し上げられた。議会では、右派が国王の免責特権を盾に国王の無条件復位を要求し、左派は国王裁判を即刻開廷するよう訴える。こうした政局の混乱を終息させたのが中道派であった。バルナーヴは国王の処遇をめぐる一連の論争に終止符を打つために次のように発言する。「私はここに真の問題を提出する、すなわちわれわれは革命を終えようか？ それとも再びこれを始めようか？ という問題

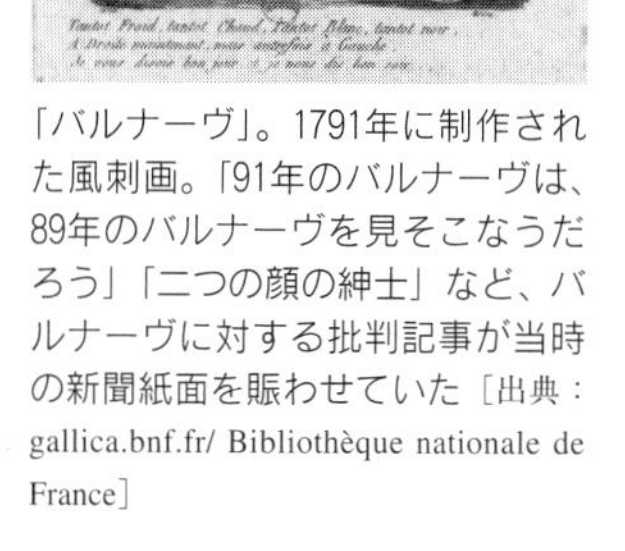

「バルナーヴ」。1791年に制作された風刺画。「91年のバルナーヴは、89年のバルナーヴを見そこなうだろう」「二つの顔の紳士」など、バルナーヴに対する批判記事が当時の新聞紙面を賑わせていた［出典：gallica.bnf.fr/ Bibliothèque nationale de France］

である。諸君はすべての人びとを法律の前に平等にした、また諸君は市民的平等を確立した、諸君は人民の主権から取りあげられていたものをすべて国家のためにとりかえした。これがもう一歩すすめば、不幸な罪悪行為となるであろう。もう一歩自由の線に踏みこめば、王制の破壊となるであろう、もう一歩平等の線にふみこめば、財産の破壊となるであろう」。「自由な、制限された君主制」こそ、「地球上にかつて支配したもののうち、もっとも幸福な、もっとも美しい政府」と考える中道派は、立憲君主政を理念とする１７９１年憲法の完成を目前に控えたこの時期、国王の立場を必死に擁護する。彼らは、国王は誘拐されたのであり、処罰すべきは誘拐犯であるという方便を考え出したのである。その後、国王の権限を復活させ、新憲法を採択した議会は、「革命の最後がやってきた」と宣言し、その任務を果たして解散する。

１７９３年から９４年の中道派

新たに召集された立法議会では、旧議員の再選が禁止されたため、議員の顔ぶれが一新した。計７５４名の議員のうち、右派２６４名、左派１３６名、そしてこの議会でも多数派を形成したのが中道派３４５名であった。召集直後から議会では右派と左派が革命戦争をめぐって激しい論争を繰り広げ、中道派は開戦を積極的に主張する左派を支持し、革命は戦争に突入していく。

１７９２年夏、外国軍侵入の危機が迫るなか、民衆は王権を打倒し、議会は9月20日に解散する。その後成立した国民公会でも、やはり中道派が議会の多数派を占めた。当初は、右派が中道派の後ろ盾のもと優位に立っていたが、その後少数派の左派が民衆の支持を獲得することで革命の主導権を握り、中道派も手の平を返すように彼らに合流する。93年秋、恐怖政治が革命を本格的にのみ込みはじめると、中道派は革命の表舞台から一時的に姿を消す。それは彼らの政治的な影響力が消滅したからではなく、革命が直面していた内憂外患の情況を打開するためには、一時的に強力な権力が必要であると考えた彼らの政治的な戦略にほかならなかった。したがって、彼らの沈黙のうえに恐怖政治が成立したとするならば、彼らの存在を抜きにしてこの時期の革命の展開を語ることはできない。その後、革命をとりまく危機的な情況が緩和しはじめると、恐怖政治の存続意義が問われるようになり、革命政府の権限をさらに強化しようとする左派の姿勢を警戒した中道派は態度を一変させ、恐怖政治を精算する。94年7月27日のクーデタは左派の内部分裂であったと言われているが、それを背後から誘導していたのが中道派であった。こうして血で血を洗う恐怖政治に辟易した彼らが革命の表舞台にふたたび登場してくる。

1794年から99年の中道派

テルミドール派国民公会は、共和政を完成させることで革命を終結しようとする。新体制の樹立に着手した議会は新憲法を採択し、1795年10月26日に解散する。新憲法では、元老院と五百人院による二院制が採用され、制限選挙も復活する。政府は5人の総裁から構成され、毎年1名ずつ改選される。恐怖政治の反省から立法府と行政府の権限を完全に分離した新憲法においては、政府は法案提出権も議会の解散権もなく、議会は総裁の罷免権をもたない。しかし、それによって権力の分散化が生じてしまい、左派と右派がふたたび勢力を拡大させていく。左派は食糧問題に苦しむ民衆を煽り、右派は恐怖政治から解放された反革命容疑者たちを囲い込む。こうして議会はふたたび混乱状態に陥っていくことになる。

不安定な政局は総裁政府期の選挙結果に如実に反映する。第1回選挙を目前に控えた1795年10月5日、新体制の安定化を目的として、新たに選出される両院議員の三分の二を現議員から選出する法令「三分の二法」が承認された。これに反対した王党派が蜂起し、議会は軍隊を派遣して制圧した。しかし、第1回選挙をなんとか乗りきった政府ではあるが、その後の選挙ではいずれも惨敗を喫した。この緊急事態に対して政府のとった手段が「クーデタ」であった。1797年9月5日、第2回選挙における王党派議員の躍進をうけて、政府は計242名の議員に流刑あるいは議員資格の剝奪を宣告し、1798年5月11日には、第3回選挙で議席数を増大させたネオ・ジャコバン派議員106名の当選を無効とした。

「総裁政府」。1797年に制作された風刺画。画面左には民衆女性（左派）、画面右には贅沢な服装した伊達男（右派）、そして画面中央に描かれているのは日和見主義者（総裁政府）であり、この人物は両脇に立つ人物の顔を見ながらそれぞれに手を差し出している
［出典：gallica.bnf.fr/ Bibliothèque nationale de France］

総裁政府は伝統的なフランス革命史学では正当に評価されてこなかった。総裁政府が「クーデタ」という強硬な手段によって政局を維持したことは事実であるとしても、この体制が革命の10年間においてもっとも長期にわたって政権を維持したこともまた事実である。その意味では、政府の脆弱性ばかりを強調するのではなく、共和政を完成させるために実施した政府の諸政策にも目を向けるべきで

あろう。政府は度重なる対外戦争の遂行による財政赤字を修復するために、公債の実質的な帳消しを狙った「三分の二破産」法を可決し、ほかにも新たな直接税の導入や間接税の一部復活、貴金属貨幣の復帰、国庫予算の早期決定、政府による財務局管理など、財政再建にむけてさまざまな手段を講じていた。また、学校教育改革を断行し、中等・高等教育機関として、コレージュに代わる中央学校を各県に、そしてフランス学士院をパリに設立し、高等師範学校などのグランド・ゼコールを整備した。さらには、カトリックの復活を阻止するために革命宗教を創出し、共和暦にもとづく旬日礼拝や国民祭典を挙行することで、公教育のより一層の充実化を図った。

フランス革命の展開を中道派の立場から問い直すことによって、伝統的なフランス革命史学が革命前半期（1789～94年）により強い関心を向けてきたなかで、総裁政府期を含めた革命の10年間を連続した展開としてとらえることが可能となる。そして、それによって浮上するのが総裁政府の再評価という新たな知見である。総裁政府にとっては革命がすでに獲得した成果こそが正義であり、その正義を貫くための最善の手段が中道路線であった。左派あるいは右派のどちらかに与した時点で均衡状態は崩壊することから、総裁政府は極端なまでに中道路線を打ち出していった。こうした政治的な技法が発明されたのが総裁政府期であるならば、現代フランスの共和政を理解するヒントは、まさに彼ら中道派の経験のなかに隠されているといえるであろう。

（平　正人）

29 革命祭典
――7月14日の国民祭典

フランス国民の祝日である「7月14日」と聞くと、1789年7月14日のバスチーユ襲撃事件を思い浮かべる人が多いかもしれない。祖国の再生を予感した民衆は、89年5月5日に召集される全国三部会に大きな期待を寄せていた。しかし、反革命的な集団による執拗な議会工作が横行し、民衆は革命の未来に不安を抱きはじめる。そこに折からの物価高騰によるパンの価格上昇が加わり、彼らの不安は「アリストクラートの陰謀」に対する恐怖にエスカレートする。そして革命の進展を食い止めようとする国王の武力行使を察知した彼らは、「武器をとれ」という呼びかけに即座に反応し、行動を起こした。彼らは武器を求めてアンヴァリッドに、弾薬を求めてバスチーユに向かった。彼らの代表がバスチーユ要塞の司令官と交渉を進める最中、些細なきっかけから民衆と守備兵のあいだで砲撃戦がはじまり、結果的に司令官は虐殺される。フランス革命において民衆がはじめて勝ちとった勝利が、この7月14日であった。

1789年7月14日か、1790年7月14日か？

「7月14日」は、1880年に法制化されてから現在に至るまで、フランス国民の祝日である。成立してまもない第三共和政は共和政の起源をフランス革命にもとめ、7月14日を国民の祝日に制定した。だが、国民の祝日にバスチーユの血なまぐさい虐殺を連想させることに批判の声が噴出する。そこで第三共和政は、「7月14日」に、民衆の暴力の記憶ではなく、国民の連帯の記憶を上塗りする。1790年7月14日、全国から5万人がパリに集結し、シャン・ド・マルス広場を30万人以上の観客が埋めつくすなか、オータンの司教タレイランが祖国の祭壇でミサを執り行い、パリの国民衛兵司令官ラファイエット、そして83県の兵士が国民・国王・法に忠誠を誓った。この全国連盟祭をつぶさに観察したメルシエは、祭典前からすでに沸き上がる人びとの興奮を、次のように伝えている。「このように感動的で忘れることのできない連帯の表現は、おそらくいかなる国民の間にも見出されないにちがいない。この光景を私は尊敬の念なしに思い起こすことができない。そこでは、あらゆる階層、あらゆる年齢の男女が15万人も集まって、協調と労働と歓喜とが織りなす荘重きわまる光景をつくり出していた。この善良で勇敢なパリの市民たちは8日間の労働を祭り——これまでに存在したどんな祭りにもまして感動的で、意外性があり、そして新しい祭り——に変えてしまった。それは全く独創的なスペクタクルだったから、そんなに無感覚な人間であっても、心を動かされずにいることは不可能だった」。フランス国民の間に強い連帯感を生み出し、国民的統合を実現したかのように思われた全国連盟祭の記憶を国民の祝日に重ね合わせることで、第三共和政は「7月14日」を共和政の誕生の物語にすり替え、さらにはその物語を国民の集合的記憶として再生していく。

「7月14日」は、1789年7月14日なのか、1790年7月14日なのか。その解釈をめぐってその後も熾烈な政治論争が繰り返される。20世紀に二つの戦争を経験したフランス国民は、1919年

7月14日にはフランス軍の勝利を、1945年7月14日にはフランスの再建に酔いしれた。だが、21世紀を迎えて政治イデオロギー的な闘争が終焉すると、「7月14日」に対する国民の記憶も風化の速度を加速する。それにともなって集合的記憶を表象する「記憶の場」が問題になると、「7月14日」も批判的な分析の俎上に載せられる。「7月14日」の再記憶化に歴史家の関心が向けられはじめると、もうひとつの7月14日、すなわち、総裁政府期に開催された7月14日の国民祭典が浮上する。フランス革命当時に7月14日を再記憶化する記念行事がすでに実施されていたのである。

7月14日の国民祭典

恐怖政治の嵐が過ぎ去ったのちに成立した総裁政府は、共和政を成立させることによって革命を終わらせようとする。しかしながら、度重なる戦争の遂行、財政悪化、左派と右派の勢力拡大に直面した総裁政府は、市民精神を涵養するための公教育政策として国民祭典を挙行する。1795年10月25日に制定された「公教育法（ドヌー法）」は、七つの祭典を毎年挙行することを定めている。それらは、革命記念日を祝う祭典として「自由」（7月27日・28日）と「共和政樹立」（9月22日）、また共和国の道徳や自然崇拝を祝賀する祭典として「若さ」（3月30日）、「夫婦」（4月29日）、「感謝」（5月29日）、「農業」（6月28日）、「老齢」（8月27日）である。ドヌー法が施行された当初、それまで開催されてきた7月14日の祭典は「自由」の祭典に統合されるかたちで除外された（94年5月7日、最高存在の祭典をはじめ、7月14日［バスチーユ襲撃］、8月10日［王権停止］、1月23日［国王処刑］などを祝う国民祭典を挙行する法令が採択されていた）。ところが、96年7月28日に7月14日の祭典は復活する（8月10日の祭典も同様に復活する)。さらに、これらの祭典に「国王処刑」の祭典、「フリュクチドール18日」の祭典、「人民主権」の祭典が加わり、最終的に計12の国民祭典が年間行事として挙行されることとなる。

総裁政府期の国民祭典は、それまで執り行われた革命祭典とは全く異なり、華やかに彩られる。そもそも祭りは民衆文化における儀礼化された暴力であり、革命祭典の多くはフォークロア的な祭りであった。その意味では、公教育の手段として期待された国民祭典を妨害するものがまさに伝統的な祭りにほかならなかった。そこで総裁政府は、祭典構成を入念に練り上げ、新たなシンボルを考案し、それらに市民精神を吹き込むことで、伝統的な祭りを国民祭典に作り替えていく。オズーフによれば、フランス革命の10年間において、7月14日を祝う祭典には異なる二つのタイプが存在する。まずは、1790年7月14日の全国連盟祭である。この祭典は革命の未来を予告する祭りであり、槍、水準器、天秤、太陽などのエンブレム、また自由、平等、政治などの抽象的な概念を擬人化するアレゴリーが登場する。次に、総裁政府期に開催された7月14日の国民祭典である。この祭典は革命の歴

「全国連盟祭」。シャン・ド・マルス広場に設置された祖国の祭壇において、ラファイエットが全国のフランス国民衛兵の名において、国民、法、そして国王に永遠なる忠誠を誓った［出典：C. Hould, *L'Image de la Révolution française*, Quebec: Musée du Quebec, 1989.］

「7月14日の国民祭典」。1801年に開催された7月14日を記念する煌びやかな祭典。エトワール広場では花火が打ち上げられ、それらを見るために多くの人垣ができている［出典：M. Vovell, *La Révolution française, images et récit, 1789-1799*, vol. 5., Paris:Livre Club Diderot, 1986.］

史を想起させることを目的としていたことから、シミュラークル（人物、事物、事件を再現する演劇的な表現）が登場する。1798年と99年の祭典にはバスチーユ要塞の模型が建てられ、大工職人によって造りあげられた塔には警備兵を演じる市民が配置された。総裁政府は薄らいでいく記憶を呼び起こすためにシミュラークルを援用したのであるが、あまりに露骨な演出は参加者に軽率で冷淡な印象を与えてしまう危険がともなう。それ故に、総裁政府期の国民祭典は祭り本来の精彩を欠き、政府を称賛する意図を敏感に察知した参加者の足は祭典から遠のいていたと言われている。しかし、ヴォヴェルはこの時期の国民祭典を次の理由から再評価する。第一に、当時の公式記録が祭典の情況を忠実に再現しているかどうか疑わしいこと、第二に、総裁政府期に祭典が最も多く開催されていた祭典が地方でも挙行されたこと、そして最後に、祭典の情景を再現する図像資料が豊富に残されていること。これらの理由から、ヴォヴェルは総裁政府期の国民祭典を伝統的な祭りの系譜に位置づけるだけでなく、国民公会期にロベスピエールによって企画された国民祭典との関係も考慮しながら、民衆的な祭りと道徳的な祭典のそれぞれの系譜にも国民祭典を位置づけるべきであると提言する。

このように総裁政府期に開催された7月14日の国民祭典に対する歴史家の新たな問いかけは、記念される記憶それ自体を問題にするのではなく、記憶が記念されるべきものとしてどのように再生産されるのか、そのプロセスに関心を向かわせる。すなわち、現在の国民の祝日が1789年7月14日と1790年7月14日のどちらの記憶を記念しているのかというよりも、むしろ「7月14日」の再記憶化のあり方が問題なのである。第三共和政が「7月14日」を国民の祝日に制定したのは、まさにフランスが普仏戦争の敗戦から立ち上がろうとしていた時期であり、そのため軍事色が強く印象づけられる祭典がつくりあげられた。その後、祭典プログラムに変更が全くないわけではないものの、第三共和政期の祭典プログラムは現在に至るまで基本的に継承されている。パリのシャンゼリゼ大通りを凱旋門からコンコルド広場まで行進する軍事パレード、その上空を飛行する戦闘機、そして消防署のダンスパーティーやエッフェル塔の花火とイルミネーション。「7月14日」に対する国民の記憶が風化するいま、フランス革命の歴史よりもむしろ、革命の歴史を再記憶化する祭典のあり方にこそ光を当ててみるべきなのではなかろうか。

（平　正人）

30 フランス革命期における人権と外国人
――普遍的理念とその限界

人権という普遍的理念とその実現を巡って

1789年8月26日、憲法制定国民議会は、「人間と市民の権利の宣言」（以下、人権宣言と略記）を採択した。「旧体制の死亡証明書」とも称されるように人権概念を考慮していない旧来のフランスの社会や制度との決別が示された。すなわち人権宣言では、人間が生まれながらに有する自然権（自由・所有・安全・圧制への抵抗）は法律によってしか制限されないこと、その法律は主権者たる国民が市民として選んだ代表たちで構成される立法府に基づくことが記されたのである。こうした理念が近代社会の基本原則であることは言うまでもない。

しかしながら、人権宣言にある普遍的理念は、すぐさま完全に実現されたわけではなかった。例えば、「人間は自由かつ権利の前に平等に生まれ、そうあり続ける」という第1条の冒頭の一文に反して、実際には選挙権を有する「能動的市民」と選挙権が認められない「受動的市民」の区別が設けられた。未成年に加え、定められた額の納税ができない者や女性は「受動的市民」に該当した。宗教的少数者や黒人の権利を巡っては、議会はこれを直ちには認めず、その承認には一定の議論と社会的状況の変化を要した。外国人という存在も、人権理念と現実との間の摩擦を示す一例である。

革命期において「外国人」とは、「国民」と共通の法律の下に入らない者のことを指した。人権宣言は、人間としての普遍的な権利を説く一方、その権利主体となるのは、「国家」という政治的結合に参与する市民たる、「国民」であるとされた。ゆえに人権を巡る議論から、外国人は排されたかのようにみえる。とはいえ、革命以前から、思想家たちの間には、人間としての権利を外国あるいは外国人にどう認めるかという議論がすでにあった。革命勃発後のフランスでも、革命が掲げる普遍的理念を国外にはどう適用するか、という問いは重要な論点となった。その議論のひとつの結実が、自国民と他国民の自由や財産の侵犯を防ぐ観点から成された、1790年5月22日の、憲法制定国民議会による侵略戦争放棄の宣言である。

本章では、フランス国内の外国人たちに対する、革命期の議会の態度をより深く見てみたい。革命期のフランスには様々な外国人たちがいた。集会や新聞を組織したり、議会に出席したりすることで革命の展開を見守る外国人の識者・活動家もいれば、将兵や商工業者として滞在・移住した者たちもいた。議会はこうした外国人たちにどう向き合い、掲げた普遍的理念をどう実現しようとしたのか。また、その限界はどのように現れたのか。

革命期フランスにおける外国人の権利

憲法制定国民議会は、フランスに到来する外国人を積極的に迎え入れ、フランス人と同様に遇する方針をとった。1790年8月に議会は、人権理念を知ったフランスの使命であるとして、外国人への伝統的な差別的措置である、外国人遺産没収権を廃止した。その翌年に制定された1791年憲法

イギリス人思想家のトマス・ペインは『コモン・センス』や『人間の権利』の著者である。革命期のフランスでは、アメリカ独立戦争の功労者のひとりとして賞賛され、1791年にはフランス語が話せないながらも立法議会の議員に選出された。1792年8月に名誉市民権が与えられたが、恐怖政治期には敵性外国人として投獄された［National Portrait Gallery, London所蔵］

では、外国人の人身・財産・商業・宗教はフランス人と同じ法の下に保護されると定められた。革命初期のフランスでは、人権の名の下に、外国人ゆえの不利益や差別を撤廃することが目指されたのである。

とはいえ、革命期において、「国民」たるフランス人と「外国人」の間に差異がなかったわけではない。むしろ市民的権利や義務を巡る文脈においては、「国民」と「外国人」の区別は明確かつ厳格なものにされた。「外国人」は「社会の真の構成者」ではないために、選挙権も軍への参加資格もないとされたのである。しかしながら、外国人たちが「国民」という共同体から完全に疎外されたわけではなかった。議会は、自由を享受すべくフランスに到来した外国人がフランスに帰化することを権利として認めたからである。１７９０年5月には外国人の帰化条件を定めた法律が採択され、フランスに定着した外国人には自動的に市民的権利が与えられるとされた。このように革命当初において、「国民」と「外国人」の間には境界が引かれていたが、両者の垣根は絶対ではなく、越えることができた。ここにも、普遍的な人権理念を実現しようとするフランス議会の意志が見て取れる。

外国人の受容

革命期における外国人の人権への意識のあり様は、亡命してきた外国人たちへの、議会の対応からも窺える。１７７５年に始まるアメリカ独立戦争をきっかけに、１７８０年代にはヨーロッパ各地で既存体制に対抗する動きが起こったが、革命期にはフランスは既存体制への挑戦に敗れて祖国を追われた外国人たちを積極的に保護していた。例えば1790年5月には議会は、フランスの徒刑場に囚人として送られたスイスのフリブール州の政治犯たちの解放を決定したが、これはフリブール州政府の司法判断をくつがえした点で、フリブール州との旧来の外交的慣習を人権の名の下に破った例である。また1791年12月には議会は、オーストリア支配に対する独立革命に失敗したベルギー人たちについて、特権に基づく新国家樹立を目指していた点で革命の信条に反する者たちと見なしながらも、フランスの保護下に置くことを認めた。人権の保護をフランスの義務とする立場から、外国人亡命者を広く保護せんとしたのである。

フランスに逃げ込む外国人を受け入れる方針は、戦争が近づいても貫かれた。1791年半ばよりフランスではオーストリアとの戦争の気運が高まり、憲法制定国民議会にとって代わった立法議会で主戦派が台頭した。主戦派たちは、近づく戦争を革命の防衛のためと位置づけ、専制君主を敵とすることで開戦の正当性を主張した。「専制との闘い」と銘打った戦争であるだけに、フランス議会で注意深く論じられたのが、外国人、特に敵国に属する人々の扱いである。1791年12月の議会では、外国人を歓待するというフランスの原則は戦争でも揺らがないことが宣言された。フランスの法は平等かつ普遍的であるとして、敵国の住民たちにも避難の場を提供し続けるとされたのである。1792年4月20日に議会がオーストリア皇帝に対して行った宣戦布告のなかでも、オーストリア皇帝の下の臣民は真の敵ではないとして、フランスに逃げこむ外国人は保護され、フランス国民同様に扱われると明記された。

戦争下での外国人歓待の態度は、敵軍からの脱走兵への処遇のなかでも示された。議会は、敵国の脱走兵を積極的に保護・援助すると決定し、1792年8月には敵国将兵のフランスへの脱走を奨励する声明を出した。1793年2月にイギリスやオランダに宣戦布告した際も、議会は敵国出身者を等しくフランスの法の保護下に置くことを宣言した。こうした議会の方針の背景には、戦略的思惑だけでなく、一貫した外国人への受容の姿勢が認められる。革命期フランスにとって戦争は、人権理念の普遍性の試金石となったのである。

「国民」と「外国人」の境界

しかし最後に、外国人の人権を巡る限界に言及しよう。議会が人権理念の実践を掲げたことは確かだが、現実には人権の適用における「国民」と「外国人」の差異が顕在化する場面があった。ふたつの局面に分けて、人権適用の限界を見てみたい。

ひとつは貧富に関わる局面である。議会では外国人への友愛と歓待が唱えられたが、ここで想定された外国人とは納税・商工業・軍務を通してフランスに貢献する者に限られていた。例えば国内の貧民と外国の貧民がパリに大勢到来しているという1790年4月の報告に対する議会の反応である。この報告に対して議会は、慈善は国民に属すべきであり、外国人が享受することは認められないとして、外国の貧民はその母国に戻すという構えを示した。これは議会がフランスに貢献する外国人を国民として受け入れると決定する、数日前の出来事である。

もうひとつは社会的状況の変化に伴う局面である。戦時期における敵国出身者を含む外国人への歓待の方針は、戦局悪化と国内政治の混乱をうけて、１７９３年半ば以降大きく転換した。外国人に対してスパイの疑いがかけられたからである。１７９３年8月に議会は、敵国出身者がフランスの友好的な姿勢を悪用して人権に反する行為をしているとしたうえで、安全保障のための措置として敵国出身の外国人を拘留し、疑わしい者については追放や財産の接収、場合によっては死刑の対象とすることを提案した。さらに恐怖政治下になると「外国人」は、反革命的人物を指すレッテルとして定着した。敵国の将兵に対する処遇もまた変化した。捕虜や脱走兵の自由は制限され、さらに１７９４年5月には議会は、イギリス人将兵を捕虜の対象とせず、助命をしないと宣言するに至った。確かにこうした外国人の人権に対する侵害行為は、当時においても危機を打開するための一時的措置と位置づけられた。とはいえ、外国人への人権意識が戦争や社会の状況に応じて大きく変動した当時の様子は、普遍的であるはずの人権理念の、実際上の限界を我々に突きつけていよう。

この際どちらの局面においても、外国人の人権に対する制限的措置が、人権の名の下に行われたことは注目に値する。議会では、人道を守るための、人権に根拠を持つ合法的措置として、外国人に対する抑圧的な措置が正当化されたのである。

さてフランス革命期には不完全だった人権理念の実現は、その後の歴史のなかで様々な制約を乗り越えながら、着実に進展してきた。国を越えた人権という点では、１９４８年に世界人権宣言が国際連合によって採択された。さらに１９６６年には、法的拘束力を有した国際人権規約が採択されるに至った。しかしそれでも、人権が国境の壁に阻まれる現実は、今日においても珍しくはないだろう。

（長島　澪）

31 フランス革命と戦争
――戦争の世界化と多義化

フランス革命と植民地での戦争

長期のタイムスパンで見てみた場合、フランス革命の諸原因のひとつは18世紀をとおして続いた植民地戦争であったと言える。海外植民地と海上貿易をめぐるイギリスとフランスの覇権争いは、七年戦争（1756～63年）、アメリカ独立戦争（1775～83年）と、長期化と広域化の一途をたどった。植民地戦争にかかった莫大な費用はフランスの財政を破綻させ、国王は新たな税を求めた。これに対して革命が起きた。

侵略戦争放棄の宣言

革命当初、フランスは平和を望んだ。1790年5月、憲法制定国民議会は侵略戦争の放棄を宣言した（これは「世界平和宣言」とも呼ばれる）。経緯を説明すると、1790年1月、北アメリカ西海岸のヌートカ・サウンドの領有をめぐってイギリスとスペインの間で紛争が起きた。スペインはフランスに支援を要請した。フランスではスペインに援軍を送るか否か、国民議会が議論を始めたが、審議は宣戦布告・講和の大権は国民に属するのか国王に属するのかという問題へと発展した。急進派のペチヨンは革命前の時代を諸国王の野心によって戦争が繰り返された「永久戦争」の時代であったとみなし、従来の諸国王の戦争を「反人道の罪」と呼んで弾劾し、今後は宣戦布告・講和の大権を国民のものとすることで「持続的平和」を樹立すべきだと主張した。結局5月22日、宣戦布告・講和の提案権は国王に、承認権は議会に属すると決められたが、それと同時に国民議会は侵略戦争の放棄を宣言した。これは1791年憲法にも「フランス国民は、征服を目的としたいかなる戦争を企てることも放棄し、他の人民の自由に対してその武力を行使しない」と明記される。一方スペインはヌートカ・サウンドのためにフランスからの援軍は期待できないと判断し、イギリスに譲歩して紛争は終結した。

革命戦争のはじまり

1791年6月、ルイ16世がパリからの逃亡に失敗するという事件（ヴァレンヌ逃亡事件）が起きた。オーストリアとプロイセンの国王は事態を憂慮し、ルイ16世を支援して革命派を制圧すべく軍事介入をする用意があると宣言した。フランスでは、この宣言がポーランド分割そして1780年代のオランダなどでの反体制運動に対する外国軍の介入の記憶をよみがえらせた。軍事介入の可能性は大きい、そう思われた。かくして1792年4月20日、1791年憲法のもとに選出された立法議会はオーストリアとプロイセンに対して宣戦布告した。そこでは「フランス国民は自由と独立の維持のためにのみ武器を取る」、「フランス国民がやむなく遂行するこの戦争は自由な国民の正当な防衛である」と宣言された。立法議会にとってこの戦いは国王の戦争ではなかった。国民の戦争であった。国民主権を防衛する戦争であった。他方ルイ16世は戦争になれば国民は講和のための調停者として自分を必要とし、そうなれば再び権力を握れるはずだと信じて開戦に賛成した。

緒戦でフランス軍は敗北した。敵軍が国境を越えた。7月、議会は「祖国は危機にある」と宣言し、義勇兵の動員を決定した。一方オーストリア・プロイセン連合軍司令官ブラウンシュヴァイクは、パリの住民は国王ルイ16世に服従する義務がある、また国王の安全が危険に晒されればパリを破壊すると宣言した。この宣言にパリの民衆は怒った。民衆はルイ16世が敵軍と内通していると信じ、各地から集まってきていた義勇兵と共に、8月、チュイルリ宮殿を襲った。立憲君主政は停止した。まもなく国民公会が成立し、共和政が誕生した。

18世紀末の大砲（アンヴァリド軍事博物館）

当時作詞家サレによって書かれた革命歌の一節を紹介しよう。「ついにはパリから日本に、アフリカの人々からスカンディナヴィアの人々にまで、平等が打ち立てられる。暴君どもよ、賽は投げられた。自由の帽子は世界をまわる」。革命を全世界へ広めようというわけである。

1793年初頭、イギリスは諸列強と対仏大同盟を作って参戦した。他方国民公会は30万人の募兵を決議した。このとき代理人制度（出征したくない者は代理人を雇える制度）が認められたのだが、西部のヴァンデ地方の貧農はそれを都市に住む富裕者を優遇する措置だと非難し、兵士の供出を拒み、指揮官に貴族を据えた「王立カトリック軍」を編成して蜂起した。内戦が勃発した。政府軍はヴァンデの住民を殺戮した。

ところで政府は民衆に新兵動員などの戦争努力を求める一方で、民衆のための政治をすることを強いられてもいた。ヨーロッパで初めて男子普通選挙が実施され、物価の上限が定められ、貧民に反革命派の土地を分配する法律が可決された。またカリブ海のフランス領サン・ドマング島ではイギリスとスペインの侵略から島を守るために黒人奴隷の戦力が必要だったため、黒人奴隷に市民権が与えられた。このような政策を最も強力に推進したのが山岳派であった。

自由貿易体制の模索

1794年の夏以降、フランスは戦勝を続けた。喫緊の軍事的危機は去った。テルミドール9日のクーデタが起き、山岳派は粛清された。フランス軍は近隣諸国へ進入を続けた。かくしてテルミドール派国民公会期そして総裁政府期、フランスは周辺諸勢力とどのような国際関係を構築すべきかという新たな政治問題が発生した。フランスにはオランダ、スイス、ベルギー、イタリア、ポーランド、アイルランドなどから革命派が支援を求めて集まっていた。フランスは彼らと協力しようとした。だからこそ1795年、オランダの革命派はフランス軍の援助を得て、自国の反革命派をおさえて、バタヴィア共和国を建てることができた。戦況などの影響もあって他の周辺諸国に比べてオランダでは現地の革命派の自主性が総裁政府によってかなり尊重された。

この頃フランスでは共和国にふさわしい新しい国際関係の原理について活発な議論がなされた。穏健共和派は奴隷交易と保護主義的貿易と断続的な戦争を特徴とする革命前の国際関係システムを放棄して、今後は普遍的人権と自由貿易と持続的平和を大事にしていこうと唱えた。例えば１７９４年に外交論を出版し、議会では通商問題などに携わったエシャセリオは、持続的平和のために必要なのは諸国民の独立と自由貿易であると唱え、それを妨げるイギリスに対して13世紀のハンザ同盟のような海洋軍事防衛同盟の構築を提案した。同じく海洋同盟を主張した経済学者アルヌの著作は、１７９７年に穏健共和派の逐次刊行物『哲学的文学的政治的デカド』紙で、奴隷制廃止論者のル・ブルトンによって紹介された。また１７９８年、同紙では経済学者セーがイギリス海軍を粉砕し、イギリスに支配されたインドの民衆を解放し、奴隷交易を廃止し、自由貿易体制の平和な世界を作ろうと訴えた。同じ頃議会でエシャセリオは「奴隷制と専制の原理ではなく、相互の便宜と必要、真の社会的紐帯、人道と自由の原理に基づいた」、東洋・西洋間の商業と交流のためのセンターをエジプトに作ろうと語った。しかしナポレオンのエジプト遠征は（ナポレオンにとっての主な目的はイギリスとインドの連絡を断つことだったが）、失敗した。さらにナポレオンは政権に就くと奴隷交易を公認した。

ナポレオンの戦争

総裁政府期になってパリからますます遠くなった戦場で新たに見られた現象に、将軍らの文民統制への反発があった。総裁政府は戦場からの戦利品を国家財政の助けとしたかったので、将軍らに対して強硬な措置をとれなかった。このような将軍連のなかでも、ナポレオンは、１７９９年に軍事クーデタで政権を奪取し、前年に制定された徴兵制を利用して巨大な軍隊を作った。そして１８０５年10月のトラファルガーの海戦ではイギリスに大敗したものの、12月のアウステルリッツの戦いではオーストリア・ロシア連合軍に大勝した。またバタヴィア共和国を潰して弟のルイをオランダ国王にした。さらに大陸封鎖令を発して諸国にイギリスとの貿易を禁じ、専らフランスのために大陸市場の独占をはかった。こうしたナポレオンをポーランド人は祖国の解放者と信じて忠誠を誓った。他方スペインの民衆はゲリラとなってナポレオンの支配に抵抗した。ゲリラへの報復は凄惨を極めた。

　そもそもナポレオンが戦争で強かったのは、補給物資の現地調達によって迅速な行軍を実現し、戦場に敵よりも多い兵力を素早く集中し、敵を殲滅したからであった。しかし１８１２年のロシア遠征のさい、ロシア軍は焦土戦術でナポレオン軍の物資となるものを焼き払い、ナポレオンは退却を強いられた。これを契機に諸国は解放戦争を始め、１８１５年、ナポレオンの帝国は滅ぼされた。晩年、彼は、自分は常に攻撃されていた、自分が本当にしたかったのは「理性の帝国の建設」であったと述懐している。

ナポレオン軍によるスペインのゲリラへの報復
［出典：雪山行二・木下亮編『ゴヤ――版画にみる時代と独創』読売新聞社、1999年］

　時は移り、七月王政はナポレオン帝政期にスペインで対ゲリラ戦を遂行したビュジョーなどの軍人たちを、アルジェリア侵略戦争に投入した。彼らは若い兵士らと共に先住民の村々を焼き討ちにした。女、子供、老人までもが犠牲となった。博愛主義者のラマルチーヌはまるでヴァンデの内戦のようだと嘆いた。このアルジェリアで経験を積んだカヴェニャックのような軍人たちが、１８４８年６月、パリで蜂起した労働者を鎮圧した（六月蜂起）。世界をまわったのは自由の帽子ではなく、圧政のブーメランであった。

（西願広望）

32 ナポレオンの統治
――統領政府と第一帝政

総裁政府の諸問題とブリュメリアンの台頭

1799年11月9日（共和暦8年ブリュメール18日）、総裁政府を廃し、新たな統治体制を打ち立てるべく、かの有名な小冊子『第三身分とは何か？』でも知られるシェイエスを中心とする一派が、国民から人気の高いボナパルト将軍を引き込みつつ、クーデタを決行した。いわゆる「ブリュメール18日のクーデタ」である。クーデタはなんとか成功をおさめ、総裁政府は解体された。12月15日には、新たな統治体制を定める共和暦8年憲法が公布され、「革命は終わった」と高らかに謳われた。では、革命はどのような形で終わったのだろうか。あるいは、どのような形で終わるべきだと考えられたのだろうか。この点については、クーデタに賛同し、参集した「ブリュメリアン」と呼ばれる人々がどのように総裁政府の問題を捉えていたかを見れば明らかである。

ブリュメリアンは、政治的には、穏健共和派あるいは立憲君主派に分類される人々で構成され、様々な経歴を持つけれども、フランス革命により台頭し、また絶対王政と山岳派独裁を唾棄するという共通点を持っていた。彼らにとって、総裁政府が抱える問題は大きく以下の三点であった。第一に、執行権力の弱さである。山岳派独裁のトラウマから、共和暦3年憲法により創設された総裁政府では極力権力が集中しないように配慮され、5人の総裁による合議制がとられた。また二院制にされたとはいえ、議会の発言力も相変わらず強く、政府と議会の意見が異なる場合、それを解決する手段もなかった。そのため、総裁政府は不安定な状態に置かれた。そのうえ、毎年行われる選挙において、いまだ根強い勢力を持ち、絶対王政の復活を目論む王党派や、かつて山岳派独裁を支持し、市民の平等のためには所有権の侵害も辞さないネオ・ジャコバン派が躍進する度に、総裁政府は選挙結果を無効にするクーデタに頼らざるを得なかった。

1799年11月10日、サン・クルー宮殿五百人会におけるボナパルト将軍（フランソワ・ブーショ作、1840年）［©RMN-Grand Palais］

なるほど、クーデタにより、中道政権による形ばかりの支配は継続できたかもしれない。しかし、フランス国民はもはや総裁政府を信用せず、その統治の正統性を疑問視した。これが第二の問題点である。そして第三に、総裁政府が置かれた当時の国内外の危機的な状況である。まず国内では、匪賊行為の脅威が高まっていた。匪賊集団はしばしば脱走兵や徴兵忌避者で構成されたが、とくに宣誓忌避聖職者が多く、王党派の勢力の強い諸地域においては猛威を振るった。フランス西部における「ふくろう党の蜂起」はその最たるものである。国外に目を向けると対仏大同盟との戦争で、総裁政府末期にはフランスは苦しい立場に置かれていた。実は、クーデタの直前には、戦況はフランスに好転しつつあったのだが、いずれにしても、フランス国民は不安な面持ちで戦争の成り行きを眺めていたであろう。

新体制の創設

総裁政府が抱えるこれらの問題を解決する形で新しい統治体制を創設することが、ブリュメリアンの望むところであった。すなわち、絶対王政にも山岳派独裁にも至らず、革命の諸成果を維持するために、強い執行権力を打ち立てること（安定）、国民の大多数の世論を味方につけること（世論）、そしてフランス国民の生命と財産を守ること（安全）、である。では、これらはどのようにして可能になったのであろうか。

共和暦8年憲法では、第一統領であるナポレオンに行政権が集中し、法案の提案、軍の指揮、外交、大臣の指名を行った。これは当初、ブリュメリアンが想定していたよりもずっと強大な権力がナポレオンに与えられることを意味した。憲法制定作業の間に、シェイエスからナポレオンへとイニシアティヴが移行したことがそのような帰結をもたらした。さらに、立法府は、元老院、護民院、立法院の三院に分かれ、護民院は法案を審議することはできたが採決できず、立法院は審議することなく採決しなければならなかった。法案の作成を実質的に担ったのは第一統領直属の国務参事院であった。また、元老院には立法権は付与されず、むしろ合憲性を判断する権能が与えられた。ブリュメリアンの多くは元老院のポストを与えられて安住し、体制を支え続けることになる。こうして立法権力に対する執行権力、とくに第一統領の優位が確立されたのである。

第一統領が強大な権力を手にしたとしても、地方において法律や行政命令が正確に実施されなければ統治の安定はもたらされない。1800年2月17日（共和暦8年プリュヴィオーズ28日法）、県、郡、小郡、市町村が地方行政の枠組みとして採用され、全98県の県庁所在地に第一統領により任命される県知事が配置された。県知事には県内における行政権が一任された。県知事は、県住民の実質的な代表機能を備える県会と、県内の行政訴訟を担当する県参事会により補佐された。各県は平均して4～5の郡に区分され、各郡の郡庁所在地には郡長と郡会、行政の末端にあたる市町村（コミューン）には市町村長、助役および市町村会が配置された。こうして、フランス全土に徹底的に画一化され、中央およびトップに強大な権力が付与された行政システムが確立し、安定的な統治を可能にする基礎が形作られた。

しかし、どんなに執行権力が強大であろうとも、世論の支持がなければ実際の統治は不可能であろう。そのことは、ナポレオンが最もよく理解していたかもしれない。共和暦8年憲法は人民投票により フランス国民の賛成多数により承認された。1802年8月の終身統領政、1804年5月の世襲帝政も然りである。最初の人民投票では内務大臣による賛成票の水増しが知られているが、そのこと自体、統領政府の存立の正統性が何よりも世論の支持であることをブリュメリアンが示そうとした証である。そのうえ、統領政府は、間接選挙に基づく市町村（全有権者600万人の中から60万人が選出・登録）・県（同様に6万人が互選・登録）・全国（同様に6000人が互選・登録）の三種の名士リストを作成し、最後のリストから元老院が護民院と立法院の議員を選び、また第一統領が行政ポストに任命する制度を設立した。これは、総裁政府期の選挙制度に対する反省から作られたものであったが、面白いのはナポレオンがこの名士リスト制度に対して批判的だったことである。ナポレオンによれば、統治の安定のためには国民が選挙に継続的に参加し、国民が現実に代表されることが必要であった。名士リスト制度はそれを制限しすぎるというのである。かくして、共和暦10年憲法（１８０２年8月４日）において、名士リスト制度は廃止され、小郡集会と県・郡選挙人団に基づく定期的な選挙制度が構築された。小郡集会では、21歳以上の男性に選挙権が認められたので、事実上の普通選挙が確立されたことになる。

制度は整いつつあった。しかし、統領政府は国民の生命と財産を直ちに守らなければならなかった。総裁政府期から継続する各地の匪賊行為に対しては、国家憲兵隊の人員が拡充され治安の維持を担った。さらに、フランスの西部と南部の26県に特別裁判所が設置され、匪賊に対して陪審なしで死刑判決が言い渡された。生命と財産に関わることであったから、国民はこれらの措置に概ね好意的であった。１８０１年7月16日にローマ教皇庁とのコンコルダが締結されたこともまた、匪賊行為の軟化の一因となった。そもそも革命期の過激派に対しては、１８００年12月24日パリのサン・ニケーズ街を通過中の第一統領に対する暗殺未遂テロが発生した際に、ナポレオンはそれに関与したとされるネオ・ジャコバン派１３０名を国外追放に処す一方、革命期のエミグレ（国外逃亡・追放者）には帰国許可の措置をとるなどして王党派の取り込みをはかった。国外においても、ナポレオンによる軍事勝利の結果、諸国との和平が結ばれていった。フランス軍の勝利の背景にある、徴兵制の再編の功績も忘れてはならないだろう。国内外においてフランス国民の安全は保障されつつあった。

ナポレオン帝政と革命の遺産

ブリュメリアンの目的は達成された。しかし、ナポレオンの意志は彼らの思惑を越えていく。いまやナポレオンの支配は盤石なものとなり、統治体制はますます権威主義的なものへと変貌する。１８０４年５月には世襲帝政が創設され、１８０７年に護民院が廃止、１８０８年には帝政貴族が設立された。それでも、護民院が廃止されたとはいえ立法院は存続し、形を変えつつ議会活動を継続した。帝政貴族もまた、アンシアン・レジーム期の身分制度とは異なり、国家への貢献を基準にして叙せられたので、全ての者に開かれた制度であった。この点で、たとえナポレオンの帝政が権威主義的な性格を強めていったとしても、革命の諸成果が全て否定されたわけではなかったのである。その後、戦局が悪化し、経済も悪化すると、世論に対する体制の求心力は著しく減じ、決定的な敗北により復古王政を迎えることになる。しかし、復古王政期においてもアンシアン・レジームへの回帰が防がれたことはこれまた事実であり、ナポレオンの帝政が革命の諸成果をまがりなりにもフランスに定着させたことは確かである。

（藤原翔太）

コラム 6

名望家体制

19世紀前半のフランスの政治構造は「名望家体制」と呼ばれる。確かに、アンシアン・レジーム期にも血統や身分に基づくエリート層（社団エリート）としての特権階層はいた。しかし、ここでいう「名望家（notable）」とは、フランス革命により社団が解消して法的に平等な社会が生まれたなかで、ローカル社会のエリートとして住民に対し何らかのリソースに基づいて影響力を発揮できるような人物のことを指す。したがって、アンシアン・レジーム期の「名望を備える人物」は「名士」と訳され、「名望家」と区別されることもある。

では、名望家はどのようなリソースを備えていたのか。名望家支配の概念を歴史研究として深めたテュデスクの定義によれば、名望家は「財産、社会的地位、教養によって他の者と区別される重要人物であり、絶えず示し続ける熱意と献身により、政府と行政にとって有用な人物」である。要するに、名望家とは、彼らが所有する土地や資本といった財力に由来する経済的影響力、家族関係や生活様式に由来する社会的影響力、そして彼らの能力と才能を基礎づける教養を一手に握った人物である。名望家は、これらの影響力を背景に公職にアクセスし、住民とのパトロン＝クライアント関係を媒介しつつ公的責任を行使する支配階層としてローカル社会に君臨した。また、名望家は単にローカル社会にとどまるだけではなく、議員として、あるいは人脈に基づいて、中央政治と直接・間接に結びつくことで、ローカル社会の利害を代表するとともに、中央からの命令や法律の適用を住民に説得する役割をも担っていた。このような国家との結びつきの強さが、フランスの名望家の特徴である。

こうした性格を持つ名望家が支配する政治構造は、一般に名望家体制と呼ばれる。テュデスクによれば、名望家体制はフランス七月王政においてて典型的にみられたという。名望家体制は、中央権力が弱体な分権的国家においてこそ最も典型的に現れると考えられたからである。しかし、フランスにおける名望家体制のはじまりを考えると、それが一般に中央集権的な統治体制として有名なナポレオン体制下で生まれたことは興味深い。ナポレオン時代には、フランス革命で台頭した上・中流ブルジョワジーと旧貴族層を融合し、新たな支配階層としての「名望家」を作り出すことが試みられたのである。1808年に創設された帝政貴族はそれを象徴するものであった。

一方で、いつ名望家体制が終焉したかを述べるのはよりいっそう難しい。「名望家」概念を提唱した評論家アレヴィはそれを第三共和政期に入った1880年代と見定めており、小田中直樹もフェリー法による無償教育の導入に新たなガバナンスの開始をみている。しかし、そのことはフランスにおける名望家の消失を意味したわけでは決してない。思い出されるのは、フランスにおいてはつい最近まで、議員による公職の兼職がほとんど制限のないままに認められてきたことである。国会議員が地方の主要都市の市長や県議会議員を兼職するなどということが当たり前に認められてきたのだ。このようなローカルに強固な基盤を持ちそれを背景に中央政界で活躍する「名望家型議員」の存在は、名望家的な統治の伝統がいかにフランスに根強く残ったかを示すものであろう。

（藤原翔太）

33 復古王政と七月王政
——フランス型自由主義の摸索

ウィーン体制下のフランスは、ナポレオンの百日天下を間に挟んだ復古王政（第一次1814～15年、第二次1815～30年）と、七月王政（1830～48年）という二つの立憲王政を経験した。かつて、研究史においてこの二つの王政は、フランス革命とナポレオン帝国のあとの反動の時代としてまとめて論じられることが多かったが、近年の研究は、両者の性格がかなり異なっていたことを示している。

復古王政

この時期のフランスは、アンシアン・レジームへの回帰を希求する保守王党派（ユルトラ）と、フランス革命の原理の擁護者として自由主義的な体制の確立を望む自由派（リベロー）とで二分され、両陣営の間で揺れ動いていた。王座にはルイ18世（在位1814～24）、ついで弟シャルル10世（在位1824～30）が就く。ルイ18世は、反動的王政の復活を望まない国際情勢にも配慮しつつ、国内の両陣営を意識した中道政治を模索するが、シャルル10世は保守王党派を優遇する政治を進め、議会と対立し、最終的に自由主義的な七月革命によって体制は崩壊する。もう少し詳しくみよう。

1814年5月、ナポレオンがエルバ島へ去ったあと、ブルボン家のルイ18世は亡命先のイギリスからパリに帰還し、国王となる。サン・トゥアン宣言で自由主義的な憲法をフランスに与えると表明していたルイ18世は、6月4日、欽定憲章（シャルト）でその約束を果たす。憲章において、王は、革命の基本的成果を容認し、法の下の平等、所有権の不可侵、信教の自由、また条件付きではあったが出版・言論の自由も認めた。議会としては、イギリスの二院制にならって王の任命する世襲議員からなる貴族院と、代議院が設けられた。代議院議員は納税額による制限選挙制で選ばれ、有権者はわずか約11万人（当時の人口3000万人）であったが、この時期に選挙に基づく議会が国権の主要機関として位置づけられ、選挙と議会のあり方について議論と経験が重ねられた意味は大きい。憲章は、選挙権を持たない国民にも議会に陳情書を出す権利を与えたため、女性の声も一部であったが議場に届けられた。

「君主の杭 Le Pieu monarque」、信心深い王シャルル10世を風刺したカリカチュア。同じ発音の「敬虔な君主Le pieux monarque」とかけた言葉遊び。左奥には帽子をかぶったナポレオンの杭、右奥には聖職者の杭。左手前のアザミの花はロバ（＝愚か者）の餌、ザリガニは反動の象徴で、右手前のメロンは「間抜けな人間」を形容する［出典：Annie Duprat, « Le roi a été chassé à Rambouillet», *Sociétés & Représentations*, n° 12, février 2001.］

体制の復古的側面は、王の権限と宗教・文化政策において顕著であった。王は「不可侵にして神聖」だと定められ、法案の提出権、大臣の任命権を持ち、緊急大権まで有した。カトリックは国教の地位に返り咲き、1815年にはルイ16世とマリ・アントワネットの遺骸を王家の墓所であるサン・ドニ聖堂に移し、贖罪のミサを挙行した。革命期に共和国の殿堂となっていたパンテオンも、元のサント・ジュヌヴィエーヴ教会に戻った。

１８２０年に王位継承者のベリー公が暗殺されると、これをきっかけとして検閲の復活などの政治反動が起こる。それでもルイ18世はかろうじて中道を保つが、１８２４年に即位したシャルル10世は、憲章の自由主義的側面に否定的で、革命を憎悪する保守王党派への親近感を隠さない人物だった。歴代国王にならってランス大聖堂で成聖式を挙行し、瘰癧（るいれき）病患者への治癒儀礼まで行った。そして革命期に土地を没収・売却された亡命貴族に補償金を与える法律を制定し、教会堂での犯罪には過酷な身体刑を科し、言論統制を強化した。王と、自由派寄りの代議院との間で緊張は強まり、最終的に代議院は１８３０年３月に内閣不信任を王に明言した。これを受けた王は代議院の解散に打って出るが、選挙では王の予想に反して自由主義者や反政府派が勝利する結果となる。王は、今度は憲章の緊急大権を根拠に、出版の自由の停止、再度の議会解散、商工業者を締め出す選挙権の制限などを内容とする王令を出して、かたくなに応戦した。ここにきて、パリでは蜂起が起こる。７月27、28、29日のわずか３日間で体制は崩壊した。「栄光の３日間」と呼ばれた、七月革命である。

七月王政

ラファイエットを大統領に、共和政を求める声もあったが、７月30日にはチエールらが作成した、オルレアン公を王に推す次のような声明文が出回っていた。「共和政はわれわれを恐ろしい分断に向かわせるだろう。共和政はわれわれとヨーロッパとの仲を裂くだろう。オルレアン公は革命の大義に忠実な君主である。オルレアン公は市民王である」。こうして、31日にはオルレアン公ルイ・フィリップ自身がパリ市民に向けて国王代理を引き受けると宣言し、パリ市庁舎でラファイエットと抱擁を交わす。共和政という選択肢がなくなったことは明らかだった。議会は8月7日、ルイ・フィリップを「フランス人の王」として召喚し、9日にはブルボン宮で即位式が執り行われた。王は、改正された憲章を遵守するとの誓いを立てる。神授王権の復古王政との違いは歴然としていた。

リベラルなシンボルがたちまち復活する。再度、パンテオンの性格が変わった。ドームの頂塔からは十字架が撤去され、正面入り口の頭上には「偉人たちに祖国は感謝する」という言葉が刻まれた。この変更から、七月王政が発する二重のメッセージを読み解くことができるだろう。反教権主義、それから革命の遺産への忠誠である。七月革命はフランス革命期の非キリスト教化運動を彷彿とさせる、聖職者・教会に対する激しい攻撃を伴った革命であった。改正された憲章において、カトリックは「フランス人の大多数の宗教」と認められるものの、国教ではなくなる。これ以降、今日までフランスには国教が存在しない。

バスチーユ広場の「七月の円柱」
［出典：Wikimedia Commons］

一方、革命の継承者として王は、国旗を三色旗と定めたほか、七月革命1周年にはパンテオンの壁に「七月革命の英雄」の名を刻んだプレートを打ち付け、バスチーユ要塞の跡地で革命を記念するモニュメント（「七月の円柱」）の定礎式を執り行った。さらに10周年には「七月の円柱」の落成式が挙行され、地下のクリプトに七月革命の犠牲者の遺骸が移葬された。政府から依頼を受けたベルリオーズは、国民軍の制服をまとい、この日のために作曲した『葬送と勝利の大交響曲』を200名の軍楽隊を率いて初演した。また政府は、ナポレオン期の遺産も肯定し、ナポレオンが建設を命じていたパリの凱旋門を完成させたほか、ナポレオンの遺灰を英領セント・ヘレナ島からパリに移送し、アンヴァリッドに埋葬した。

ルイ・フィリップはシンボルだけではなく、彼を王位に就けた人びとを満足させるために、政治改革も実行した。国王の緊急大権は廃止され、それまで王が有していた法案提出権は上下院に与えられた。議会は二院制を維持したが、貴族院議員は世襲ではなくなり定数も大幅削減され、土地所有と血統に基づく特権が否定された。代議院議員については制限選挙制であったことに変わりはないが、有権者資格の基準となる納税額が下げられた結果、20万人ほどの有権者が生まれた。また、1831年3月21日の法律により市町村議会選挙が制度化され、およそ280万人が選挙権を得るようになり、また同年3月22日の法律で、国民軍の士官の選出が国民軍メンバーによる互選となった。これらの選挙を通じて、より多くの人が政治参加の経験を持つようになり、これが普通選挙を希求する運動に結びついていく。

とはいえ、次のシャトーブリアンの言葉にあるとおり、七月王政も復古王政と同じく不安定であった。「我々のうちのどのような権力も不可侵ではなく、世襲君主の杖が38年の間に4度も倒れ、勝利で結われた冠がナポレオンの頭上で2度もほどかれ、七月の君主権は次から次へと襲撃を受けている。それゆえこう結論づけねばならないだろう。不可能なのは共和政ではなく、君主政なのであると」（『墓の彼方からの回想』第4巻43章）。王党派の文人シャトーブリアンは、盤石な体制を持つイギリス王朝と比較して、社会不安が強く政体の交代が頻繁なフランスを憂いつつ、1837年にこう記したのである。

七月王政の政府は貴族・王党派、教会のような「右」からだけでなく、「左」からも攻撃にあった。1830年代初頭の経済不況により都市では大量の失業者が生まれ、労働者が飢えていた。1831年11月にはリヨンで絹織物職工が蜂起する。1832年春にはコレラが猛威を振るい、パリでは1万人以上の命を奪った。1834年にもリヨンそしてパリで反体制蜂起が起こり、王自身も在位中、繰り返し暗殺の標的になった。相次ぐ蜂起と反乱を受けて、体制は硬直化していった。1834年には、結社に関する刑法上の規定が強化され、1835年には出版物に対する規制が強まる。

七月王政を代表する政治家といえば、ギゾーだろう。ギゾーは1830年代に公教育大臣として、秩序の維持と国民統合に向けて初等教育改革を推進した。また、古文書学校や各種学会を創設し、国内の歴史建造物の調査と保存を行う委員会を設置するなど、記憶と歴史の制度化に尽力した人物である。1840年に外務大臣に、1847年に首相になったギゾーは、多様な政治的潮流の融和を求めた中道政治を選択するが、イギリス型自由主義に理想を見出し、国民のごく一部の、「能力のある」人びとによる政治を目指した点で、普通選挙制を求める左派からの不興を買った。七月王政は、首相に銀行家のペリエやラフィットを起用したことに象徴されるように、富裕な大ブルジョワジーによる支配を是認していた体制であり、政治の民主化や社会的不平等の是正には目を瞑り続けたのである。

このようななか、1846年末から凶作による深刻な経済危機がヨーロッパ各地を襲い、フランスでも食糧価格が高騰し、中小企業の倒産が続出した。体制に対する人びとの不満が高まり、1848年2月の蜂起により七月王政は瓦解する。

（前田更子）

34 二月革命と第二共和政
――「国民」の政治参加

１８４８年革命と二月革命

１８４８年革命とは、旧体制に反発した自由主義者と労働者階層が主体となって、１８４６年から１８４８年にかけてヨーロッパ各地で発生した蜂起・革命のことで、自由主義と民族主義を抑圧してきたウィーン体制を崩壊させ、「諸国民の春」を巻き起こした革命といわれている。まず、１８４６年２月にクラクフとガリツィアで、１８４７年11月にスイスで、１８４８年１月にパレルモで、それぞれ分離独立を求める蜂起が起こった。このような状況のもと、１８４８年２月にパリで二月革命が起こり、その後もこの抵抗・対立の流れはさらに拡大していった。

二月革命の報がもたらされたハンガリーにおいて、３月１日に農奴解放やオーストリアから自立した議会制内閣の樹立を求める運動が起こり、次いで、13日のウィーンの革命で宰相メッテルニヒが失脚し、ウィーン体制は崩壊した。また、３月18日にはベルリンで革命が起こり、プロイセン国王が憲法制定国民議会の開催を約束した。イタリアにおいても、３月18日にミラノで、23日にヴェネツィアで、オーストリア支配に対する蜂起が起こっている。

短期間でヨーロッパ大陸を席巻した１８４８年革命ではあるが、その終結も早く、49年８月までに各地の革命は終焉を迎えた。しかし、1848年革命により、ウィーン体制の崩壊、民族の自立、統一国家への道筋など、その後のヨーロッパのあり方を決定づける諸要素が生み出された。

1848年革命には、各地域固有の原因のほかに、共通の原因として、言論抑圧に対する反発と社会問題の深刻化があげられる。二月革命を例にすると、前者に関しては、1847年から、国王ルイ・フィリップとギゾー内閣に対して、「改革宴会」という名目で選挙制度改革と議会改革を求める政治集会が各地で開催されたが、それに対する政府の取り締まりがおこなわれた。後者に関しては、1845年から、穀物の不作による価格の高騰、それにともなう金融恐慌と経済不況、および、都市人口の急増による労働者階層の生活環境の劣悪化があげられる。1800年代に50万人であったパリの人口は、1840年代には100万人を突破したが、これには、19世紀前半からのパリにおける運河開削、城壁工事、鉄道建設といった土木工事が多くの労働者をパリに引き寄せるという背景があった。急激な人口増加で都市機能は麻痺し、特に、シテ島からパリ東部や南東部の労働者街の衛生と治安の悪化は深刻であった。

二月革命は、1848年2月22日に労働者が多く居住するパリ第12区で開催される予定であった改革宴会が、労働者による騒擾を懸念した政府により事前に禁止されたことにはじまる。22日朝、この禁令に対して労働者や学生はデモを敢行し、代議院（下院）が開かれているブルボン宮を取り囲み、憲兵隊との間に小競り合いが起きた。翌23日にはパリ市内の要所に1500以上のバリケードが築かれ、ルイ・フィリップはギゾーを更迭することで事態の収拾を図ったが、正規軍がデモ隊に対して一斉射撃をおこなったことで、デモは蜂起に変わった。そして、24日には蜂起が市内全域に拡大し、市庁舎とチュイルリ宮が占拠され、宮殿になだれ込んだ蜂起の波は玉座を奪い、バスチーユ広場に運んで焼き払った。この日、国王は退位し、イギリスへと亡命して七月王政は崩壊した。

ところで、2018年11月から、黄色いベスト（ジレ・ジョーヌ）運動という政府への抗議活動が、パリを中心にフランス各地でおこなわれている。フランスにおいて、このような、政府に対する庶民の政治的直接行動はある種の権利であり、政治に参加するための一つのかたちであると認識されている。これらの政治文化を生み出した背景には、二月革命の大きなインパクトがあったと考えられる。

二月革命の歓喜から第二共和政の苦悩へ

七月王政が崩壊した2月24日、共和派のルドリュ・ロランやラマルチーヌらによる臨時政府が組織され、翌日に共和政が宣言された。フランス革命と七月革命を経験してきた人々には、恐怖政治の記憶が色濃く残り、早々に政治犯の死刑の廃止が取り決められた。また、労働の権利を保障するために、失業労働者に公共土木事業を割り当てる国立作業場が創設され、「労働者のための政府委員会（リュクサンブール委員会）」が設置された。3月に入ると労働時間がパリで10時間、地方で11時間に短縮され、出版と集会の自由が認められた。そして、憲法制定国民議会選挙に男子普通選挙を導入する政令が定められた。深刻化する労働・生活環境を改善し、政治的意見を自由に表現できるようにしたこれらの改革が矢継ぎ早に決められた理由は、臨時政府が労働者たちによって支持されることで、その存在意義を保っていたからにほかならない。

臨時政府が実施し、大きな社会的影響を残した政策としては男子普通選挙の実施が注目される。4

月23日と24日に実施された憲法制定国民議会選挙において、それまでの制限選挙から、同一住所に6か月以上居住する21歳以上のすべての男性に投票権が与えられた。これにより、有権者の数は七月王政期の約25万人から約900万人へと増加した（当時の人口は約3600万人）。過去にも、男子普通選挙はフランス革命期とナポレオン期に実施されたが、いずれも政情不安や間接選挙での実施であり、定着した制度とはならなかった。フランス以外においても、普通選挙はアメリカの数州で実施されていただけであった。つまり、1848年の選挙は、男性限定ではあるが、国政選挙における世界初の直接普通選挙だったのである。

しかし、革命からわずか2か月後に実施された選挙には多くの問題が生じた。何よりも、新たに選挙権を得た人々の大半は政治的に訓練されておらず、保守的な教会や地方名望家の影響力のもとにおかれていた。結果、880議席のうち、穏健共和派（中道派）が500議席、王党派（右派）が280議席、急進共和派（左派）が100議席を占め、中道派と右派が主体となった議会は、しだいに労働者階層の意に反する政策を実行していく。

二月革命直後に、失業対策として設立された国立作業場は、仕事にありつけない多くの地方労働者をパリに引き寄せた。3月末には3万人弱であった国立作業場の登録労働者数は、5月には10万人を超え、国の財政上深刻な負担となった。6月21日、議会多数派の穏健共和派は国立作業場の閉鎖を実行すべく、登録労働者に対し、25歳以下の者は兵役に就くか、パリを離れ地方の土木工事に就くかの選択を迫った。翌日、この措置に反対した数千人の労働者たちがデモをおこない、パリ東部に多くのバリケードが築かれた。24日、議会は陸軍大臣カヴェニャック将軍に全権を委ね、蜂起鎮圧に5万の

六月蜂起のバリケード（Barricade dans la rue de Soufflot, à Paris, le 25 juin 1848）（オラース・ヴェルネ作）［ドイツ歴史博物館所蔵］

兵力を投入し、2日で蜂起の鎮圧に成功した。この六月蜂起で蜂起側の犠牲者は死者約4000名、逮捕者約2万5000名を数え、パリの人々に深い傷跡を残した。

六月蜂起により、社会秩序を維持する考えが最優先され、議会では王党派と一部の穏健共和派の同盟により右派政党である秩序党が結成された。11月4日、新憲法である1848年憲法が採択された。しかし、男子普通選挙で選ばれた一院制の立法議会と大統領による新体制には、両者の対立を調整する術がなく、この構造的な問題は、3年後のルイ・ナポレオン・ボナパルトのクーデタによって露呈することになる。

ルイ・ナポレオン・ボナパルトのクーデタ

新憲法公布の翌月におこなわれたフランス史上初の大統領選挙において、穏健共和派が推すカヴェニャックや急進共和派が推すルドリュ・ロランらに対して、74％という得票率でルイ・ナポレオンが当選した。彼は、1848年9月の憲法制定国民議会の補欠選挙後に議員となったばかりであった。そんなルイ・ナポレオンが大統領に選ばれた理由は、保守派にとっては秩序を維持する人物として、労働者階層にとっては現政権に対する反発として、そしてフランスの栄光を象徴するボナパルト伝説の体現者として、人々の支持を集めたからであった。

１８４９年5月の立法議会選挙において、７０５議席のうち右派を結集した秩序党が４５０議席を占め、左派連合である「山岳派」は２１０議席となった。この右派政権は、１８４８年の2月や6月のような労働者階層による秩序の崩壊を恐れ、言論や集会の自由を制限した。また、１８５０年5月31日法で、男子普通選挙の投票資格を同一住所に3年以上居住と改定することにより、出稼ぎ労働者を中心に約3割が有権者から除外された。

大統領であるルイ・ナポレオンは、このような右派政策に対して中立を決め込んでいたが、投票資格に関する居住制限法の撤廃を提案するなど、自らを民衆側に立つ政治家としてアピールした。大統領の任期は4年で再選は認められなかったため、権力の座から離れることを余儀なくされたルイ・ナポレオンは、再選禁止条項の撤廃のために全国を遊説した。そして、この撤廃案が否決された後の１８５１年12月2日、世論を味方につけた彼は警察と軍の協力を得て、議会の解散と居住制限法を撤廃した男子普通選挙の復活を旗印にクーデタを実行した。与党議員は次々と逮捕され、翌3日の立法議会の解散によって１８４８年憲法は失効し、事実上、第二共和政は終わりを迎えた。同月20日と21日の人民投票の結果、男子普通選挙の復活と憲法改正というルイ・ナポレオンの提案が9割を超える支持を集め、クーデタは追認された。

（岡本　託）

35 ナポレオン3世と第二帝政
――19世紀の転換期

第二帝政期の統治の特徴

ルイ・ナポレオン・ボナパルトは、１８０８年にナポレオン１世の弟ルイの第三子として生まれた。ナポレオン１世失脚後は、スイス、プロイセンで暮らし、１８３０年初頭にはイタリアの独立運動に関わった。１８３６年と１８４０年にフランスで蜂起を企てるが失敗し、投獄されることになる。その後脱獄し、イギリスへと渡り、二月革命後にフランスへ帰国した。

１８５１年12月のルイ・ナポレオンによるクーデタの翌月、新たに１８５２年憲法が発布された。そして、１８５２年11月の人民投票で9割を超える賛成票によって帝政の復活が承認され、ルイ・ナポレオンは皇帝ナポレオン3世となった。ナポレオン3世にとって、クーデタと帝政の復活が人民投票によって承認されたことが最大の力の拠り所であり、自己を正当化できるものであった。第二帝政は、重要な国家政策に対する人民投票、立法院（下院）選挙、県議会選挙、市町村議会選挙で男子普通選挙を採用した。これにより、帝政という権威主義的要素と普通選挙という民主主義的要素が結合された。これが、第二帝政期の統治の特徴である。

実際には、人民投票が実施されたのは、１８５２年11月と１８７０年5月のみであり、立法院選挙においても、政府が選別した「官選候補者」という政府公認の候補者が、知事などの地方行政当局から露骨な選挙活動支援を受け、多数当選した。また、第二帝政前半の政府は出版と集会の自由も統制し、共和派などの反体制派を陰謀罪などで粛清した。これは、抑圧的政策と捉えられるが、革命と蜂起にあけくれた社会に秩序と平安をもたらす政策でもあり、国民からの支持が得られた。一般的には、このような帝政前半の専制体制は「権威帝政」と、また政治的意見表明に対する統制が緩和された帝政後半は「自由帝政」とよばれている。

しかしながら、このような恣意的な介入があったにせよ、普通選挙が継続されたことで、第二帝政は、それまで政治に関わってこなかった人々に政治意識を徐々に芽生えさせたといえるであろう。

ナポレオン3世（フランツ・ヴィンターハルター作）［ナポレオン博物館所蔵］

第二帝政期における統治のもう一つの特徴として、皇帝、大臣、コンセイユ・デタ（国務院）からなる帝政指導部の強力な権限があげられる。特に、コンセイユ・デタは法案や行政規則を起草するとともに、両議会に先立ち法案審議をおこない、また皇帝と大臣の諮問機関として、行政に生じる諸問題も解決した。つまり、コンセイユ・デタは立法権、行政権、司法権にわたって影響力を行使する機関であった。一方、立法府である立法院と元老院は法案審議をおこなえるのみで、帝政指導部を統制する権限をもたなかった。コンセイユ・デタのような一種の官僚機構が帝政指導部に組み込まれたのは、ナポレオン3世が、官僚は皇帝と人民とをつなぐ役割を担うと考えていたからである。このことから、中央と地方の行政システムの制度化が推し進められ、システマティックな官僚機構が整備された。こうした行政的集権制により、国民統合をおこなおうとしたことも第二帝政期の統治の特徴である。

以上のように、普通選挙を用いて権力に正当性を与えることや諸行政システムの制度化など、近代国家を構成する諸要素がすでに第二帝政期に生み出されていたのである。

経済の繁栄

1847年の恐慌以来、低迷が続いていたフランス経済は第二帝政のもとで繁栄期を迎えた。ナポレオン3世は、サン・シモン主義者を経済政策に起用し、産業発展が社会的進歩をもたらすという考えのもとで、鉄道・道路建設などの公共土木事業と金融制度の改革をおこない、経済的繁栄を実現した。

まず、鉄道建設に関して、七月王政期に33社を数えた鉄道会社は、1857年には6社に整理統合され、パリを中心とした放射線状に広がる全国鉄道網の整備が推し進められた。これにより、鉄道路線は1850年の2915キロメートルから1870年には1万7440キロメートルと、20年間で約6倍に伸長した。鉄道建設は製鉄業、炭鉱業、機械工業などの発展を促し、それまで各地域内でしかなかった「ヒト・モノ・カネ・情報」のネットワークを全国規模に拡大した。このようなネットワークの発達は、パリと地方都市、地方都市と農村、そして地方都市間の精神的な距離を縮めることを可能にした。これにより、パリを中心とする文化統合の基盤が整えられ、それまでは、自らが住む地域に対するアイデンティティしかもたなかった人々に、「フランス」「フランス人」という意識を徐々に浸透させていったのである。

次に、金融制度に関して、従来の銀行は産業投資に積極的ではなかったが、１８５２年に企業融資を目的とするクレディ・モビリエと、農業や不動産業への融資を目的とするクレディ・フォンシエが新たに設立された。これに刺激されて、63年にクレディ・リヨネ、翌年にソシエテ・ジェネラルなど、今日まで続く大規模金融機関が誕生した。１８４８年のカリフォルニア金鉱の発見によってフランス銀行の金準備が増大したことも、これらの銀行設立を後押しした。

第二帝政期の経済政策において忘れてはならないのが、１８６０年の英仏通商条約である。ナポレオン3世とサン・シモン主義者には、それまでの保護貿易主義が産業の近代化を遅らせているという認識があったが、英仏通商条約を結ぶことで、フランスは輸入禁止措置の撤廃や関税の大幅な引き下げを、イギリスはブドウ酒関税の撤廃を実施した。これを皮切りに、ヨーロッパの各国間で通商条約が次々と締結され、ヨーロッパは自由貿易主義へと移行した。

外交政策による栄光と挫折

普通選挙という世論をくみ取る手続きによって政体を維持していたナポレオン3世にとって、国民の支持を得るためには対外政策で成果を収めることが必須であった。まず、１８５４年にクリミア戦争に介入し、ロシアに勝利することで、ナポレオン1世のモスクワ遠征の汚名を晴らした。そして、1859年には、サルデーニャとオーストリアの間で繰り広げられたイタリア統一戦争に介入し、ニースとサヴォワを獲得することに成功した。

第二帝政期の対外政策はヨーロッパ内にとどまらず、アフリカ、アジア、北中米大陸における植民地にも広がった。アフリカにおいては、アルジェリアでの支配を強化し、チュニジアとモロッコに対しても財政借款を通じて影響力を浸透させ、西アフリカではセネガルでの支配域を拡大した。アジアにおいては、1856年のアロー号事件の後、イギリスと協力して清と戦い、北京条約によって通商上の利権を獲得した。インドシナ半島では、1857年にアンナンを征服、1862年にコーチシナを併合、1863年にカンボジアを保護領化した。このような積極的な植民地の獲得により、第二帝政期のフランスの植民地は3倍に拡大した。

こうした第二帝政期のアジア政策の一環に幕末期の日本との関係も位置づけられる。1858年に日仏修好通商条約が締結され、駐日フランス総領事職が設置されることになった。特に、下関戦争から戊辰戦争へと続く激動の時代にこの任に当たったレオン・ロッシュは、幕府の権限縮小は日本に不安定をもたらし、通商条約の維持が困難となり、結果的にフランスにとって不利益を生むと考えた。これにより、フランスは幕府に対して、海軍工廠の建設、軍事顧問団の派遣などをおこない、軍備の近代化に協力した。幕府側もフランスとの友好関係を維持すべく、1867年のパリ万国博覧会への参加を決めたのである。

積極的な対外政策によって、国民の支持を獲得していた第二帝政政府であったが、その終焉は対外政策の失敗に起因している。まず、南北戦争中のアメリカが介入してこないとみるや、1862年にメキシコ遠征をおこない、翌年には親フランス政権をメキシコに樹立した。しかし、フランスの統治に抵抗するメキシコの人々によるゲリラ戦で戦いは泥沼化し、ナポレオン3世は1867年にメキシコからの撤兵を決意する。他方、スペイン王位継承において、プロイセン王家ホーエンツォレルン家の人物が王位を継承する計画がもち上がり、プロイセンによるベルリンとマドリードからの挟撃を危惧したフランスは、この計画に対して強硬に反対した。この問題をめぐって両国の世論が険悪になり、メキシコ遠征での失敗を挽回しようとしたナポレオン3世は、戦争への道を突き進むことになる。

1870年7月19日、フランスはプロイセンに宣戦を布告し、普仏戦争がはじまった。フランス軍23万に対して、プロイセン軍（実質はプロイセン以外の地域も加えた全ドイツ軍）は50万にのぼり、装備の質、兵站等の準備で優っていた。病を押して戦場に赴いたナポレオン3世は、9月2日、フランス北東部のスダンで8万の将兵とともに降伏し、第二帝政は終焉を迎えた。

（岡本　託）

36 首都パリの大改造
——近代都市モデルの誕生

歴史的前提

19世紀の初め、ナポレオンの時代には、首都パリとその周辺にいくつかの変化がもたらされた。パリ市域内の行政区画セクションをカルチエ（街区）に変え、地番を体系的に整備して、コンコルド広場の整備や凱旋門の建設がはじまったのである。なかでもパリを東西（リヴォリ通り→コンコルド広場→シャンゼリゼ大通り→凱旋門）、南北（オプセルヴァトワール→リュクサンブール宮、あるいはブルボン宮→コンコルド広場→マドレーヌ広場）に貫く基幹道路の建設計画が動き出し、かなりの部分で完成を見たが、中央市場（レ・アル）を核とするパリ心臓部に基幹道路が通されることはなかった。復古王政期には、セーヌ右岸の市域の内外において民間の手による高級宅地が何か所か開発された。七月王政にはいると、グラン・ブルヴァール、都心のパッサージュ（アーケード街）などの繁華街が生まれる一方で、中央市場から東にバスチーユ広場へと向かうランビュトー通りが開かれた。また、市域外縁部に配置するように7か所の鉄道終着駅が設けられていった。軍事的防衛のためには、パリ市域を大きく取り囲むように、全長34キロメートルの「チエールの壁」が築かれ、隣接諸自治体は分断の憂き目を見た。都心部への変更もあるにはあったが、大規模事業は市域の周辺部ないし外部で展開したのである。

19世紀前半期のパリ市域は「徴税請負人の壁」(1780年代に建設)で画された東西8キロメートル、南北6キロメートルほどの区域であり、そのうち都心というべき市街地は東西4キロメートル、南北3キロメートルほどといってよかった。容易に歩いて横断や縦断のできる大きさだったのである。日常的に利用可能な公共交通機関は発達途上にあり、旧来からの道路は狭くて、危険かつ不衛生であった。およそ34平方キロメートルの市域に100万の人口を数え、都心部には、中央市場、市庁舎、株式取引所、新聞社、商会、病院、乗合馬車発着所、等々の都市機能が集中し、そこに働く人びとも都心に自らの住まいを求めた。上下水道、屎尿投棄場などの施設は劣悪な状態にあった。

ナポレオン3世とオスマン

1848年の二月革命をへて第二共和政が成立した。ところが、共和政政府の指導者たちは、都市民衆や農民の期待を裏切って反動的施策を展開したから、大ナポレオンの甥、ルイ・ナポレオン・ボナパルトが大衆の支持を得るようになり、大統領選挙で当選を果たした。やがてクーデタで独裁的権力を掌握した彼は、1852年末、皇帝ナポレオン3世として即位し、第二帝政を樹立した。青年時代から首都の実態に不満をもっていた皇帝はジョルジュ・ウジェーヌ・オスマンをセーヌ県知事にすえ、帝都に相応しいパリの実現をその辣腕に託した。全幅の信頼を得たオスマンは、都心部をも含むパリの全体に改造のメスを振るっていく。

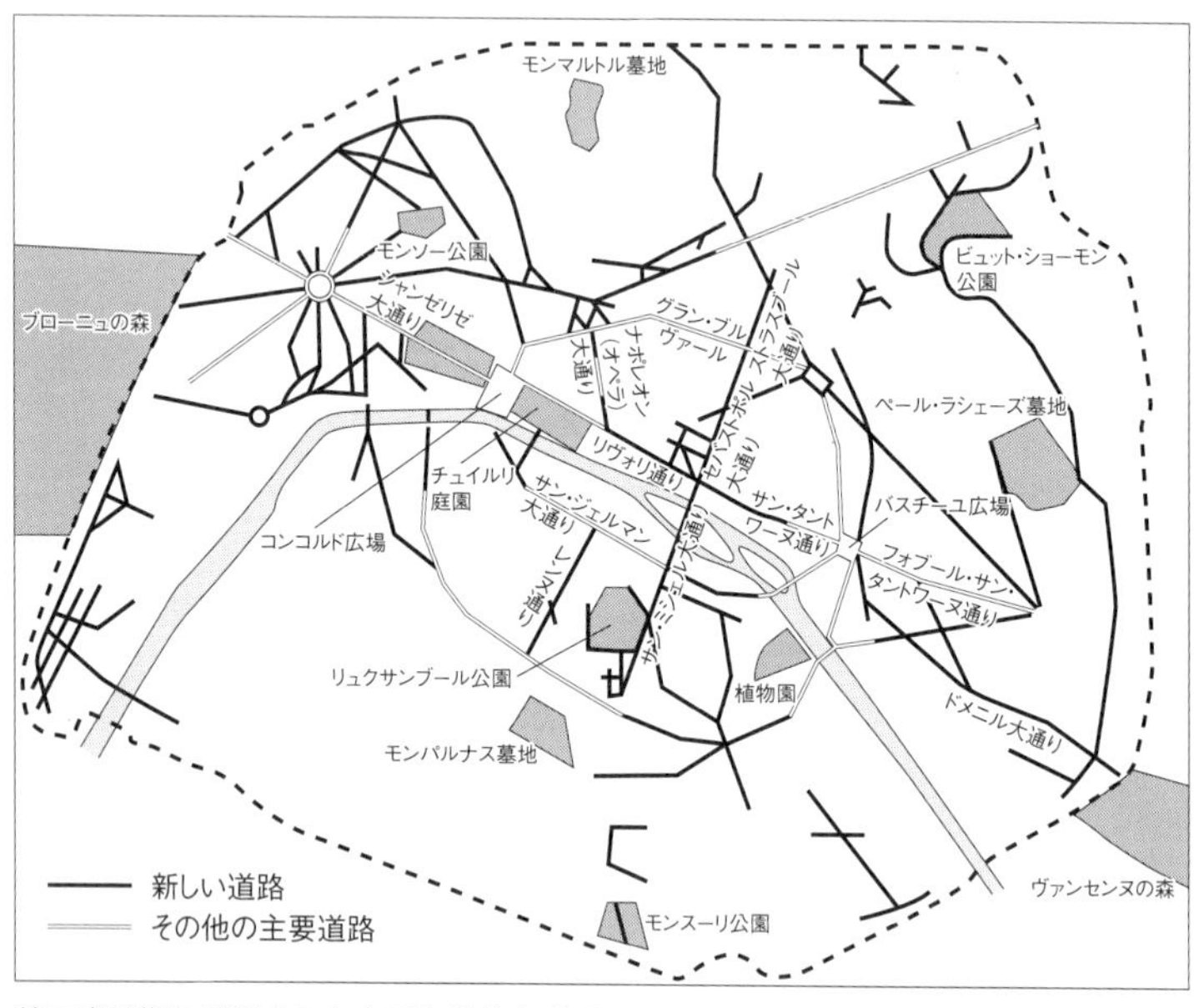

第二帝政期に建設された主要な道路と公園［出典：中野隆生『プラーグ街の住民たち』山川出版社、1999年、101頁、図18］

基幹道路網の整備

オスマンにとって最優先すべき喫緊の課題は基幹道路の整備であった。まず、リヴォリ通りをルーヴル宮の北側から中央市場付近まで延伸し、サン・タントワーヌ大通りにつないで東西に貫くセーヌ右岸の基軸を完成させた。セーヌ左岸でも、サン・ジェルマン大通りを開通させ、さらに外側に環状大通りを形成して、東西基軸の機能を担わせた。他方、南北の基軸としては、セーヌ右岸を中央市場地区からストラスブール駅（現在の東駅）まで北上する動脈（セバストポル大通り→ストラスブール大通り）を、中世以来の2本のルートの中間に切り開き、シテ島を介して、左岸を南へのびるサン・ミシェル大通りへと結び付けた。これら基幹道路には、鉄道終着駅と都心、ないし終着駅同士を結び付ける機能も託されていた。例えば、モンパルナス駅から北へ向かうレンヌ通りは同様の期待から起工されたが、サンジェルマン・デ・プレ教会や学士院に阻まれ、セーヌ河岸や中央市場に達することはついになかった。ルーヴル宮から北西へ、グラン・ブルヴァールに南面して新築されたオペラ座に向かうナポレオン大通り（現在のオペラ大通り）も、やはり、サン・ラザール駅と都心を接続する狙いが込められていた。こうして都心部の交通の流れをスムースにするためいくつもの大通りが、しばしば旧来の区画や街並を切り崩しながら建設された。

レンヌ通りの建設現場。右手の尖塔はサンジェルマン・デ・プレ教会［出典：David H. Pinkney, *Napoleon III and the Rebuilding of Paris*, Princeton U.P., 1972, plate 8］

1860年、市域が「チエールの壁」まで拡張され、「チエールの壁」の内側にはいった隣接自治体の一部区域はパリ市域に組み込まれた。その結果、パリの面積は約78平方キロメートルへと2倍以上となり、人口も約117万から約170万へ増加した。全12区で構成されていた旧来の市域に編入区域を合わせて、パリは全20区へと編成替えされ、各区はそれぞれ四つのカルチエに分割された。従来は自治体ごとに区分されていた新編入区域を相互に連絡する道路の整備も必要とされた。以後、市街地化の進展とともにパリ全体に調密な道路網が広がっていく。

民衆世界への影響

オスマンの時代には新築建造物の高さが道路幅との関係で規制されたから、都心を中心に基幹道路ぞいに5〜6階建てが立ち並ぶパリらしい景観が誕生した。表通りには公的機関や商業施設がつづき、商業施設のうえにはしばしばブルジョワ層向けのアパルトマンが設けられた。ところが、裏通りには民衆相手の食堂、商店、大衆酒場、等々がひしめき合い、そこに安価な宿や低家賃の住宅も混じっていた。徒歩での移動が当たり前の時代である。労働者や職人など、民衆層にとっては職住近接が望ましく、都心への愛着は強かったから、例えばオペラ大通りが街区を切り裂くように建設されることは、確かに老朽化した建物や住宅を更新することになったが、同時に民衆の住まいや生活の破壊を意味していた。ノートル・ダム大聖堂がそびえるシテ島でも、大聖堂前広場が拡張され、兵舎（現在の警視庁）、その他の公共建造物ができて、大勢の人たちが立ち退きを迫られた。これによって、1万5000人だったシテ島の住民は5000人以下に減少したとされている。同様の事態がパリのあちこちでおこったのである。にもかかわらず、都市改造のゆえに労働者、民衆の住まいが失われるからといって、代わりの住宅が公的に用意されることはなく、富裕層向けであれ貧困層向けであれ、住宅の建設、供給は全面的に民間の手に委ねられた。

上下水道・公園・中央市場

セーヌ川やウルク運河に依存してきた上水道については、貯水池や水道橋の整備による水質の改善、そして水道網の増設が急速に進行した。このため上水道の総延長距離は4倍になったが、河川水への依存は完全にはなくならなかった。ただ、一部ではあったが、個別の住宅に水道が引かれるようになった。他方、疫病の感染源とみなされたミアズマ（瘴気）の除去の観点から、下水道網の全面的再編がはかられた。つまり、市域内の通りそれぞれに1～2本の下水道をつくり、区域ごとにまとめて幹線下水へと導き、最終的には一本化したうえで下流の地点でセーヌ川へ放流したのである。その結果、下水道の総延長距離は倍増した。下水渠の構造を工夫して、下水の流れが滞らないようにもした。しかし、下水道と住宅の水回り設備が直結されるまでにはもう少し歳月が必要であった。

公園や緑地についての試みもなされた。旧来からの市街地におけるチュイルリ、リュクサンブール、モンソー、シャンゼリゼといった公園に手をいれる一方で、新編入区域について、北部にビュット・ショーモン、南部にモンスーリという大規模な公園をつくり、また24か所の小公園（スクワール）をバランスよく市内に配置したのである。さらに、「チエールの壁」の外側にあった旧国王狩猟地（東の「ヴァンセンヌの森」、西の「ブローニュの森」）がパリの市域に組み込まれたのを機に、動物園、植物園、競馬場などが設けられ、市民の憩いの場とする整備が進んでいった。

首都パリへの食料供給の中核機能を担う中央市場（レ・アル）は、オスマンの時代に鉄骨構造のパヴィリオンに建て替えられ、編入区域の6か所の市場やラ・ヴィレットの屠畜場と結んでネットワークを構成するにいたった。このほか、パリ市庁舎、市内各区の庁舎にも、必要におうじて手が加えられた。

歴史的意義

以上のような帝都パリの改造によって、都市基盤の整備、都市機能の向上、公衆衛生の改善などが実現した、これは確かである。都市空間編成上の合理性が全面的には貫徹しなかったものの、出現した都市は、皇帝の望みにこたえるとともに、都市ブルジョワジーの志向にも合致していた。この帝都改造では、旧来の市街地を放棄して新たな地に都市を建て直すわけではなく、また現存市街地の周縁部、隣接区域で新たに建設や整備をおこなうものでもなく、既存の市街地を広範囲に解体し、そこに家並、街並を新しくつくったのである。古くからの裏通りや路地が残されたとはいえ、これは、間違いなく、世界の都市史上の革命的な試みであった。

ただ、重大な課題が残されたことは指摘しておかなければならない。とりわけ、民衆層にとっての住宅難、階層別の住み分け（セグレガシオン）の深まりがそれである。皇帝自身は民衆向け住宅に関心をもっていたが、それがオスマンの首都改造に反映されることはなく、公的な住宅の建設、供給はまるで問題にならなかった。その結果、都心部に安い住宅を見出すことは困難になり、家賃も上昇したから、民衆層の多くが新編入区域や隣接自治体へ居を移さざるをえなかった。その結果、西部のブルジョワ地区、東部、北部、南部の民衆地区、諸階層の混在する都心部といった住み分けはかつてなく明確化した。

（中野隆生）

37 第三共和政の成立と展開
――「三度目の正直」の波乱と曲折

フランスの共和政は18世紀末のフランス革命にその端緒が求められるが、それが社会に根を下ろすに至ったのは第三共和政（1870～1940年）の時代のことである。この時期にフランスは共和政への人々の統合を進め、国民国家としての内実を整備していく。しかしこの「三度目の正直」である共和政の歩みもまた、波乱と曲折に満ちたものであった。本章ではこの歩みを第一次世界大戦前夜までの時期についてみていきたい。

第三共和政の成立

すでに第二帝政期の後半から、共和派は反体制派としての勢力を伸ばしつつあったが、第三共和政が成立した直接の契機は、プロイセンとの普仏戦争において皇帝ナポレオン3世が捕虜となったことであった。この報がもたらされた翌日の1870年9月4日、パリでは第二帝政が崩壊して共和政が宣言され、臨時政府（国防政府）が成立した。しかしこの政府が最終的にプロイセン（ドイツ）との休戦を選択したのに対して、パリではこれに反対して抗戦を求める動きが高まった。翌年3月には政府がヴェルサイユに移転して権力の空白が生じる中、コミューン議会（パリ市議会）の選挙がおこなわれ、パリ・コミューンの成立が宣言された。この自治政府は社会的共和政の実現を目指していたとも言われるが、フランスの中で孤立した反乱であり、チエール率いるヴェルサイユ政府によって徹底的に弾圧された。成立間もない第三共和政は、皮肉にもこの弾圧によって支配秩序としての人々の信頼を得ることになった。

しかし、1871年2月の選挙で成立した国民議会では王党派が議席の多数を占めており、彼らはパリ・コミューン鎮圧後に共和国大統領となったチエールが保守的共和政への姿勢を明確にすると、1873年5月にチエールを失脚させてその後任にマクマオン元帥を据え、「道徳的秩序」再建のための王党派内閣を成立させた。しかし王党派による王政復古の試みは、シンボル（旗）をめぐる内部対立から結局失敗に終わる。一方共和派はガンベッタらによる農村部での運動を通じて次第に国民議会での議席数を伸ばし、さらにボナパルト派までもが補欠選挙を通じて議席を獲得し始めた。こうした中、共和派と王党派の一部であるオルレアン派との間の提携が模索され、1875年1月、共和政という体制を法的に明記したヴァロン修正案が国民議会においてわずか一票差で可決され、王党派と共和派との妥協の産物としての第三共和政の「憲法的法律」が成立した。その後共和派は1876年の議会（下院）選挙において勝利し、これに対して王党派は翌年に首相の更迭と下院の解散によって巻き返しをはかった（「5月16日の危機」）。しかしその年の秋の選挙では再び共和派が勝利し、1879年には議会（上院と下院）および大統領職を掌握した。こうして、成立当初「公爵たちの共和政」と呼ばれた第三共和政は、その後10年近くたってようやく「共和主義者たちの共和政」となったのである。

穏健共和政から急進共和政へ

1880年代の共和政を主導したのは、基本的に穏健な立場に立つ共和派であった。彼らはより急進的な立場の共和派から「オポルチュニスト（日和見主義者）」と呼ばれて非難されたが、急激な改革ではなく「時宜にかなった（オポルタン）」政策をひとつずつ着実に実施していく方式で改革を進めていった。たとえば政治的自由に関しては、集会および出版の自由、職業組合結成の自由、さらに市町村長の選挙制などによる地方自治の拡大を実現した。また1884年には「憲法的法律」の修正によって共和主義政体の変更の禁止を決定している。なかでも彼らが最も力を入れたのは初等教育改革であり、首相および公教育大臣を務めたフェリーが中心となって、1880年代初めに初等教育の無償・義務・世俗化が実現した。

1880年代後半以降、この穏健共和政は政界スキャンダルなどによって幾度か危機的状況に見舞われることになる。その最初の重大な危機は、ブーランジスム（ブーランジェ事件）であった。これは当時ドイツに対する強硬姿勢などによって一般民衆の人気を博していたブーランジェ将軍が、あらゆる反体制勢力の支持を集めて議会共和政にとっての脅威となった事件であり、一時はクーデタ勃発の危機すら生じた。しかしブーランジェ自身が武力による政権奪取を望まなかったこともあって、事件はやがて沈静化し、共和政の危機はひとまず回避された。

一方、1890年代には、パリ・コミューン以後沈滞していた社会主義運動や労働運動が共和政に対する人々の不満を引き受けつつ発展していった。1893年の下院選挙では社会主義者が大きく躍進して諸党派の統一の動きが起こり、20世紀初めにはジョレスの率いる統一社会党が結成された。しかしこうした社会主義者の議会主義化は労働運動の側からの反発を招き、1895年には労働総同盟（CGT）が結成され、ストライキなどの直接行動による社会革命を目指す「革命的サンディカリスム」と呼ばれるフランス特有の労働運動を生み出すことになる。一方、王党派やカトリックの側ではこうした状況の中で共和政に「加担（ラリマン）」する動きが現れ、当時の政府共和派はこれを受け入れて保守化すると同時に、穏健な社会改革にも取り組む姿勢を示した。この1890年代の新たな穏健共和派は、「プログレシスト（進歩派）」とも呼ばれている。

1890年代後半になると、この穏健共和政に第二の重大な危機、すなわちドレフュス事件が起こり、共和政そのものを大きく変容させることになる。1894年にユダヤ人将校ドレフュス大尉がドイツのスパイ容疑で逮捕されたことに始まるこの事件は、5年後に彼の再審での有罪判決に対して大統領が恩赦を出してひとまず幕を閉じるが、当時の国論をドレフュス派と反ドレフュス派に二分し、フランスの政治地図を大きく塗り替えることとなった。そしてこの事件の結果、それまでの穏健な共和派に代わって、より急進的な共和派が政権を主導するに至った。クレマンソーを中心とする急進共和派は1901年にフランス初の本格的政党である急進党を結成し、修道会の教育への関与の禁止や1905年の政教分離法といった反教権主義政策に力を注ぎ、紆余曲折を経ながらも、その後第一次世界大戦前夜まで政権を担ったのである。

共和政の国民統合と対外関係

第三共和政の国内における重要課題は、フランス革命以来の懸案ともいえる、国民統合を本格的に推進することであった。その主要な手段となったのは前述の初等教育政策であり、そこでは国語や歴史、地理といった様々な教科の授業を通じて、子どもたちをフランス国民として育成することがめざされた。また教育は人々に社会的上昇（「立身出世」）の可能性を示したという点においても、共和政への統合を強化する役割を果たした。

「共和国の勝利」。1880年7月14日の国民祝祭日における閲兵式を表した版画［フランス国立図書館所蔵］

こうした国民統合は、共和政を表す様々なシンボルや祝祭などを通じてもおこなわれた。たとえば現在のフランス国歌である「ラ・マルセイエーズ」やフランス国旗である三色旗が最終的に制度化され、またフランス革命のバスチーユ牢獄襲撃の日である7月14日が国民祝祭日として定められたのは、この共和政が制度的に確立した１８８０年前後のことである。また同じ時期には共和国を象徴する女性「マリアンヌ」像が広められている。共和政による国民統合とはこのように、人々を取り巻く日常的な文化にまで及ぶものであった。

一方、フランスは１８７０年代から80年代までドイツの外交戦略によって国際的孤立を強いられており、そのため当時の共和政は国家の威信回復のために植民地の拡大に力を入れた。しかし１８９０年代以降、フランスは孤立からの脱却を目指してまずロシアと露仏同盟（１８９４年）を結び、さらにイギリスに対してもアフリカでの植民地をめぐる武力衝突を回避して１９０４年に英仏協商を成立させた。この動きはやがてイギリス・フランス・ロシアの三国協商体制によるドイツ包囲網へと結実する。１９１２年に首相、さらに翌年に大統領となったポワンカレのもとでドイツ包囲網は強化され、また兵役期間が2年から3年に延長されるなど、ドイツとの戦争を不可避とする立場からの政策が打ち出されていった。そうしたなか、国内ではモロッコ問題をめぐる対立などによるドイツへの反感や、排外的なナショナリズムの勢いが増した。これに対してジョレスなど社会主義者や労働組合の側からは戦争に反対する動きが起こるものの、反戦運動が国民の多くを捉えるには至らず、フランスはやがて第一次世界大戦という未曽有の大戦争へと突入することになる。

（岡部造史）

コラム 7

社会福祉政策の形成

西欧諸国の社会福祉において、あまり注目されることのないフランスであるが、その社会福祉政策が本格的に形成され始めたのは、イギリスやドイツなどと同じく、19世紀末から20世紀初めの第三共和政前期のことである。フランスでは18世紀末の大革命において生存権が宣言されるなど、国家主導の先進的な社会福祉が構想されるが、それらは革命のその後の後退によってほとんど本格的には実施されず、19世紀における社会福祉は、基本的に市町村レヴェルの公的扶助とカトリック教会をはじめとする様々な民間事業によって担われていくことになる。一方、当時における国家レヴェルでの社会福祉政策は、特に世紀前半においては、捨て子の保護や児童労働の規制を除けばほとんど存在しなかったと言ってよい。

しかし19世紀後半以降、工業化の進展に伴う貧困問題に対して、もはやそうした社会福祉のあり方では対応できず、さらに世紀末に社会主義運動や労働運動が激化すると、第三共和政は社会福祉政策に本格的に取り組んでいくことになる。すなわち、1880年代以降、公的扶助局や労働局といった行政機関が新設され、また無料医療扶助法、高齢者や体の不自由な者などのための扶助法、多子家族扶助法、労働災害補償法、老齢年金法といった法律が整備され、さらには公衆衛生法、10時間労働制、低廉住宅法などの法律が制定されたのである。これらの社会福祉政策は、第一次世界大戦後になるとさらに包括的な社会保険法や家族手当法に発展し、第二次世界大戦後のフランス福祉国家の基礎が準備されていく。

この時期の社会福祉政策の形成を可能にしたとされるのが、1890年代に急進共和主義の政治家レオン・ブルジョワなどによって提唱された

「連帯主義」という思想である。ルソーの社会契約論と異なり、すべての個人の間の相互依存関係（「連帯」）を前提とするこの思想は、国家の社会への介入をめぐる自由主義と社会主義との対立を克服し、そうした介入を正当化する役割を果たした。しかしこうした新たな思想に基づく社会福祉政策がただちに人々の広範な支持を獲得したわけではない。たとえば前述の労働災害補償法や老齢年金法はいずれも法案提出から成立までに20年近い年月を要し、その結果大幅な妥協を強いられることになった。特に老齢年金法はその加入の義務化に対して労働組合や共済組合などが強力に反対し、給付年齢が高く年金額が不十分ということもあって、実際には強制保険として機能しなかった。こうした点から、この時期の社会福祉政策は従来あまり評価されず、ドイツなどに比べての「遅れ」が指摘されることも多い。しかし、この時期に公的扶助がひとつの権利として位置づけられ、また「職業的リスク」という概念に基づく保険制度が初めて導入されたことは評価されるべきであろう。さらにこの時期の社会保険制度においてすでに戦後フランス福祉国家の特徴（「当事者管理主義」など）がみられるという点においても、歴史的意義は決して少なくないのである。（岡部造史）

「連帯主義」を唱えたレオン・ブルジョワ（フランソワ・バレによるエッチング、1897年）［出典：Wikimedia Commons］

38 植民地帝国の形成

――産官学連携の国家事業

フランスの植民地帝国は第三共和政期にその絶頂をむかえた。フランスは、1830年のアルジェリア進出を皮切りに、アンシァン・レジーム期の海外領土に代わる新しい植民地を求めてアフリカ、オセアニア、極東を目指した。1871年にフランスがドイツに敗北してアルザスとロレーヌの一部（モーゼル）を切り取られると、植民地拡張は、ヨーロッパの大国フランスの威信を取り戻し、国民に希望を与え、国家を潤してくれる重要かつ不可欠な政策であると確信されるようになった。こうしてフランスは壮大な国家事業として植民地の拡張と帝国の建設に邁進してゆく。その作業にはあらゆる立場から様々な人々が関わった。それゆえに、フランス植民地帝国の形成とは、フランス共和国の形成でもあり、決して切り離すことのできない近代フランスの歴史の一部として語られなければならないのである。

植民地に関心をもつ諸団体

16世紀にはじまった大航海時代に、フランスは新しい領土――新大陸のカナダとルイジアナ、カリブ海のサン・ドマング（ハイチ）、マルチニーク、グアドループ、アフリカ大陸の北部港湾都市やセネガルのサン・ルイ、西インド洋のブルボン島（レユニオン）やマダガスカル島の一部、インド亜大陸の一部など――を獲得した。その中でもカリブ海諸島のプランテーションで栽培されたサトウキビ（砂糖）と綿花や煙草、藍などは、海外貿易の主要な輸出品となり、フランスにかなりの利益をもたらした。ところが、1789年の革命によって、第一次植民地帝国は崩壊をむかえた。サン・ドマングでは1791年に自由と平等をもとめる黒人奴隷による激しい暴動が起こり、1804年には独立が宣言された。この頃、世界的に奴隷制の廃止が進められると、カリブ海の砂糖と奴隷の貿易に依存したフランスの植民地政策は完全に時代遅れになった。

19世紀のフランスは、アンシアン・レジーム期よりも広範囲に、組織的に、そして科学的に植民地の拡張を目指すようになる。学界、官公庁、経済界において植民地に関心をもつ団体が次々に創設された。学界には、1801～1945年にフランスの国内および植民地に創設されたそのような学術団体が61あったとされ、なかでも地理学協会（1821年創設）とアジア協会（1822年創設）がパイオニアであった。そのほか「植民地および外国へのフランス語普及のための全国協会」であるアリアンス・フランセーズ（1883年創設）や、植民地行政官を養成するための植民地学校（1889年創設）、東洋（アジア）の文明研究を使命とするフランス極東学院（1900年創設）などの学術団体や教育研究機関があり、これらは植民地帝国の形成に深く関わった。1887年にパリに創設されたパストゥール研究所もその一つである。生物学・医学研究を行うこの民間研究所は、1934年までにインドシナのハノイ、サイゴン、ニャチャン、ダラット、プノンペンの各都市と、西アフリカのダカール（セネガル）とキンディア（ギニア）、赤道アフリカのブラザヴィル（コンゴ）、西インド洋のタナナリヴ（マダガスカル島）、北アフリカのカサブランカ（モロッコ）とアルジェ（アルジェリア）に支部を置いた。フランスの植民地拡張は、世界中に学知のネットワークを構築することにつながり、学界における植民地研究の成果は植民地科学アカデミーの創設（1922年）に結実する。19世紀以降、植民地に関する様々な事象は学術的な研究の対象とされ、植民地に関心をもつ学術団体が生み出した「植民地学」の成果は、国内外でフランス植民地帝国の存在を知らしめることになった。

官公庁には、植民地省の創設（1894年）にともない、さまざまな諮問機関が設置された。1890年に創設されたフランス・アフリカ委員会は、政治家、軍人、教授、作家、研究者、経済人で構成され、当初はイギリスのアフリカ縦断への対抗策を検討するための諮問委員会であったが、植民地問題に詳しい地理学協会のような学術団体と協力する中で、やがてフランスの植民地全体を検討の対象とするようになった。後にエチオピア委員会、エジプト委員会、フランス・アジア委員会、フランス植民地研究所、モロッコ委員会、オセアニア委員会、フランス・アメリカ委員会などの諮問機関が設置された。これらは19世紀後半にフランスが新たにいくつかの植民地を領有したことと連動している。なお、各委員会には植民地学校を卒業した植民地専門行政官が陪席するようになってゆく。

経済界は、官公庁と連携しながら植民地に不断の関心をよせていた。1893年にフランス・アフリカ委員会は、会報において「植民地に関心をもつフランスの主要な会社の労働組合」となる結社の創設を告知し、これをフランス植民地連合と名付けた。この結社はアフリカ、インドシナ、ニューカレドニアで事業を展開する会社や銀行の関係者が中心となり、「フランスの植民地、保護国、フランスの影響下にある国々の発展と繁栄や商工業を保護する方法を研究し、代表者グループを組織し、関連する会社の利益の保護のために努力する」ことを目的とした。フランス植民地連合は、毎月、地方の会員を集めて夕食会を行い、そこで会員同士を引き合わせた。また、パリのソルボンヌ大学で週に二度「植民地教育の無料講義」を行った。また、植民地へ移住するフランス人のリストを作成し、先に現地に定住した者が後に来る者を支援する「移民自身による移民支援制度」を構築した。フランス植民地連合の活動は、植民地大臣、商業大臣、公教育大臣、代議士らの支持を得て、国民の目と足を植民地に向けさせるための教育とプロパガンダの役割も果たしていた。植民地の拡張と帝国の建設というプロジェクトは、あらゆる人材と知識の結集によって産官学が一体となった国家の一大事業として進められたのである。

植民地党とアルベール・サロー

では、この壮大な国家事業を指揮したのは誰だったのであろうか。例えば、19世紀後半にフランスがインドシナを支配する手がかりを作ったのは宣教師と海軍の軍人たちであった。しかし、１８８７年の仏領インドシナ連邦成立以降、新しい植民地の統治は本国の植民地省を中心とした文民体制の下に置かれた。前述のように、植民地省は植民地学を結集してあらゆる問題に対応するための諮問機関を設置したが、植民地統治の基本理論を決定する場は議会にあった。議会において植民地問題を得意とする議員グループは植民地党と呼ばれた。１８９３年にフランス・アフリカ委員会が会報に91人の下院議員を掲載しており、彼らが（下院議員５７６人中で）植民地党とみなされた最初の議員であったと考えられる。植民地党には、左派・右派を問わず共和派、王党派、保守派の様々な議員が入り混じっていた。議会において植民地党が超党派の政治グループとして正式に登録されるのは1910年のことであり、第三共和政期後半の植民地政策はこれらのグループを中心に推進された。

第一次世界大戦以降に植民地党内部で頭角をあらわした一人の政治家がいる。急進党所属の下院議員アルベール・サローである。彼は、内務閣外副大臣と戦争閣外副大臣を務めた実績から1911年にインドシナ総督に任命され、第一次世界大戦中には公教育大臣となり、1917年から再びインドシナ総督を務めている。1919年に本国へ帰還したサローは、植民地連合代表のジョゼフ・シャイエ・ベールやアルジェリア選出の下院議員ユジェーヌ・エチエンヌらに推薦されて植民地党のリーダーに選ばれた。この頃の植民地党には、アンリ・シモン、カミーユ・ショタン、エドゥアール・エリオ、アルベール・ルブラン、アンドレ・マジノ、マリウス・ムーテ、ポール・レイノーなど、両大戦間期に活躍した著名な政治家が多く参加していた。

アルベール・サロー（右）とヴェトナム阮朝のバオ・ダイ帝（左）［出典：Photographie de presse - Agence Mondial］

1920年に植民地大臣に就任したサローは、独自の植民地政策を展開してゆく。サローは、フランスの援助によって発展し、自立できるまでになった植民地と友好的な協同関係を築ければ、フランスの安全と経済的な利益が保障されるだろうという論理を展開した。実際、多くの植民地にフランス式の学校が建設され、そこで教育を受けた者は植民地官吏となって宗主国と祖国の発展のために貢献している。ヨーロッパを主戦場とした第一次・第二次世界大戦では、植民地で訓練された植民地兵や労働者が多数動員されている。また、宗主国と植民地の協同関係を維持するために、植民地化された国の君主や王族が長いあいだフランスに留学させられることも少なくなかった。仏領インドシナのヴェトナム（阮朝・安南王国）では、幼い頃からフランスで生活を続けてきたバオ・ダイ帝が、１９３２年にフランスの監督のもとに親政を開始している。このような政策を推し進めたサローは、植民地党の影響力を盾に、揺れ動く政局の中で、植民地大臣、内務大臣、海軍大臣、首相の職を歴任し、１９５０年代に至るまで長期にわたってフランスの植民地政策の中心的な指揮者であり続けたのである。

植民地帝国の建設というフランスの壮大な国家事業が自国や世界に与えたインパクトの大きさは必ずしも明らかになってはいない。産官学の連携やサローのような政治家が植民地帝国との関連で語られることも少ない。この国家事業に関わった様々な人々の歴史と責任について、わたしたちはもっとよく知る必要があるだろう。

（岡田友和）

39 万国博覧会と大衆消費文化
――19世紀の首都パリの形成

「万国博覧会は、商品という物神への巡礼所である」。これは、20世紀前半にパリを複数回訪れたドイツの思想家ベンヤミンの「パリ――19世紀の首都」(1935年)の一節である。19世紀半ばに誕生した万国博は、近代の大衆消費文化の成立を大きく促した。万国博は、世界の国々の「物」を一堂に集め、19世紀を象徴する一大空間を構築した。博覧会場には、最先端の機械類や製品が展示された。それらは展示されるのみならず、評価・序列づけが行われ、最優秀の品々は表彰された。また「物」だけでなく、博覧会場には参加各国から「人」が集結し、さまざまな交流関係が生まれた。各国の政府・委員会・出品者が主体となって博覧会場を準備し、そこに「巡礼」者のように集う観衆は、これら全体の展示を通じ、最先端の技術および製品、流行、未知なる世界を認識していったのである。

フランスの首都パリは、いかにして「19世紀の首都」および「巡礼所」として、近代の消費文化の発展に役割を果たしたのか。当時のパリ万国博と消費文化の展開を見て行こう。

パリ――19世紀の万国博の主舞台

パリ万国博覧会は、19世紀半ばから20世紀前半にかけて計6回(1855年、67年、78年、89年、19

00年、37年）開催された。万国博の歴史において、同じ都市で、これほど継続的に多数の万国博が開催された例は他にない。世界初の万国博を開催したイギリスでは計2回の開催（1851年、62年）に留まった。また1881年電気博、1925年アール・デコ博、31年植民地博といった特定の分野を対象とした国際博覧会もパリを舞台とした。入場者の数も1900年パリ万国博は、19世紀最多の5086万人を記録し、万国博を代表する存在となった。これは同時代のフランス本国の総人口（約4000万人）を超える驚異的な記録である。

エッフェル塔の建築をはじめ、グラン・パレ、プチ・パレ、アレクサンドル3世橋、オルセー駅（現在のオルセー美術館）など、現在も首都パリを象徴する建築物のなかには、もともとはパリ万国博のために建てられたものが多い。パリの都市開発については、ナポレオン3世に起用されたセーヌ県知事オスマンによるものがよく知られているが、第二帝政の崩壊ののち第三共和政のもとでもパリ万国博の開催を通じて、都市開発が継続的に実施されたことは付言しておくべきだろう。まさに万国博が19世紀のパリを完成させたといっても過言ではない。

万国博はどのように誕生したか

19世紀の万国博において支配的な理念となったのは、自由競争を通じた「産業」の進歩である。最初の2回のパリ万国博（1855年、67年）はナポレオン3世の第二帝政期に、いずれもロンドン万国博への強い対抗心から企画された。これらのパリ万国博は、産業発展に社会の基礎を置くサン・シモン主義者のシュヴァリエ、労働者家族に関する社会調査を実施した技師ル・プレらが主導した。

そもそも万国博の前身は、国内規模の産業博覧会であった。フランスでは、革命によって沈滞した国内産業の復興を目的に、第一共和政期の1798年に初めてパリ産業博が開催された。以来、1849年にいたるまで、半世紀間に計11回実施された。これらのパリ産業博は、国内の工業製品を展示するばかりでなく審査制度を取り入れ、最も優れた製品の出品者を表彰した。これは美術品の展示会（サロン）の方式を導入したものであり、国内の商工業者間で技術や製品の質の向上を競わせ、産業の育成を目指した。ただし、これらは「国内」規模に留まっていた。

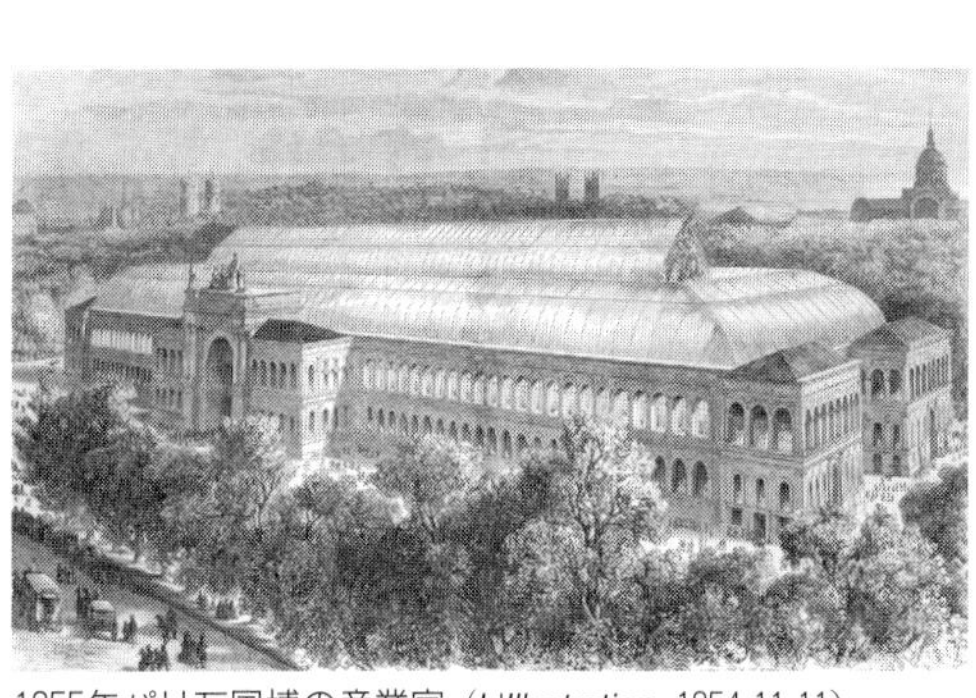
1855年パリ万国博の産業宮（*L'Illustration,* 1854.11.11）

産業博の「国際化」は、1830年代からフランスで提起されていたが、イギリスの工業力を恐れ、保護貿易を支持する商工業者層や地方行政府から反対を受けた。「国際化」に踏み切ったのは、「世界の工場」として1850年代に自由貿易の全盛期を迎えたイギリスであり、それゆえ1851年にロンドンで世界初の万国博が開催されることになった。

ロンドン万国博の成功を受け、ナポレオン3世は、1854年に予定されていた国内規模のパリ産業博を急遽取りやめ、55年にフランスで最初の万国博の開催を決定した。これが、フランスが貿易の自由化に舵を切る決定的な契機となる。60年にナポレオン3世は、保護貿易を支持する産業界の反発を退け、英仏通商条約を批准した。この条約は、輸入禁止措置の撤廃、関税の引き下げなどを定め、自由競争原理の導入による経済の近代化を目指したものであった。以来、万国博を通じた自由競争に基づく産業振興という理念が広がり、70年代から他のヨーロッパ諸国やアメリカ合衆国の諸都市においても万国博が開催されていくこととなる。

消費文化の発展

万国博は、新しい流行の発信の場となり、消費文化の拡大や都市の近代化とともに発展していった。その担い手として台頭したのがパリのブルジョワ階層である。

パリでは、18世紀末からガラス製の屋根に覆われた回廊兼商店街の「パッサージュ」の建設が流行した。ここには衣類や装身具など高級商店が立ち並び賑わった。消費の拡大は大規模店舗の出現を促し、1852年に世界初のデパート「オ・ボン・マルシェ」がパリで開店した。これにオ・プランタン、ラ・サマリテーヌなどが続いた。万国博において賞を授与された製品は、最新の流行品として、これらのデパートに陳列された。

また19世紀のフランスは、日刊紙など、印刷メディアの大規模な発展でも知られるが、その資金源として多数の商品広告があったことも注目したい。とりわけ万国博に出品し、賞を獲得することは最大の宣伝効果があった。パリや地方都市の商店についてまとめたボタンによる『商業年鑑』も19世紀を通して刊行された。また通信販売や割賦販売方式の普及により、都市から地方の町まで、さらに中産階級から労働者層まで、消費文化の裾野が広がった。

フランスの工業化

産業振興に重点が置かれた万国博は、もちろんフランスの工業化と密接に結びついている。フランスの工業化は、まず1820年代に綿紡績業の機械化から始まり、北部(ノール)、ノルマンディ、アルザスにおいて綿工業が進展した。絹織物業は、主要な輸出品として、リヨンを中心に営まれた。次にフランス産業を牽引したのは鉄道である。42年に鉄道法が成立すると、鉄道建設の第1次ブームが起こり、製鉄業の量的拡大と技術革新が進行した。これによりシュネーデルやド・ヴァンデルといった大製鉄企業が誕生し、重工業が発展した。55年パリ万国博では、産業宮および機械ギャラリーが建設され、ここに最新の機械類が展示されたのである。

1855年パリ万国博の機械ギャラリー（*L'illustration*, 1855.6.30）［出典：国立国会図書館デジタルコレクション］

産業と鉄道の発展は、パリと全国を結ぶ販路の拡大をもたらし、消費文化の中心としてパリの都市化を一層促した。ナポレオン3世は鉄道事業の再編に着手し、57年には鉄道会社を6社に整理統合し、パリを中心に全国へ放射線状に広がる鉄道幹線網を敷設した。これは第2次ブームをもたらし、51年から70年までに営業距離は5倍近くに伸長した。第三共和政期の80年代には地方幹線網が整備され、全国ネットワークをほぼ完成させた（第3次ブーム）。また鉄道に続き、パリ市内のメトロ（地下鉄）が開通するのは、1900年パリ万国博においてである。

第三共和政期には、さらに電気・化学・自動車・航空機・アルミニウムなどの新産業が台頭した。1889年パリ万国博ではエッフェル塔が建設され、ここにエレベーターや電話・電信局が設置された。1900年パリ万国博では「動く歩道」や「電気館」など、最新の科学技術を取り入れた展示が行われた。

産業芸術の振興

このように万国博の展示の目玉は、最新の機械類および製品であった。しかし生産の拡大にともなう安価で質の低い製品については、万国博で問題視され、芸術性を取り入れた「産業芸術」の生産およびその理念が重視されることとなる。フランスでは絹織物や「パリの特産品」と呼ばれる高級装飾品や装身具も重要な輸出品であり、この産業芸術の分野でフランスは成功を収めた。

フランスは1855年パリ万国博から産業・農業に「美術」を新たな展示部門に加え、これを前面に打ち出した。産業芸術振興は、第二帝政期に産業応用美術中央連合の設立（64年）、さらに第三共和政期に装飾芸術中央連合への統合

1867年パリ万国博におけるバカラのクリスタルガラス製品展示場
［出典：国立国会図書館デジタルコレクション］

（82年）に象徴される。こうした動きは、1900年パリ万国博のアール・ヌーヴォー、25年アール・デコ博など、パリを発信地とした新たな芸術の流行を生み出すことになる。最後の1937年パリ万国博が「近代生活における芸術と技術」をテーマに掲げたように、芸術は産業と並んでパリ万国博を特徴付ける重要な要素であった。

他方、第三共和政期における帝国主義の展開が、万国博での植民地展示に反映されたことも忘れてはならない。とりわけ第三共和政期の1878年パリ万国博以降、アルジェリアなど、フランス領の植民地の展示が拡大し、1931年パリ植民地博の開催につながった。

以上のようにフランスの首都パリで計6回にわたり開催された万国博は、19世紀後半の自由競争に基づく進歩という理念のもと、産業および芸術の振興、都市の近代化とともに発展し、20世紀の大衆消費文化の成立を促していったのである。

（寺本敬子）

40 フランスのユダヤ人

――「近代国民国家」フランスとの複雑な関係性

フランスへの定着

フランスにおけるユダヤ人／ユダヤ教徒の存在は、ガリア時代にまでさかのぼりうるが、１３０６年国王フィリップ４世により初めて国家によるユダヤ人追放令が出されて以降、再居住許可と再追放が繰り返されたのち、１３９４年の「最終的追放令」でフランス国内のユダヤ人居住は禁止された。

フランス革命直前になると、様々な理由で主に周縁地域にユダヤ人が住みつき、その数は４万人ほどであったとされている（当時のフランス総人口は約２４００万人）。

そうした周縁地域としてはまず、ボルドーやバイヨンヌなどの南西部が挙げられる。ここに住むようになったのはユダヤ教徒を国外追放に処したスペイン、ポルトガルから来たスファラディ系である。追放処分から免れるため改宗したものの、彼らは「新キリスト教徒」、「マラーノ」と呼ばれ、改宗後も猜疑の目を向けられた。その頃、英仏百年戦争によって荒廃したギュイエンヌ地方では、復興のためにボルドーを中心に外国人の受け入れが奨励され、彼らはこの機会を利用してフランスに流入したのであった。その後、１５５０年に居住が認められると、大西洋貿易に従事するなどして富裕になる者も多く、フランス語を話し地域にも同化した。なお、スファラディ系はアヴィニョンを中心とする教皇領にもおり、一種の治外法権のようなかたちで居住が黙認されていた。

ユダヤ人が最も多かったのは、北東部のアルザス、ロレーヌである。この地方がフランス領になったのは比較的遅く、それまでの間にポーランドなど東欧からのアシュケナズィ系が、領主の裁量により農村部を中心に定着するようになっていた。アルザスは、その大半が1648年以降フランス領になったが、神聖ローマ時代の政策が継続され、ユダヤ人追放の試みもあったものの、結局、そのままユダヤ人の居住が認められた。この理由の一つとして、後述するメス同様、国境地域に駐屯する軍隊への供給商などとしてのユダヤ人の役割を政府は無視できなかったことが挙げられる。ロレーヌに位置するメス、トゥール、ヴェルダンの三司教領では、フランスに占領された後、要塞としての体裁を整えるため、1567年に軍馬などの供給商としてユダヤ人のメス居住が認められた。他方、ロレーヌ公領では、1766年にフランス領になる前からナンシー周辺にユダヤ人が居住していた。アシュケナズィ系は、一部の例外を除けば貧しく、非ユダヤ人農民相手に金貸しや行商を営んでいた。また、イディッシュ語を話すなど、南西部に比べるとユダヤの伝統により忠実であった。そのほか、実はパリにもわずかながらユダヤ人が居住していた。

ユダヤ人の「解放」

こうしてユダヤ人はフランスに定着するようになったが、あくまで居住が認められていただけで、フランスにとっては自治的な集団を成す「よそ者」でしかなく、周囲の差別や偏見の的となっていた。

以上のような状況に変化が生じたのは、啓蒙思想の流行とそれに続くフランス革命が契機であり、旧来の偏見や不平等に対する異議申し立ては、宗教的不平等の問題にも向けられた。ハプスブルク領を追われたユダヤ人がベルリンに形成した共同体にも啓蒙思想（ハスカラと呼ばれた）が広まっており、それはユダヤの伝統や慣習を改革してキリスト教徒との共存を図るものであった。１７８７年は、メス・アカデミーが「ユダヤ人をフランスでより有益かつより幸福にする手段はあるのか」というテーマで懸賞論文の募集を行い、ミラボーがハスカラの中心的人物であったベルリンの哲学者モーゼス・メンデルスゾーンを紹介する著書『モーゼス・メンデルスゾーンとユダヤ人の政治的改革』を出版した年である。啓蒙思想家によれば、ユダヤ人が差別されているのは信仰や慣習の「後進性」の故であり、差別を撤廃するにはユダヤ人の「再生」が必要であった。

１７８９年8月26日に採択された人権宣言の第10条は、信教の自由を認める条文と解釈された。これに基づき、ユダヤ人に対しても非ユダヤ人と同等の法的地位が与えられるかどうか議会で議論された。その処遇のあり方については、クレルモン・トネル伯による「ナシオンとしてのユダヤ人にはすべてを拒否しなければならず、個人としてのユダヤ人にはすべてを認めなければならない」という発言が有名であるが、どういう形であってもユダヤ人を平等に扱うべきでないという意見や、アシュケナズィ系と同等に見られたくないとするスファラディ系からの抗議運動などで、議論はなかなか進まなかった。その結果、ユダヤ人が非ユダヤ人と同等の法的地位を獲得したのは、スファラディ系が１７９０年1月、アシュケナズィ系が１７９１年9月のことであった。これをユダヤ人側は「解放」と呼んだが、彼らに対しては同時に自治権の放棄と国家への忠誠が求められるようになった。

19世紀フランスのユダヤ人社会の枠組みを構築したのはナポレオンである。彼は、１８０６年に国内のユダヤ人名士層をパリに集め、ユダヤ人はフランス市民としてふさわしい存在足りうるかどうかを確認するため、12箇条の質問状を出した。また、翌年2月には古代イスラエルの最高司法機関であった「大サンヘドリン」を開催し、フランスの法がユダヤ教の法に優先することを確認させた。こうして、1808年3月、すでに公認宗教となっていたカトリック、ルター派、カルヴァン派に加えて、ユダヤ教も公認宗教とされた。そして、信徒を監督し「再生」させる組織として、パリに中央長老会が、また、ユダヤ人が原則2000人以上住む県に地方長老会が設置された。こうして、ユダヤ人は独自の民族的共同体としてではなく、ユダヤ教を信仰するフランス市民として位置付けられたのである。一方で、やはり1808年に、事実上北東部のユダヤ人を対象に、ユダヤ人の経済活動を制限する「恥辱令」が公布された（10年の時限立法）。また、公認宗教体制下では神父や牧師に国家から俸給が支払われたが、ラビへの俸給支払いは1831年まで実現されなかった。一部の地域ではユダヤ人が裁判に臨むとき「モーレ・ユーダイコ」と呼ばれる特別の宣誓をしなくてはならない、という差別的措置も1846年まで続いた。ユダヤ人に平等な法的地位が認められたのは19世紀半ばになってからのことである。

「解放」後のユダヤ人とドレフュス事件

「解放」以降、フランスのユダヤ人は、自然増や外国からの移住により大幅に増加し、社会的地位の上昇も実現して「同化」が進んだといわれる。オート・バンクの代表格であるロトシルト家はもちろん、鉄道建設への出資やサン・シモン主義者としても知られるペレール兄弟など、銀行業における

第一次世界大戦時のアルジェリア系ユダヤ人兵士と従軍ラビ［フランス・ユダヤ中央長老会文書館所蔵］

ユダヤ人の重要性は有名であるが、弁護士、出版業、音楽家や俳優などとして活躍する者も多かった。大臣、将校、軍医といった公職に就くユダヤ人もいた。こうした中でユダヤ人たちは旧来からの「ジュイフ」という呼称が偏見を招くとして、自らを「イスラエリート」と呼ぶようになった。１８６０年に発足した世界イスラエリート連盟は、中東、バルカン、北アフリカなどのユダヤ人の状況改善を目指す団体であったが、その設立の背景に、フランスのユダヤ人の状況が安定したことがあった。また、１８７０年に公布されたクレミュー法により、フランスの植民地となっていたアルジェリアの土着のユダヤ人にフランス市民権が付与された。

普仏戦争の敗北でアルザスとロレーヌの一部がドイツ領になり、また１８８０年代から本格化したロシアでのポグロムから逃れてきたユダヤ人が大量に流入したことで、19世紀末フランスのユダヤ人社会は大きく変容した。

ドレフュス事件が起きたのはそのような時期である。アルザス出身のユダヤ人将校アルフレッド・

ドレフュスがドイツのスパイとして告発されたこの冤罪事件は、ヨーロッパのどこよりもユダヤ人が「同化」していると考えられていたフランスでも、反ユダヤ的風潮が根強く残存していることを示す象徴的な出来事であった。フランスのユダヤ人社会は、この事件に複雑な反応を見せた。長老会はドレフュスを擁護する態度を公的に示すことはなかったが、それは自分たちが声を挙げることでさらに反ユダヤ主義が助長されることを恐れたからだといわれている。もちろん、ドレフュス側に立って積極的な運動を展開した者も少なくなかった。他方、ドレフュス事件を機に本格化したシオニズム運動は、フランスでも特に新しく流入したユダヤ人の間に広まったものの大きな潮流とはならず、ドレフュスの復権以後、改めてユダヤ人は祖国フランスに忠実な態度をとり、第一次世界大戦へも積極的に関わっていく。

ヴィシー期の反ユダヤ政策

しかしながら、第二次世界大戦下、ヴィシー政権による反ユダヤ政策は、ユダヤ人の思いを裏切る形となった。1940年10月の法でユダヤ人が「人種」として規定され、公職就任が禁止されたことを皮切りに、医師や弁護士など様々な職業から締め出され、資産も没収された。クレミュー法も同じく1940年10月に廃止された。そして、1941年5月、登録のためにパリ警察からの呼び出しに応じて集まった外国籍ユダヤ人6694人がその場で拘束され、収容所へ移送される事件が起き、これを機に「ユダヤ人狩り」が実施されるようになった。悪名高い1942年7月16日のヴェル・ディヴ事件では、子供4000人ほどを含む1万3000人以上が一斉に検挙された。また、同年3月27

ナチスによって破壊されたストラスブールのシナゴーグ［フランス・ユダヤ中央長老会文書館所蔵］

日に最初に実施されたアウシュヴィッツへの移送は、パリ解放直前まで続けられた。ただし、レジスタンス運動に参加した者や非ユダヤ人に匿われた者もかなりいたようで、生き残ったユダヤ人の割合は他のヨーロッパ諸国よりは高かった。それでも、フランスにいた30～35万人のフランス籍、外国籍のユダヤ人のうち、約7万6０００人が犠牲になったといわれている。

（川﨑亜紀子）

第Ⅳ部 現代

41 第一次世界大戦とフランス

――崩されゆく国民的神話

フランスにおいて、第一次世界大戦は一つの国民神話となっている。団結して敵を迎え撃ち、祖国を守り抜いたという神話である。1914年に開始された戦争は、フランスではその最中から「大戦争（グランド・ゲール）」と呼ばれた。1945年の「第二次」の終結後も、現在に至るまで「大戦争」といえば1914年の戦争を指す。第一次大戦の衝撃の大きさと、それが国民的記憶に深く刻まれていることを、その呼称は端的に物語っている。休戦協定が締結された1918年11月11日という日付が、その象徴だ。この日付は1922年に国民の祝日に制定され、2012年には第一次世界大戦だけでなく「フランスのために命を落としたすべての人びとに敬意を表する日」と、位置づけが格上げされた。今やあらゆる戦没者の追悼記念日となっているのである。では、そもそもフランスはどういった経緯でこの戦争に関わることになったのか。

なぜフランスは参戦したのか

1914年8月3日、ドイツから宣戦布告を受けたことで、フランスは戦争に突入した。明確なのは、フランス参戦の背景にドイツとの対立があったことである。仏独対立といえば、1870～71

年の普仏戦争が想起されよう。この時、敗戦しアルザス・ロレーヌをドイツに奪われたフランスに、反独感情が刻印されたことは確かである。しかしフランスが1871〜1914年の間、絶えず仇敵ドイツへの復讐心を燃やし続け、1914年に念願かなって漸くそのチャンスを摑んだと理解するのは誤りである。この40数年の間に、ヨーロッパ諸国はそれぞれに海外領土獲得を目指し、欧州内での直接的な武力衝突を避けて利害調整を行いつつ、勢力範囲を確定していった。その中で、仏独関係が改善に向かった時期もある。しかし、次第にヨーロッパの国際関係は両極化し、仏独は改めて敵対する形となった。その両極化は、同盟国（独墺）と協商国（英仏露）という二つの陣営に体現されていった。

20世紀を迎えた時点で、フランスの唯一の同盟相手はロシアだった。1890年代初頭から両国は連携し（露仏同盟）、軍事的にも経済的にも密接なつながりを構築していた。他方、英仏は植民地保有国としてなお競争関係にあった。その競争関係を解消し、同時に仏独関係を改めて悪化させる転機となったのが、モロッコ事件である。

最重要の植民地アルジェリアの統治を盤石にするため、フランスはモロッコへ支配の手を伸ばそうとしていた。これにドイツが容喙（ようかい）し、挑発的な行動を取った事件である。きっかけは1904年の英仏協商の締結だった。ドイツの伸張を懸念して孤立政策を棄てたイギリスと、フランスが歩み寄ったのだ。この時イギリスがフランスにモロッコでの優先権を認めたことに、ドイツが不服を示した。1906年、国際会議でフランスの権益が確認されると、翌年、対仏友好および対独警戒という共通点をもつイギリスとロシアが、やはり長年の敵対関係を解消するに至った（英露協商）。こうして三国協商が成立する。１９１１年に再びドイツがモロッコ問題に干渉した際、ロシアは動きを見せなかったが、イギリスは明確な反独親仏の姿勢を示した。そのおかげもあり、フランスは北アフリカにおける優位を確保したが、他方で仏領コンゴの一部をドイツに割譲せざるをえず、不満は残された。とりわけ１９１１年の危機を経て、フランスの反独感情が増幅したことは間違いない。仏独戦争再現の可能性がいっそう強まったのである。

しかし、そうした経緯があったとしても、第一次世界大戦は直接的な仏独間の戦争として勃発したわけではない。バルカン半島における民族問題が直接の要因である。サライェヴォ事件を経て、１９１４年７月28日にオーストリア・ハンガリーがセルビアに宣戦布告したことで、開戦した。このオーストリアの長年の同盟相手がドイツだった。ドイツという後ろ盾があったからこそ、オーストリアは開戦に踏み切った。一方セルビアの背後には、スラヴ民族の利害を守ろうと独墺への敵愾心を露わにするロシアが控えていた。ロシアが７月30日に総動員令を発したことを受けて、ドイツは８月１日にロシアに宣戦した。同日、ロシアと結んでいたフランスでも総動員が発令された。つまり形のうえでは、同盟国ロシアが戦争に突入したために、フランスもこの戦争に関わることになったのである。

１００周年を迎え、活況を呈する第一次世界大戦研究において、フランスは主要参戦国の中でも受動的に参戦せざるをえなかった国として説明されることが多い。しかし、戦争勃発にフランスがまったく関係なかったわけではない。開戦直前、大統領ポワンカレはロシアを訪問し、７月22日の挨拶で両国の「破棄されることのない同盟」に言及した。外交戦略上ドイツに対抗するためにはロシアとの連携が不可欠だと確信していたポワンカレの脳裏には、１９１１年のモロッコ危機をロシアが静観していたことへの懸念があった。彼の訪露は、仏露の結びつきを再確認するという意味合いを帯びていたのである。したがって当時の状況からすれば、ロシアにとってポワンカレの発言は、対独墺戦争に踏み切った場合にもフランスが味方に付いてくれることの確約となりえた。しかもフランスは戦争に備えて、すでに1913年7月に兵役期間を2年から3年に延長する法案を可決させていた。開戦の直接的な責任がないとしても、仮にドイツを相手取る戦争が起これば、フランスはそれを回避するのではなく、受けて立つ用意を確実に進めていたのである。

何のためにフランス人は戦ったのか

こうして始められた戦争に、本当にフランスは一致団結して臨んだのだろうか。

「神聖なる団結（ユニオン・サクレ）」。フランスが一丸となって参戦したことの象徴としてしばしば言及されるこの表現は、1914年8月4日のポワンカレ大統領の教書に由来する。「敵を前にしての神聖なる団結は、何ものによっても破壊されることはないだろう。彼ら〔フランスの兵士たち〕は今、侵略者に対する共通の怒りと共通の愛国心によって、兄弟のごとく一体となっているのである」。この呼びかけに応え、国民の多くが戦争に協力したことは事実である。

戦争に反対した者がいなかったわけではない。その筆頭が社会党（SFIO）の指導者ジャン・ジョレスだった。彼はドイツの社会主義者とも協力して反戦運動を展開し、最後まで戦争阻止のために奔走したが、1914年7月31日、愛国主義者の青年に暗殺されてしまう。彼の葬儀で、労働総同盟の書記長レオン・ジュオーは「歴史がわれわれに遺した文明と高潔なイデオロギーの遺産を守るために、

表　第一次世界大戦とフランス

開戦時の人口	3900万人（うち男性1900万人）*1
動員された兵士*2	870万人（うち植民地から動員された者60万7000人）
戦死者	140万人（うち植民地出身兵7万5000人） これにより寡婦70万人、孤児76万人が生みだされた
負傷者	420万人（手足を失った者30万人）
戦争捕虜になった者	53万人
軍事法廷で死刑宣告を受けた者	2500人（うち650人は銃殺刑。死刑判決の理由は不服従など）
軍需工業労働者	170万人（1918年時点）
動員された労働者	兵士として動員中の労働者49万7000人*3、女性43万人、老齢男性42万5000人、18歳未満青少年13万3000人、植民地および中国からの労働者22万人、戦争捕虜4万人

＊1　数値はいずれも概数。数値は不確定であり、研究によってばらつきがある。
＊2　全体としては、世界各地から動員された兵士6500万人、戦死者1200万人、負傷者2500万人。ドイツ（開戦時人口6400万人）はそれぞれ、1320万人、204万人、420万人。
＊3　労働力不足を補うため、熟練工などは兵士として動員された状態のまま軍需工場に配属された。

侵略者を押しやるべく立ち上がる」と述べ、「神聖なる団結」に社会主義者も賛同する意思を表明した。こうして政治レベルでの合意が成り、挙国一致内閣が結成された。

予測に反して長期となった戦争を戦い抜くため、総力戦体制が敷かれていく。前線の兵士だけでなく、銃後で戦争を支える労働力として女性、子ども、老齢者、外国人などが動員された。報道では敵国ドイツの野蛮さが宣伝され、学校では戦争を題材とした授業が行われるなど、戦争は日常化していった。その中で、皆が一様に熱狂して参戦したわけではないし、総力戦体制への関わり方も様々だったことは、近年の歴史研究が明らかにしている。それでも、当時の人びとにとっては政府の求めに応じることが自然であると思えるような国民意識が形成されていたことは強調されていいだろう。

第三共和政では、男性普通選挙や公教育制度、共通の歴史観などをつうじて、市民に義務と献身の精神が涵養され、祖国の観念が植えつけられていた。国民としての同胞意識があったからこそ、ある程度の一体性をもって、人びとは戦争に協力することができた。なぜなら、祖国が敵から攻撃を受けているからである。それが戦う理由であった。

すでに引用したポワンカレとジュオーの発言に、フランスの戦争目的は端的に示されている。彼らは「侵略者」ドイツを「押しやるべく」、祖国を「防衛」するために戦ったのである。実際に戦場となっていたのはフランスの領土であり、それはドイツが自国に侵略している事実を明証していた。北東部では250万人もの住民がドイツ軍の占領下に置かれていた。それらを伝える新聞報道に誇張が含まれていたとしても、侵略者から祖国を守るために自分たちは戦っているのだと、フランスは信じていた。そして、フランスという国家に帰属する者として、それに力を注ぐことは当然のことであると認識されたのである。

ロレーヌ地方エピナルで流布したカリカチュア(1915年)。「古代ゲルマンの神々のなかで最も野蛮な」トールが町を破壊する姿が描かれている
［出典：gallica.bnf.fr/ Bibliothèque nationale de France］

11月11日という日付は、じつはそのことを最も雄弁に表している。この日付は、戦争の終結ではなく、休戦した日を示すものだ。戦争そのものは休戦協定の後、1919年1月からパリで講和会議が開

催され、同年6月28日に講和条約が正式に調印されたことで終結する。しかしフランスの国民的記憶として大切にされているのは、戦勝が確実になった時＝講和の日ではなく、停戦が実現した時、つまり祖国防衛が果たされた日なのである。

だが、開戦責任からフランスが完全に免れるわけではないように、一致団結や防衛戦争という神話は必ずしも正当な歴史理解とはいえない。例えば、4年間でフランスが動員した870万の兵士の中には約60万人の植民地出身者が含まれているが、彼らは本国のフランス人ほどに、共和国への義務や献身の感覚をもっていたわけではないだろう。1918年11月11日という日付にしても、それは西部戦線における休戦だったにすぎない。実際にはその日以降も、戦闘が継続していた地域はある。さらに、フランス人が「侵略者」と信じて疑わなかったドイツ人のほうも、当時は敵に囲まれた自分たちこそが防衛戦争を戦っているのだという意識をもっていたことが明らかにされている。

パリのシトロエンの工場で砲弾製造のために働く女性労働者たち（1915年9月）［出典：Nicolas Beaupré, *Les grandes guerres 1914-1945*, Belin, 2014, p. 161.］

こうして歴史研究の進展とともに徐々に神話は崩されつつあるが、それでもやはり重要な出来事として「大戦争」はフランスの記憶に刻まれている。

（南　祐三）

42 両大戦間期のフランス
——体制崩壊の危機を乗り越え、社会の分裂を招いた20年

二つの世界戦争をつなぐ両大戦間期は、フランスにとってどのような20年だったのか。1919～39年がフランスにとっても「二つの大戦の間の時期」であることに変わりはなく、第二次世界大戦前史として重要な出来事が様々に起こった。その中でも第一次世界大戦という体制崩壊の危機を乗り越えたフランスが、社会の変容に直面し、政治的に引き裂かれていった展開に注目しよう。まずは、一度視野を広げ、近現代フランス史の特徴の一つである政治体制の転換という観点から、この20年を位置づけておこう。

近現代フランス政治史の中の「両大戦間期」

近代以降のフランスは、繰り返し政治体制の転換を経験してきた。本章で扱う時期までに限定すれば、転換の主な要因は、①革命（1789年、1830年、1848年）、②クーデタ（1799年、1851年）、③戦争（1814年、1870年、1939年）の三つに大別できる。第一と第二の共和政は国内の革命をつうじて樹立され、それぞれクーデタを経て帝政へと移行した。その第一と第二の帝政はともに、対外戦争の敗北によって終焉した。第一の帝政の敗北後には君主政が立て続けに樹立され、第二

の帝政の敗北後には三番目の共和政が成立した。そしてこの三番目の共和政もまた、1940年の敗戦によって崩壊する。こうした政治史的な見方は、多角的な解釈を要する歴史の一側面であるにすぎない。けれども、むろんフランスに限らず、国家体制の変遷はやはり一国の歴史にとって重たい出来事であり、その重たい出来事をもたらすのは革命や戦争といった大きな事件なのだということは改めて確認されていいだろう。

ともあれ、「戦争の世紀」といわれる20世紀史の中で「両大戦間期」と規定される20年は、フランス史の文脈では三番目の共和政の後半の20年に相当する。70年続いたこの第三共和政は、現在の第五共和政までを含め、今のところ近代以降のフランス史上で最も長く続いた体制であるが、その途中にして最後の20年だった。第三共和政は敗戦と敗戦によってつながれた体制だったともいえるが、「両大戦間期」という区分に着目した場合、二つの敗戦の間にあるもう一つの戦争、すなわち第一次世界大戦を起点としていることには改めて注意を要する。別の角度からいえば、未曽有の規模で展開された第一次世界大戦は体制崩壊の重大な危機であったにもかかわらず、フランスに政治体制の転換をもたらさなかった。なぜなら、フランスは戦争に負けなかったからである。

1920年代の国際社会におけるフランスの存在感

戦争に負けなかったフランスが、大戦後の新たな国際社会の中で牽引役を務めた時期もある。仏独を中心とした地域圏の安全保障を取り決めたロカルノ条約（1925年）と全面的な戦争放棄を謳い、最終的に63か国の賛同を得たパリ不戦条約（1928年）は、この時代にフランス主導で試みられた平和に向けた努力の象徴として特筆すべきだろう。それらは１９２５年に首相兼外相となったアリスチード・ブリアンの尽力によって実現した。彼はそれまでフランス政府が採ってきた対独強硬策を協調路線へと転換させ、ドイツの国際連盟入りを後押しし、ノーベル平和賞まで受賞した。この時期には頓挫したものの、ヨーロッパの連合構想を抱いていたブリアンは、第二次世界大戦後に本格化するヨーロッパ統合の先駆者の一人として位置づけられてもいる。

しかし、両大戦間期全体を俯瞰すると、国際的な駆け引きにおいてフランスは受動的な対応に追われることが多く、主導的な力を発揮することはできなかった。その根本的な要因は、第一次世界大戦がフランス社会に残した深い傷跡にある。戦争は、勝った国に傷跡を残さないとは限らない。勝とうが負けようが、関わった分だけ深い傷を負わせる。戦争で疲弊しきった社会に活力を取り戻させることが１９１９年以降のフランス政治の第一の課題であった。しかし傷跡の修復作業中にも次々と噴出する問題への対処を迫られるうちに、フランスはその内部でいつの間にか深く引き裂かれ、やがてもう一つの戦争に直面することになる。

「平和を信じるフランス」。1925年にドイツを再びヨーロッパに迎え入れたブリアン（『ル・プティ・ジュルナル』の風刺画、1929年）［出典：*Le Grand Larousse de l'Histoire de France*, Larousse, 2015, p. 514.］

変わりゆく社会

第一次世界大戦でフランスが被った損害の中で、とりわけ深刻だったのは人口＝労働力問題だった。戦死者140万人という人的損失は、以前からの慢性的な人口増加率の停滞とあいまって、労働力不足を悪化させた。戦後、主に対米負債を抱える債務国へと成り下がったフランスにとって経済復興は喫緊の課題であった。しかし、それを担うべき働き盛りの世代が多く失われたうえに、大きな戦争の後に起こる傾向が強い急激な人口増加現象がこの時期のフランスでは起こらなかった。こうしたゆゆしき事態に直面して、政府は外国人労働者の受け入れという19世紀以来の伝統的な対応策を採用した。ただし、その規模はそれ以前と大きく異なる。1920〜35年の間にフランスは200万人以上もの外国人労働者を受け入れ、1931年の時点で在留外国人は270万人（全人口の6・6％）にまで増加した。「祖国防衛」のための戦争に身を捧げた国民とは異なる人びとが、国内に流入してきたのである。この時期に迎え入れられた外国人は、イタリアなどの近隣諸国だけでなく、ポーランドやチェコスロヴァキアなど中東欧出身者が多い。より遠く離れた地からやってきたスラヴ系の人びとの増大は、フランス社会の民族的な多様性を強めることとなった。政府は外国人に給与などの面でフランス人と同等の労働条件を保証し、その甲斐あって、彼らの労働力は経済復興を支えた。産業の要所である北部工業地帯が戦争で荒廃したことは大きな痛手だったが、天然資源の豊富なアルザス・ロレーヌが返還されたこともあり、重化学工業を中心として1920年代のうちに経済は著しい成長を見せた。

体制への不満と社会の分裂

在留外国人のフランス社会への定着を促すべく、政府は1927年に国籍法を改定し、帰化要件を緩和させた。その背景には、国籍保持者を増やし、潜在的な兵員を確保したいという国防上の要請があった。1940年までに、約60万人が新たにフランス国籍を取得することとなる。しかしこうした措置を採れば、フランス人の中の「異質な」要素はいきおい増大し、国民としての共通意識を形成することは困難になる。この点を憂慮する極右やナショナリストが排外主義を唱えた。彼らにとって、フランス人における民族や血筋の多様化は、フランスの「弱体化」や「退廃」と同義であった。こうした国民としてのアイデンティティの危機意識に加え、1930年代に訪れた経済危機が外国人嫌悪の風潮をいっそう高めた。1929年10月のニューヨーク市場における株価暴落に端を発する世界恐慌の影響が、1931年にはフランスにも波及したのである。これにより失業者が増大すると、職を奪いあう競争相手として外国人が敵視された。事実、1931～36年にかけて、フランス人就業人口に占める失業手当受給者の割合が2％から4％へと上昇する一方で、外国人就業人口も3・6％から7・8％へと増加している。ナショナリストは威勢よく、そうした現状をもたらした政府の政策を攻撃した。

1934年、反体制派の不満はついにパリで爆発する。1932年頃から露呈し始めた政治制度の機能不全や金融スキャンダルによってすでに社会情勢は不安定化しており、極右を中心とする反体制派のデモが頻発していた。ついに1934年2月6日、デモ隊と警察とが衝突し、15名の死者と1500人近い負傷者を出す事態となったのである。このパリ騒擾事件は、戦間期フランスの大きな転換

1934年2月6日のパリ騒擾事件［出典：Nicolas Beaupré, *Les grandes guerres 1914-1945*, Belin, 2014, p.706.］

点となった。左翼の目に、この騒乱はファシズムの暴動と映り、危機感を高めた彼らは「反ファシズム」を旗印に結集していく。ヨーロッパ各地にファシズムが広がる中で、1933年1月のナチ政権成立に甚大な危機意識をもち、各国共産党に他党との共闘を促していたコミンテルンの方針もこれを後押しした。こうして内外の情勢が絡み合う中、フランスでは社会・共産・急進社会の左翼主要三党が連携し、人民戦線政府が成立した。1936年5月、共産党の閣外協力を得て、社会党党首でユダヤ人のレオン・ブルムが首班を務める内閣が成立したのである。

分裂したフランスに待ち受けていたもの

ヴェルサイユ体制に不満を抱えるドイツやイタリアによって揺さぶられていた1930年代の国際情勢の中で、フランスは公式には反ファシズムの陣営に身を置くこととなった。他方でこの展開は、逆説的に、反共や反ユダヤ主義に特徴づけられる極右やナショナリストをいっそう勢いづかせた。フランスは社会的にも政治的にも、深く分裂していくのである。

この分裂状態は特に、領土拡張に邁進するドイツへの対応という点においてフランスの致命傷となった。ナチ・ドイツはすでに、再軍備宣言（1935年）やラインラント進駐（1936年）といった形で1919年以降に構築された国際協調の新ルールを平然と無視していた。さらに1936年に勃発したスペイン内戦ではイタリアとともにフランコ軍へ支援を行い、1938年3月にはオーストリアを併合するに至った。これら新たなドイツ問題に直面しても、フランスの人民戦線政府は国内世論をまとめて、1914年の時のような国民的団結を促すことができなかった。経済不況からの回復も遅れ、国家の活力が低迷したままのフランスは、戦争を避けるためにイギリスと歩調を合わせるということにしか有効な手段を見出せず、対独譲歩を重ねていったのである。チェコスロヴァキアを犠牲にし、結局は同国の解体を招いたミュンヘン会談（1938年9月）はその頂点だった。対独譲歩を重ねた末に待ち受けていたのは、1939年9月1日のドイツ軍によるポーランド侵攻、すなわち第二次世界大戦の勃発だった。

先の大戦の時とは異なり、フランスは国を挙げて一致することができないまま、二つ目の大戦に引きずり込まれていった。こうして第三共和政最後の20年は、二つの大戦の間の時期と重なっていくのである。

（南　祐三）

43 第二次世界大戦と占領されたフランス

――国民革命か共和的合法性か

引き裂かれたフランス

フランス人にとって第二次世界大戦はいまだに「過ぎ去らない過去」である。1987、94、98年の三度、ユダヤ人を迫害した3名が人道に対する罪で裁かれた。95年にはシラク大統領が、ユダヤ人迫害に対する国家の責任を認め、「時効のない負債」について語っている。ユダヤ人迫害者に耳目が集まった20世紀が終わり、21世紀にはユダヤ人救済者に光があてられるようになる。2007年、シラク大統領は共和国の霊廟パンテオンでユダヤ人を助けた「正義の人」を称える式典を挙行した。2015年にはオランド大統領が、ピエール・ブロソレットらレジスタンスの英雄4名のパンテオン移葬式典を執り行った。レジスタンス英雄のパンテオン入りは、1964年のジャン・ムーラン以来のことである。これらの裁判や式典には、その時期の政治社会状況と戦争の記憶をめぐる葛藤が示されている。葛藤が生じたのは、ナチ占領下のフランスが引き裂かれていたからである。1940年6月の休戦協定によってフランスは占領地区・併合地区・自由地区に分断された。フランス人も協力派・抵抗派・沈黙派に三分されたが、ヴィシー対独協力政権の支持者が抵抗派に転じたように、3派の境界は曖昧であった。さらにヴィシー派の中にも親独派と反独派があり、抵抗派もド・ゴール派・反ド・ゴール反ヴィシー派・ヴィシー派レジスタントに細分できた。この錯綜した状況を念頭に置いて大戦下のフランスを素描しよう。

ヴィシー政権と国民革命

ドイツ軍の西部攻勢によって第三共和政は崩壊した。大混乱の中でフランス人は84歳のペタン元帥と休戦を受け入れ、1940年7月にペタンを国家主席とする政権がヴィシーに成立する。ヴィシー派は共和政を全否定し、大統領職や議会が廃止され、権威主義体制が顔を現す。しかし、ヴィシー政権は王党派とサンディカリストと近代化論者の寄合所帯であり、共和政の清算という点では一致しえても具体的な方針を異にした。とくに経済政策の隔たりは大きく、農民の国フランスに憧れる復古派と、工業国フランスをめざす近代派との調整は困難であった。

　ヴィシー政権No.2のラヴァルはペタン派との関係が悪く1940年12月に失脚し、翌年2月にダルラン提督が権力を継承した。しかし、ドイツとの軍事協力に踏み出すダルランにペタンは不安を覚える。そこで42年4月にペタンはダルランを解任するが、

図1　ナチ占領下のフランス（1940～1944年）

出典：渡辺和行『ホロコーストのフランス』人文書院、1998年。

ペタン［出典：Denis Peschanski, *Des étrangers dans la Résistance*, Paris, 2002, p.45.］

ドイツの圧力もあってラヴァルを政権に復帰させた。連合軍の北アフリカ上陸後、ドイツ軍はフランス全土を占領する。解放が進む44年8月にラヴァルとペタンはそれぞれ独自に終戦工作を始めるが、ともに失敗し、ヴィシー政権は崩壊した。

敗戦の原因をフランス人の道徳的弱さに求めたペタンは、国民革命によるフランス再興を考えた。国民革命のモラルはカトリックに求められた。ペタンも教会も、反キリスト教的教育の誤りがフランスを解体させたという認識で一致した。国民革命の精神は青年と家庭を通して伝えられた。青年と家庭を媒介する装置は学校だ。学校では共和派の教師は左遷され、祖国と伝統的価値を教えることが求められた。１９４０年9月に教会が教育権を取り戻し、翌年1月に宗教教育が復活する。しかし、この政策は反教権的な対独協力派の反発を招いた。この結果、41年3月に宗教教育は校外で教える自由科目となり、公立学校にキリスト教を再導入する試みは失敗した。

ヴィシー派は新秩序の奉仕者として青少年を動員しようとした。フランスの仲間（15～19歳）や青年錬成所（20歳）が組織され、フランスの復興が青年に託される。これら青年団の実習は軍事教練を含む屋外作業が中心であったが、団員の不満は大きかった。なぜなら、粗食の上に着替えの服もなく、道具もない中で土地を開墾し小屋を建て、土の上で眠るという生活を強いられたからである。このように青年運動は、体育や道徳や徒弟的鍛錬を通して国民革命の担い手となる中堅幹部の養成を目的としたが、ヴィシー派が期待した成果をあげなかった。国民革命の思想は家庭を通しても注入された。

ペタン派にとって社会の基礎は家庭にあった。共和政下の高い離婚率と低い出生率は家族制度の衰退と思われた。低出生率に敗戦の一因を見るヴィシー派は、出産奨励策として養育手当の支給、結婚後3年間の離婚の禁止や堕胎罪には死刑をもって臨むなどの法改正を行った。こうした国民革命は、反ユダヤ法や帰化法の改悪に見られるように、「国民にあらざる者」としてのユダヤ人・外国人を排除し、フランス人に13桁の番号を振った身分証を持たせて再国民化を図る政策でもあった。

協力・抵抗・解放

ヴィシー政府の対独協力は休戦協定に明示されていた。それは、政治・行政・軍事などのさまざまな領域にまたがっていた。政治的対独協力の典型は「ユダヤ人狩り」である。1942年7月、パリに住む1万3000人のユダヤ人を逮捕したヴェル・ディヴ事件が有名だ。行政的対独協力の例は「労働者狩り」である。ドイツの労働者不足を補うために、政府は43年2月に強制労働徴用を開始し、熟練労働者を含む25万人をドイツへ送った。軍事的対独協力の先頭に立ったのは筋金入りの協力派だった。反共フランス義勇軍が組織され、6000人ほどが東部戦線で戦った。国内の軍事協力に血眼になったのは民兵団である。1万人ほどの民兵団は、親衛隊の手足となって抵抗派を弾圧した。

弾圧に臆せず抵抗が始まる。とはいえ、本格的にレジスタンスを語りうるのは1943年以後のことだ。43年になって初めて国内の地下活動が統一され、軍事的成果をあげるまでになった。しかし政治目的や社会的利害を異にするレジスタンス各派は、占領軍や対独協力派との闘争という点では一致しても、将来の国造りへの思惑もあって互いに鎬を削っていた。国内レジスタンスの一大勢力となったのは共産党だ。独ソ不可侵条約の衝撃と39年9月の解散命令によって低迷していた共産党は、41年6月の独ソ戦によって閉塞状態から抜け出し、国民戦線や義勇遊撃隊を組織して戦った。国外レジスタンスの代表は、ド・ゴールが率いた自由フランスである。とはいえ、休戦当時のド・ゴールは無名の軍人であり、孤立無援の戦いを強いられた。米ソも含めた諸外国から正統政府と認められたのはヴィシー政府であるにいたる。それでも40年中に自由フランスは、兵力と領土と組織と財源を得るにいたる。それは6月18日のBBC放送から始まった。ド・ゴールはこの日フランス人に抵抗と兵力の結集を呼びかけた。

ド・ゴール［出典：Eric Branca, *De Gaulle et les français libres*, Paris, 2010, p. 49.］

ところが、自由フランスと連合国の関係は良好ではなかった。ド・ゴールは英米のみならず、国内レジスタンスの一部からも「ファシスト」と見なされていた。彼は英米から常に過小評価され、アメリカはペタン政府と外交関係を保ち続けていた。イギリスも自由フランスを亡命政府とは認めなかった。ド・ゴールは北アフリカ上陸作戦でも蚊帳の外に置かれ、一連の連合国首脳会談にも招かれなかった。42年12月、アメリカはジロー将軍を北アフリカの民・軍総司令官に任命した。これに対抗するためド・ゴールは、自由フランスと国内レジスタンスとを結合しようとする。それは、ド・ゴール率いるフランス国民委員会が国民の支持を得た中央政府としてフランスを代表することを、連合国に認めさせるためにも必須であった。領土・中央政府・国民が揃ってこそ主権が回復できるのである。

国内の分散した戦いをひとつにまとめて全国抵抗評議会（CNR）を創設したのが、ムーランである。彼はド・ゴール将軍の代理・国民委員会の代表として、1942年1月からフランスで活動を始め、43年1月に南部の抵抗組織を統一レジスタンス運動へとまとめあげた。43年3月にブロソレットが北部の抵抗組織を統一に導き、5月27日にパリで開かれた総会からCNRが誕生する。CNRはド・ゴール支持を声明した。

1943年6月にフランス国民解放委員会が組織され、同委員会は「フランスの中央政府である」と宣言した。こうして、ロンドンの国民委員会とアルジェの民・軍総司令部の統一が実現したが、ド・ゴールはアメリカが後押しするジロー将軍との双頭制を受け入れざるをえない。10～11月にかけて解放委員会が改組され、議長はド・ゴール一人となり、政党とレジスタンスの指導者が加えられ、国内外のレジスタンス組織の統一が達成される。11月には臨時諮問議会が招集された。かくしてド・ゴールは、名実ともにフランスの代表としての地位を獲得する。

1944年6月、解放委員会は共和国臨時政府を名乗った。ドイツ軍の撤退後、ド・ゴールは米軍による軍政を避けるべく共和国委員を任命し、連合軍の安全確保、共和的合法性の回復や住民の必要を満たす仕事に取り組ませた。44年3月、レジスタンスの武装勢力がフランス国内軍（FFI）に統合される。6月6日からノルマンディ上陸作戦が始まり、8月25日にパリは解放された。9月9日、パリに帰還した臨時政府には課題が山積していた。冷戦と植民地独立運動の進展の中で、FFIの正規軍への編入、ヴィシー派の裁判、臨時政府の国際的承認、経済再建、憲法制定などと取り組まねばならなかった。

（渡辺和行）

ド・ゴールの時代
――「二つのフランス」をつなぐ移行期

戦後改革の青写真は戦間期にあり

第二次大戦後のフランスは政治・経済・社会全般にわたる大改革の時代を迎えた。ド・ゴール将軍の外交手腕で「戦勝国」の末席をなんとか確保したものの、もはや戦間期までの姿のままではこの国は戦後の世界を生き抜いていけない。1940年夏の無残な敗戦を目撃した各界のエリートは、誰もがこうした焦燥感に駆られていたからだ。

実は、抜本改革の必要性は、既に戦間期から盛んに唱えられていた。小党乱立の故に短命・弱体な内閣が続くのに厭きた世論の支持を得て、議会中心の政治体制を改めようとする「国家改革」が繰り返し試みられた。提起された処方箋には、執行権の強化や職能代表（例えば、経営者や労組、技術者などからなる「経済議会」）の制度化などが含まれる。その中の最も権威主義的な変種が実現したものこそ、ヴィシー政権だったと言える。経済についても、第一次大戦の経験から、独米と比べて、農業や中小企業の比重が大きいフランスの経済は遅れていると気付いた政治家・官僚や経営者は、産業界の組織化や国家介入によって「近代化」を図ろうとした。その構想は人民戦線運動を支えたプラニスムやヴィシー政権下の戦時経済体制にも流れ込んだ。

政治――「組織政党」経由で「国家改革」に到達

結果としてみると、こうした戦間期の構想は、戦後、1960年代半ばまでに何らかの形で実現したことになる。ただし、その実現への道筋は、経済や社会の分野と政治の世界とでは全く異なったものとなった。まず、戦後直後の政治改革は、戦間期の「国家改革」とは全く逆の方向に進んだ。執行権の強化などを主張したド・ゴールは、議会の主要政党に反対され、1946年1月、臨時政府首班の辞任に追い込まれた。共産党、社会党に、新興のキリスト教民主主義政党であるMRP（人民共和運動）を加えた三党は、議会中心主義という19世紀末以来のフランス政治の根幹を変えるのではなく、国民世論に根付いたこの政治制度を動かす政党の方を改革することで、戦間期までの議会連合政治の不安定さを克服しようとした。戦間期までのフランスの政治の病根は、憲法などの統治の制度にではなく政党にある、というのが彼らの診断だった。

実際、労組や農民組合、業界団体などが隣国に比べてごく弱かったため、戦前の政党は、社会党などを除けば、そのほとんどが言うに足る組織を持たなかった。その実態は有力議員の周りに集まった議員集団か、その連合体に過ぎず、選挙の度に離合集散を繰り返した。選挙後も閣僚などのポストを求めて合従連衡に明け暮れ、内閣の不安定と弱体の元凶となった。であれば、無数の議員集団を整理統合し、強固に組織された少数の政党にまとめることができれば、議会中心の政治制度のままでも英国や北欧のように安定した民主制を実現できるはずだ。三党が樹立した第四共和政はこうした青写真に従って打ち立てられた。

しかし、現実は青写真通りにはならなかった。冷戦の開始で共産党が反体制に回った上に、中道から右派の勢力を大政党に結集することができなかったためである。それどころか、「組織政党」への再編が中途半端に進んだ結果、議会連合政治の不安定は戦間期以上にひどくなった。ヨーロッパ統合や脱植民地化をめぐって国内の政治対立が激化したことが多数派形成を困難にした分を割り引いても、第四共和政の実験が失敗に終わったことは誰の目にも明らかだった。58年5月、植民地戦争が泥沼化していたアルジェリアで現地駐留軍の叛乱が発生する。唯一これを収拾できる男としてド・ゴールが議会で首相に指名され、憲法改正の主導権を委ねられた。議会中心の政治制度に固執する一部の勢力はこれをクーデタと呼んで非難したが、世論は既に議会と政党に愛想を尽かしていた。議会で連合政権を仕切ってきた社会党やMRPの幹部たちですら、議会中心政治の命脈が尽きたことを悟っていた。

もっとも、当初の58年憲法では、大統領は間接選挙による選出であり、議会中心政治との折衷が図られていた。ところが、ド・ゴールが62年に憲法改正を強行して大統領は直接選挙に改められ、第五共和政は今日見るような大統領中心の体制に一変した。これは既成政党の当初の思惑を完全に裏切るものだった。62年改憲後の議会ではド・ゴール派が（単独過半数には達しなかったが）他を圧する勢力を維持し、69年春までのド・ゴールの統治を忠実に、黙々と支えた。

ド・ゴールの10年を通じて、フランス国民の政治文化は決定的に変容した。二人のナポレオンの統治を受けた経験から、19世紀以降のフランス国民は、強力な政治指導者への待望と、自由を抑圧する独裁に対する警戒、という相対立する政治的衝動の間で揺れてきた。後者を体現した第三・四共和政の後、民心は再び執行権の推進力重視へと戻っていったのである。70年代のミッテランが、四分五裂で低迷していた左翼をまとめて盛り返し、遂にはド・ゴール派を中心とする保守派を倒すことができたのも、国民が支持する（62年改憲後の）第五共和政の大統領中心の制度を正面から受け入れ、有力な大統領候補者が発揮しうる政治的求心力を最大限に活用したことが一因だった。

経済——ディリジスムと「公共サーヴィス」

ジグザクを繰り返した政治に比べて、経済の構造変化はより連続的だった。戦後直後に驚異的な経済復興を成し遂げた経済計画化として知られる「モネ・プラン」も、当初はヴィシー政権下の戦時動員体制を流用していた。戦後直後に実施された銀行・保険や電力・石炭を含む主要産業の国有化は、戦間期以来の左翼の宿願であったが、以後、80年代まで長くド・ゴール派など右派の政権にとっても国民経済運営の基盤となり続けた。戦後フランスの経済体制は、「ディリジスム」（国家指導経済）と呼ばれ、他の先進国に例のない姿をとった。これは一面では、絶対王政期の「コルベール主義」などの伝統を引き継いだものとも言えるが、実は、戦間期までのフランスでは、経済への国家介入は最小限に留めるべきとする経済自由主義が強固な支持を得ていた。大恐慌から戦時経済を経る中で、高級官僚を中心とする経済エリートの信念が一変したのは他の先進国でも同じだが、フランスでは、ケインズ主義が通貨財政正統主義に取って代わった以上に、「ディリジスム」への転換が決定的だったのだ。

戦後、ディリジスムを信奉したのは、国民経済や国力全般を強化したいエリートだけではなかった。フランスでは、道路や教育などは「公共サーヴィス」と呼ばれ、地方自治体などを通じて、国家が全国の市民に平等なアクセスを保障する責任を負うと考えられてきた。戦後、その「公共サーヴィス」は住宅や文化施設など幅広い領域に拡張されていく。大都市でも山村でも同じ「公共サーヴィス」を保障するには、中央政府が財源など全ての資源を握ってこれを地方自治体に配分してやる代わりに、地方を厳しく統制する中央集権体制が不可欠だった。中央政府が銀行など信用部門を掌握していることが中央集権の基盤の一つだったので、「公共サーヴィス」を中心とする戦後の福祉国家の拡大を支えたのも、実はディリジスム型の経済運営だったことになる。日常生活の平等を保障する「公共サーヴィス」に深い愛着を持つフランスの市民は、神話の怪物のような国家が経済や地域を牛耳る姿にも違和感は持たなかった。

政府は公的金融機関を通じて信用の配分を握っていたため、その統制力は国有企業に限らず広く産業界全体に及び、融資などを通じて企業の合併・統合など、産業構造の改革を進めた。各業種ごとに国を代表して独米日などの企業と渡り合えるような大企業を作り出す、いわゆる「ナショナル・チャンピオン」政策はド・ゴール政権の看板となった。戦間期までのフランスでは同族経営の中小企業が多数残存して産業の核となっていたため、大企業中心の構造への再編は革命的な変化であった。

同じような構造改革は農業部門でも実施された。戦後直後の時点で農業は生産人口の3割を占め、ほとんどが土地持ちの自作農だったが、その多くは小規模で生産性も低く、借地農の大規模経営が高い収益を上げる北東部は例外だった。戦後の復興と高度成長の中で、都市との経済格差の拡大は覆い難くなり、農民の不満は大規模な街頭デモや抗議政党の躍進となって噴出した。第四共和政の政府は、農産物の価格支持制度などで農家の所得を下支えし、零細な自作農でも破綻しないようにして農村の不満を融和しようとした。これに対してド・ゴール政権は、ヨーロッパ市場統合の発足を踏まえて方針を一変させた。農産物価格の物価スライド制を廃して零細経営を淘汰する一方で、農地の集積を推進し、生産性の高い大規模経営に更なる設備投資を促す方向に補助金や公的融資を振り向けた。並行して「共通農業政策」を構築することで、構造改革を達成したフランスの農業に統合ヨーロッパが市場と価格支持を提供する態勢が整えられた。既に60年代初め、農民の数は戦後直後の3分の2になっていたが、70年代半ばまでに更にその半分が離農した。多くの村が打ち棄てられる一方、労働者やサラリーマンとなって流れ込み、都市人口を急増させた。彼らを受け入れるべく公共住宅の団地が中央官庁や公的金融機関の指揮の下、各地の地方自治体当局によって量産され、高度成長期に都市の相貌は一変した。

このように、ド・ゴールは10年間の統治を通じて、政治・経済・社会のいずれにおいても、全く対照的な、いわば「二つのフランス」の間の移行を完成させたのである。

（中山洋平）

南東部の鉱工業都市・サン・テチエンヌ、市南東部のボーリュー地区で1950年代に造成の始まった大規模団地［提供：Archives municipales de Saint-Étienne-2 FI ICONO 497］

植民地の独立
――帝国崩壊の要因と影響

植民地理論の矛盾

1936年6月に発足した人民戦線政府は、植民地制度の改革を検討し、現地住民の社会的・政治的な生存条件の改善を図るために海外領調査委員会を設置した。この委員会は、アルジェリアを除くすべての植民地の現状分析を主な目的として、①チュニジア、モロッコ、②アメリカ、大陸アフリカ、マダガスカル、レユニオン、③インドシナ、仏領インド、オセアニアの三つの小委員会に分かれていた。その調査項目は、住民問題（人口、食糧、住居、衛生、教育、労働）、経済問題（設備、交通、農業、土地制度、商工業）、政治問題（行政、法律、財政、防衛、外交）の多岐にわたった。このような植民地の実態調査は、1917年の植民地会議、1924年のチュニジア研究諮問委員会、1934年のアルジェリア総督府による現地住民の生活様式と人口動態に関するアンケート調査およびモロッコ人家族の家計に関する研究などにおいて既に行われていたが、1936年の海外領調査委員会の活動はかつてないくらい大規模なものとなった。

海外領調査委員会が設置された理由は、人道主義的な立場をとる社会党と植民地支配に否定的な立場をとる共産党が人民戦線政府に加わったことによるところが大きいが、それまで植民地政策を主導してきた急進党も改革を望まないわけではなかった。1919年のパリ講和会議で植民地と人権の問題が提起されたことや恐慌の影響による1930年代の経済不況をうけて、フランスは植民地住民の意識が変化しつつあることに気づいていた。コミンテルンによる植民地の解放運動に対抗する必要もあり、フランス人民戦線政府は海外領調査委員会の活動を通じて植民地住民を含む「わが同胞すべて」に配慮を示し、フランスと植民地の連帯を強めるための方法を模索しはじめていたのである。

しかしながら、人民戦線政府は、結局のところフランス植民地主義の原則を再確認することしかできなかった。植民地党の代表アルベール・サローは、フランスと植民地が相互に尊重し協力しあう協同関係を重視し、これを植民地政策の基本方針に定めていたが、植民地住民がフランスから与えられた文明を吸収して批判精神を覚醒させてゆくにつれて、協同政策の成果に懸念を抱くようになった。両大戦間期には、チュニジアのドゥストゥール党（立憲党）やアルジェリア・ウラマーの会、アルジェリア・ムスリム会議、インドシナ共産党、仏領コンゴ友愛協会、パリ在住アルジェリア人やチュニジア人からなる北アフリカの星などの団体が、反植民地主義や植民地制度の改革を求める運動を推進しはじめた。人民戦線政府はこれらの団体を指導する「進化した」植民地住民たちと向き合わなければならなかったが、彼らの要求に十分に応えることができなかった。例えばインドシナでは、1936年12月に新しい労働法が定められたが、労働組合の結成やストライキの権利は認められなかった。このことにインドシナ共産党は激しく抗議したが、海外領調査委員会の調査結果をふまえた人民戦線政府は、インドシナの国と住民の発展水準がまだ本国の水準に達していないためにこれらの権利は認められないと回答した。要するに、植民地住民は本国のフランス人と同等の権利や法的身分を享受することはできないというのである。これこそが「協同」の本質であり、19世紀以来のフランス植民地主義の原則であったが、改革を期待する植民地住民を大いに失望させた。フランスにとって、本国と植民地の連帯とは、不平等な優劣の関係のうえに構築されるべきものと認識されていたのである。

自治か独立か

多くの植民地兵の協力があったにもかかわらず、1940年にフランスはナチス・ドイツに敗北した。これによって、フランス植民地帝国は、フィリップ・ペタンを首班とするヴィシー政権に与するアルジェリア、チュニジア、モロッコ、西アフリカ、マダガスカル、レユニオン、インドシナと、シャルル・ド・ゴール率いる自由フランス軍の側に立つ赤道アフリカ、仏領インド、ポリネシア、ニューカレドニアに分裂した。つまり、ほとんどの植民地がヴィシー政権に従ったのであるが、それらは徐々に自由フランス軍と英米中心の連合軍に奪われていった。結局、パリの解放を目前にした1944年6月にアルジェでフランス共和国臨時政府が成立すると、フランス植民地帝国は外見上、第三共和政期の状態に戻った。しかし、その内実は決定的に変質していた。すべての植民地住民が宗主国の敗北を目のあたりにしたからである。戦前から植民地の自治を求めてきた民族主義者たちの夢は現実味を帯び、彼らの活動はより大胆になった。帝国の中の限られた自治ではなく、独立した国家の自治を手にする機会が植民地に訪れようとしていたのである。

こうした状況をド・ゴールは予期しており、1944年1月にコンゴで開催されたブラザヴィル会議において植民地住民の自治や権利の拡大などの方針を打ち出し、戦後も植民地を帝国にとどめておく方法を検討しつづけている。しかし、それは従来のフランス植民地主義の原則を変えるものではなかった。本国と植民地の協同関係がより強固になって維持されることが、戦後の復興を目指すフランスの望みであった。１９４６年に発足した第四共和政はその望みをフランス連合の創設に託し、この新しい組織の舵取りを再びアルベール・サローに委ねた。

アルジェリア戦争（1954～1962年）の勝利を祝う人々［©Marc Riboud/Fonds Marc Riboud au MNAAG］

ここに第三共和政期の植民地帝国との連続性を垣間見ることができる。ド・ゴールは、フランス連合について自身の構想を語り、「植民地に対していっそう大きな自治権を付与する」ことを公言したが、彼の口から植民地の放棄という言葉が発せられることはなかった。１９４６年にはグアドループ、マルチニーク、レユニオン、ギアナ、ポリネシア、ニューカレドニアが海外県・海外領土とされている。こうしたフランスの真意にいち早く気づき、帝国からの完全な分離を主張して独立を宣言したのはヴェトナム民主共和国であった。フランスは即座に自由フランス軍の英傑ルクレール将軍を派遣し、約10年に及ぶインドシナ戦争が開始される。そのあいだに民族独立運動の波は帝国中に押し寄せ、モロッコ（１９５６年）、チュニジア（１９５６年）、アルジェリア（１９６２年）が帝国から分離していった。とくにアルジェリアの独立をめぐる戦争では様々な対立関係が複雑にからみあって、おびただしい数の犠牲者がでた。100万人とも言われる入植者（コロン）が定住していたマグレブ三国家の独立は、その後に起こりうる本国への移民の流入という問題も含めて、フランスが最も恐れていたことであった。

植民地帝国の痕跡

第二次世界大戦前夜に領有面積が1200万平方キロメートルにまで及んだ植民地帝国の崩壊の危機に直面したフランスは、1958年の第五共和政の発足と同時に、フランス共同体という新たな枠組みを提案し、植民地の代わりに海外領土という言葉を用いて「共同体への加盟か独立か」を投票によって現地住民へ直接問う賭けにでた。これは、端的に言えば、共同体に加盟すればフランスからの援助を受けられるが、独立すれば受けられないという二者択一の選択であった。投票の結果、一度は加盟したがすぐに独立の道を選んだマダガスカルや住民の95％が加盟を拒否したギニアを除き、西アフリカと赤道アフリカの諸国が共同体への加盟を表明し、一見するとフランスは賭けに勝ったようにみえた。しかし、この勝利の裏にはフランスと共同体加盟国とのあいだでなされた妥協があった。実は、1960年6月の憲法改正により海外領土は独立をしても共同体に加盟すれば援助を受けられることになっていたのである。このような条件のもとで1960年の「アフリカの年」にフランスの海外領土の独立が相次いだ。

フランスは、共同体の加盟国とのあいだにかつてありえた優劣のある協同関係をもはや結べなかった。第五共和政の初代大統領に就任したド・ゴールもその事実を認めざるを得なかった。とはいえ1

960年代以降にフランスと旧植民地との関係が完全に断ち切られたわけではない。とりわけアフリカには、依然としてフランスとの関係の維持（「フランサフリック」）を望む国が少なくない。また、ヨーロッパの統合と共同市場の形成に連動してアフリカのフラン通貨圏に「ユーラフリカ」なる共同市場を建設する計画も試みられている。現在もフランス植民地帝国の痕跡はフランス語圏（フランコフォニー）と呼ばれる巨大な空間の中に散りばめられており、それらは諸国家間に友好的関係を築かせるツールとなっている。

しかし、他方で、グアドループ、マルチニーク、レユニオン、ギアナのような海外県では、失業率が他県の平均をはるかに上回り、本土とのあいだに経済格差が広がっている。ニューカレドニアやポリネシアでは、フランスに依存した経済体制から脱却することが目指され、しばしば独立の是非が問われている。アフリカの国々では、フランスからの独立後に内戦や紛争が絶えず、アルジェリアには、戦争から50年以上経った今でも当時の植民地支配に対する謝罪をフランスにもとめる人が大勢いる。植民地に端を発する移民問題もなお未解決のままである。帝国の痕跡は、多様で複雑な問題を惹起し続けている。

（岡田友和）

五月事件からミッテラン政権へ

――市場化改革の源流？

「五月」を消費したミッテラン

ド・ゴールを政権から追い落とす契機になったのが１９６８年の「五月事件」だったことはよく知られている。当時、日本を含む先進国では、「五月」と同じような学生・労働者の異議申し立てが同時並行的に発生した。高度成長に伴う社会変容によって蓄積された圧力が突発的に噴出したという点も共通していた反面、運動の様相やその帰結は国ごとに大きく異なるものとなった。日本の68年が「過激派」に象徴される矮小化の途を辿ったのに対して、フランスの「五月」は、新左翼を生み出し、81年のミッテラン左翼政権成立の原動力となった、などとサクセス・ストーリーとして語られることが多い。戦後フランスを代表する憲法・政治学者デュヴェルジェは、ド・ゴール派などの保守長期支配を終わらせ、選挙を通じて国民が政権交代を選択できる「市民の共和国」が遂に実現された、として、ミッテラン政権を高く評価した。

実際、「五月」は、カトリック左派（「第二の左翼」と呼ばれた）など様々な新しい政治勢力や社会運動を生み出し、それらを糾合することでミッテランの率いる社会党（旧社会党ＳＦＩＯに代わって１９６９年に結成された新党）は70年代半ば以降、急速に選挙で勢力を伸ばした。その延長線上にミッテラン政権の成立があるのも確かだ。しかしミッテラン自身は、第四共和政下に若くして閣僚を歴任し、中道左派の老獪な議会政治家として頭角を現した。その後、時流に合わせて政治的立場を頻々と変えていくものの、「五月」の新左翼とは無縁の存在だった。「自主管理」をスローガンに新左翼を代表する党の領袖（ロカールやシュヴェーヌマンら）とは激しい対立を繰り返した一方、党内で頼りにしたのは、第四共和政期以来、旧社会党を支えてきた、地方の大都市の首長を兼職するノタブル（元々は「地方名望家」の意味）型の指導者（モーロワやドフェール）だった。

1980年10月、パリ市内をデモ行進する社会党幹部たち。最前列左からモーロワ、ロカール、ミッテラン、ドフェール、シュヴェーヌマン
［Francis Apesteguy/Getty Images 提供］

実際、70年代の下院選挙で社共の左翼連合が躍進する際には、直前の市町村選挙で勝利し、特に大都市で政権を握ったのが鍵となった。81年の大統領選挙では、「五月」以後の社会運動が掲げたスローガンのうち、「自主管理」が前面に出ることはなく、反原発やフェミニズムは当選後、反故にされた。ドイツなど隣国と違って、エコロジーやフェミニズムなどの新しい社会運動が政党システムに地歩を築きえなかったのも、フランスでは「五月」のエネルギーがミッテランと社会党の選挙戦略のために消尽されたことを示している。

「資本主義との訣別」？――市場化を堰き止めた民衆の願い

他方、ミッテラン政権は、主要産業の大規模な（再）国有化、最低賃金の引き上げや社会保障給付の拡充による購買力の拡大、有給休暇の拡大や労働時間の短縮による失業吸収、そして大規模な財政出動による不況脱却などを核とする大胆な経済政策を断行したことで知られる。「資本主義との訣別」などといった社会主義的な言辞を取り除けば、この路線は、石油危機以降の長期不況に対して、前任のジスカール・デスタン政権、特に首相バールが緊縮財政に加えて、国有企業への市場原理の導入など、新自由主義的な政策で対応しようとしたのを巻き戻し、第二次大戦後のディリジスム的な経済運営の原則に立ち戻って、むしろこれを徹底することで局面の打開を目指したものと言える。

サッチャーやレーガンの新自由主義路線が進行する中で、ミッテランの路線がこれに真っ向から逆らったことは、同時代的には、先進国の経済運営のあり方をめぐる分岐点になるのでは、と注目された。しかし後から振り返れば、80年代初めの世界経済では、国際的な資本移動の自由化、つまりグローバリゼーションが既に不可逆な潮流となっていた。実際、ミッテラン政権は、劇的な国際収支の悪化や通貨下落に直面して、EMS（ヨーロッパ通貨制度）からの離脱などで、いわば〝経済鎖国〟に踏み切るか、前政権の緊縮政策に立ち戻るか、の選択を迫られた。結局、わずか2年で「一国ケインズ主義」と揶揄された政策実験を放棄することになった。この決断によって、通貨統合などその後の欧州統合の過程は加速されたが、ミッテラン政権が82～83年にどちらの途を選んでいようと先進各国の経済が市場化に向かう流れが変わることはなかっただろう。

それどころか、近年のフランスにおける市場化の激流の起源を辿っていく中で、経済史家マルゲラーズらは、66年以降の銀行規制改革（規制緩和で英米並みの金融市場の創出を目指した）等によって、金融部門に対する政府統制は既に1960年代に解体が始まっていたことを発見した。公的金融機関などを通じた信用配分こそが戦後フランスのディリジスム体制の最大の基盤だったことを考えれば、他の産業部門に対しても統制力の低下が波及するのは避けられなかっただろう。ところが、直後に起きた「五月事件」の民衆運動の圧力によって、規制緩和・自由化の流れは一旦堰き止められることになったのだという。そう考えれば、「五月」の政治運動のエネルギーを吸収して成立したミッテラン社会党にとって、石油危機後の長期不況の中で済し崩しの危機にあった戦後ディリジスムを抜本的に立て直すと訴えるのは、最善の選挙戦略だったのである。

反面、この解釈には、政治の力で経済の構造変化を巻き戻し続けるのには、早晩、限界が来たであろうことも含意されている。ミッテラン政権は、選挙で民意を集めた乾坤一擲の「実験」が華々しい失敗に終わる一部始終を見せることで、結果として、「五月」以来、ディリジスムの再建に期待を寄せ続けてきた民衆に、所詮叶わぬ夢だと引導を渡す、つまり、むしろ政治文化の変容を促す役割を担ったともいえる。

市場化の流れに棹差した「改革」——マクロンへの道？

確かに、フランスが、国有企業の民営化など、本格的な新自由主義、市場化路線に舵を切るのは、86年の下院総選挙で右派が勝利して成立したシラク政権（いわゆる「コアビタシオン」＝左右同居政権）以後だとされることが多い。しかし、注意深く観察すれば、金融や産業以外の分野では、1990年代以降の欧州統合の進展に伴う、徹底した市場化路線の起源がミッテラン政権の改革の中に求められる例も少なくない。ミッテランの大改革の中で数少ない成功例とされる、労使関係や地方分権化の分野もこれに当たる。

労使関係に関する82年の「オールー法」は、自主管理の看板を掲げつつも、実際には、ストばかりのフランスの労使関係を、労使の直接交渉を軸にする英米型へ「近代化」しようとしていたといわれる。労相官房の幹部として法案を起草したオブリ（後に社会党第一書記）は、当時蔵相の座にあって後に欧州委員長に転じるドロールの娘であり、父の出身母体たる左派系労組CFDT（カトリック系のCFTCから分岐した）の改革構想を引き継いでいた。人民戦線以来、伝統的なフランスの労使関係は、一部の労組が結んだ労働協約を当該産業全体に拡張適用する制度、つまり国家の規制や介入に基盤をおいていた。これに対してオールー法は、個別企業単位での労使間交渉に軸足を移す改革の始まりとなった。オランド、マクロン両政権が進めた労働法改正は、この長期にわたる労使関係改革を引き継いで完成させるものであり、この先、フランスの労使関係では、企業レベルの組織が貧弱な伝統的な労組に取って代わって、企業ごとの従業員代表などが更に比重を増していく可能性が高い。企業内組合が主役となる「日本型」に接近していくようにも見える。企業レベル基軸への転換は、「五月事件」後に労働運動の成果として企業内に組合支部の設置が認められた（68年12月）ことに起源があるとされる。そう考えれば、ディリジスム型の労使関係の変質は「五月」と共に60年代末に始まり、もちろん「五月」で堰き止められることもなく、ミッテラン政権で加速されて90年代以降に奔流となったと連続的に理解できる。

中央集権国家を解体した分権化改革についても同じような構図で理解できる。戦後フランスの中央集権体制は、公的金融機関を通じた公的資金の配分に基盤をおいていたため、先に見た金融の自由化によって早くも60年代後半に根底から揺らぎ始めた。しかも、金融や産業とは違って、分権化への流れは「五月」で堰き止められることはなかった。地方分権が「公共サーヴィス」を脅かすなどとは想像もされず、住民の「参加」や「自主管理」に資するとして称揚されるばかりだった。

その流れに棹差して抜本的な分権化（ドフェール内相が指揮した82〜83年の改革）を実現したのがミッテラン政権だということになる。中央統制が解体されることで、後々、草の根の市民参加は促進されることになったかもしれないが、「公共サーヴィス」の平等を担保する仕組みは骨抜きとなった。民営化や規制緩和の流れとも相俟って、21世紀に入ると地方の中小都市でも、大都市との料金格差の拡大、サーヴィスの打ち切り等が露になった。これに対する不満や絶望感（打ち棄てられたという含意の「周縁」が流行語となった）こそ、今や「黄色いベスト」運動や極右・ルペン派の新たな躍進を支えているともいわれる。

（中山洋平）

ライシテと学校
——フランス流の市民の育て方

ヴェール禁止法（2004年）とライシテ

ライシテとは、あらゆる宗教から切り離された世俗的国家が、宗教的に中立な立場をとり、国民一人ひとりの信教の自由（信仰を持たない自由を含む）を保障する政治原理のことである。1905年に制定された政教分離法（正式名称「諸教会と国家の分離法」）がその基本法とされる。

ライシテという用語が日本に広く知れ渡ったのは、おそらく2004年のことだろう。2004年3月に可決され、9月から施行された法律は、フランスの公立小中学校・高校の生徒たちに対して、学校内での「特段に目立つ」宗教的標章の着用を禁じた。日本のメディアは、この法律が、フランスの国是である政教分離の原則に基づき制定されたものだと報じ、そしてフランスの政教分離の厳格さに対し辛口のコメントを加えた。同法が禁じたのは、イスラーム教徒のヴェール（スカーフ）だけでなく、キリスト教の十字架やユダヤ教のキッパを含むあらゆる宗教的標章の着用であったが、しかしフランス政府の側に、この新法によってムスリムの女子生徒がかぶるヴェールをめぐる争いに終止符を打とうとするねらいがあったことは確かであろう。

フランスでは1989年以降、ヴェールを着用して登校する女子生徒がたびたび問題になっていた。

事件の発端は１９８９年。パリ郊外の公立中学校で、校長が3名の女子生徒にヴェールを外すよう求めた。以下で述べるように、フランスの公立学校は、19世紀末以降、ライシテの空間つまり宗教的に中立な空間と定められてきたため、校長はこの原則に依拠して生徒のヴェールの着用に反対したのである。しかしながら、ことは単純ではなかった。

そもそもライシテは、この原則が成立した当初から、両立は可能だが、ときに矛盾する二つの性質を併せ持っていた。国家（ひいては、公立学校）の宗教的中立性と各人の信教の自由の保護という二つの性質である。校長の主張はライシテの持つ前者の性質に基づいていたが、実は、ヴェール着用に賛成した人びともライシテを根拠に声をあげたのだ。つまり彼らはライシテの後者の性質である、女子生徒の信教の自由の保護を訴え、また退学処分によって子どもの教育の機会を奪うべきではないと主張した。１９８９年当時の政権および国務院は最終的に校長の見解を退け、この事件はひとまずの決着をみた。この段階では各人の信教の自由を保護するライシテが優位に扱われたといえよう。

ところが、その後も同じような小競り合いがフランス各地の学校で起こり、女子生徒が退学処分になるケースも出てきた。１９９０年代のアルジェリア内戦、２００１年のアメリカの同時多発テロなどを背景に、イスラームに対する恐怖心が強まると、徐々に、生徒のヴェール着用に反対する人びとの声が通りやすくなっていった。彼らは、公立学校の宗教的中立性、言い換えれば、他の生徒の信教の自由を保障する必要性（勧誘的活動の排除）、さらにはイスラーム共同体の圧力から女子生徒の人権を保護する必要性を強調した。２００４年法はこうした時代状況のなかで制定された。

公立学校が激しい論戦の舞台となるのには、理由がある。フランスには、公立学校を国家（共和国）

の縮図とみなす独特の政治文化が存在する。政教分離の原則からして政治的中立性を守らねばならないのは本来国家なのだが、フランスでは国家の延長に当然のこととして公立学校が位置付くのである。子どもたちは学校において、国の成員である市民になるべく訓練を受ける。フランス革命期に登場し、普通選挙制が制度化された第二共和政期にも主張され、第三共和政期の１８８０年代にとりわけ熱心に説かれたこのテーゼは、現在でも有効性を失っていない。２００４年のヴェール禁止法を準備するために、シラク大統領によって召集されたスタジ委員会の報告書には次のようにある。

「学校の使命は共和国においてきわめて重要である。学校は知識を伝授し、批判的精神を教え込む。職業上の将来だけでなく、自律性、文化の多様性への理解、人格の陶冶、市民の育成を保障する。学校はつまり、未来の市民を育成するのである。彼らは共和国のなかで共に生きるよう導かれる。（中略）共和国の学校が迎え入れるのは、ただの利用者ではなくて啓蒙された市民となるべき生徒たちである。かくして、学校は共和国の基礎をなす制度なのである。生徒の多くは就学義務対象の未成年者であって、相違を超えて共に生きることを求められる。ここで問題となっているのは、知識の伝達を平穏になすための、特別な規則に従う特別な空間なのである」（２００３年12月）。

二つのフランスの争いと公教育のライシテの成立

歴史的にみて、ライシテ理論が鍛えられ、最初に制度化されたのは公教育に関してであった。時の公教育大臣ジュール・フェリーは、１８８１年６月16日の法律で公立学校の無償化を決め、続く１８８２年３月28日の法律で、６歳から13歳までの子どもの教育を義務とし、同時に公立学校での教育を非宗教的なもの、つまりライックな（ライシテの形容詞形）ものと定めた。

アンシアン・レジーム期のフランスにおいて、子どもの教育はカトリック教会に大きく委ねられていた。フランス革命は、国家による世俗的な公教育の実現を目指した点で、のちの公教育思想に大きな影響を与えたが、19世紀を通じて、公教育の世俗化は単線的には進まなかった。この間、フランスの政治体制は幾度も変わり、国家とカトリック教会の関係もそのつど変更を迫られ、公教育におけるカトリック教会の地位や役割がしばしば議論を巻き起こした。カトリック寄りの王党派・保守派と共和派・自由派との対立が教育の場に持ち込まれ、司祭と世俗教師が生徒の知、身体、心の指導権をめぐって日常的に対立していた。「カトリックのフランス」と「共和主義のフランス」という二つのフランスの争いは、19世紀のフランス史を読み解く重要なテーマである。

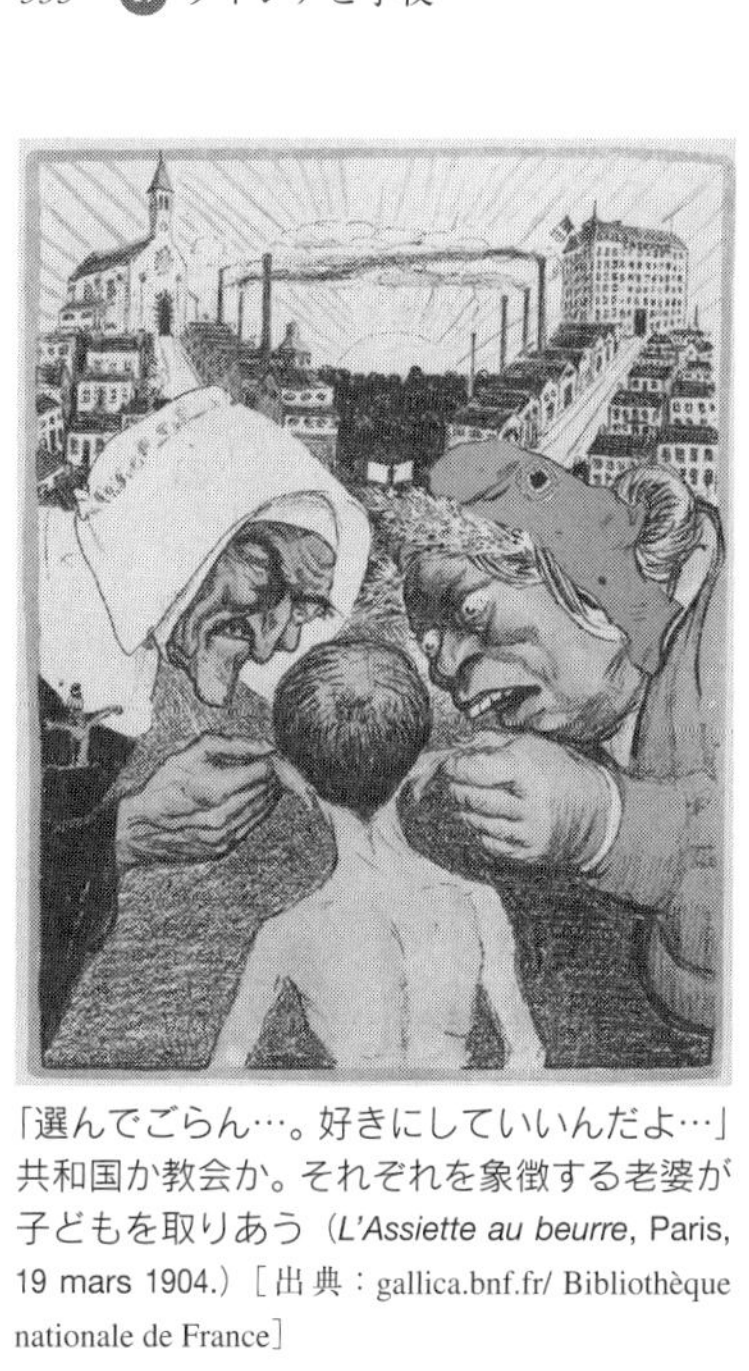

「選んでごらん…。好きにしていいんだよ…」共和国か教会か。それぞれを象徴する老婆が子どもを取りあう（*L'Assiette au beurre*, Paris, 19 mars 1904.）［出典：gallica.bnf.fr/ Bibliothèque nationale de France］

とはいえ、1870年代まで、公立学校と宗教が切り離せない関係にあったのも事実である。聖書に基づく宗教教育は小学校の必修科目であり、また修道士と修道女が、師範学校卒業の世俗の教師とともに、公立学校の教師として活躍していた。とりわけ女子教育にとって修道女は欠かせない存在であった。それゆえに1880年代に矢継ぎ早に実施された、公教育を世俗化させる（ライシテ化させる）共和主義改革のインパクトは大きかった。

普仏戦争の敗北後、フランスでは、国民の一体性の創出が緊急の政治課題として浮上していた。1879年に共和派が議会で多数派を占めるようになると、彼らは公教育を通じた国民統合の実現のために、カトリックという特定の宗教を公教育から引き離すべく動き出す。改革は、教会の影響力がもっとも強かった女子教育から始まった。ついで、先に述べたフェリー法において、初等教育の「無償、義務、ライシテ」の三原則が確立する。ライシテの実施においては、それまで必修であった「道徳・宗教」が学習指導要領から消え、代わって「道徳・公民」が設置された。また教室からは十字架が外され、校庭に置かれていた聖母マリア像なども撤去される。次に1886年のゴブレ法によって、教師の資格が非聖職者に限定され、修道士や修道女は公立校の教師を辞めざるを得なくなった。

フランスの学校のライシテを理解する上で、注意しなければならない点がいくつかある。第一に、私立学校はライシテ原則の適用外に置かれ、教育の自由が守られたこと。フェリー法以来、私立学校は各校の教育方針に基づき宗教教育を実施できる状況にある。第二に、フェリーらのライシテ理論は、宗教を攻撃する目的を持たなかったこと。それは、宗教を公立学校から切り離し、私的なもの（民間のもの）と位置付けはしたが、宗教の社会的役割までを奪おうとするものでなかった。フェリーは木曜日を学校の休みとし、家族が自由に宗教教育に費やせる曜日を設ける配慮を怠らなかった。彼らのねらいは、学校を教会から分離することであり、またカトリックだけでなく、プロテスタントやユダヤ教徒といった宗教的少数派、無神論者を含む多様な思想・信条を持つ人びとの権利を守り、そして市民を育て、国民の一体性を構築する場に公立学校を変えることにあったのである。

　１８８０年代の一連の法律と比べて、２００４年の法律に新しいのは、生徒の服装・見た目が問題となったことである。１８８０年代のライシテは、学習内容、学校空間、教師を対象としたものだったが、今回は生徒のライシテが問われたのである。

　国民の一体性を保障する学校への期待は、21世紀の今も変わらないどころか、ますます強まっているようにもみえる。２０１５年にフランスで起こったイスラーム過激派による一連のテロは、ライシテに基づく市民教育の重要性をいっそう高めることになった。どのようにしたら多様な信仰を持つ人びとが、あるいは神を信じない人びとが共に生きていくことができるのか。ライシテはこの難問に対する有効な解決策の一つだと考えられている。２０１３年に国民教育省が発表した「学校におけるライシテ憲章」（全15条）は、すべての公立学校に、ポスターの形で掲示する義務が課されており、私立学校の多くもこれを採用する。政教分離法が制定された12月9日は「ライシテの日」と定められ、学校ではライシテについて考える様々なイベントが２０１５年以降毎年、実施されている。フランス革命期の「自由の樹」に着想を得た「ライシテの樹」の植樹、図工もその一例である。

（前田更子）

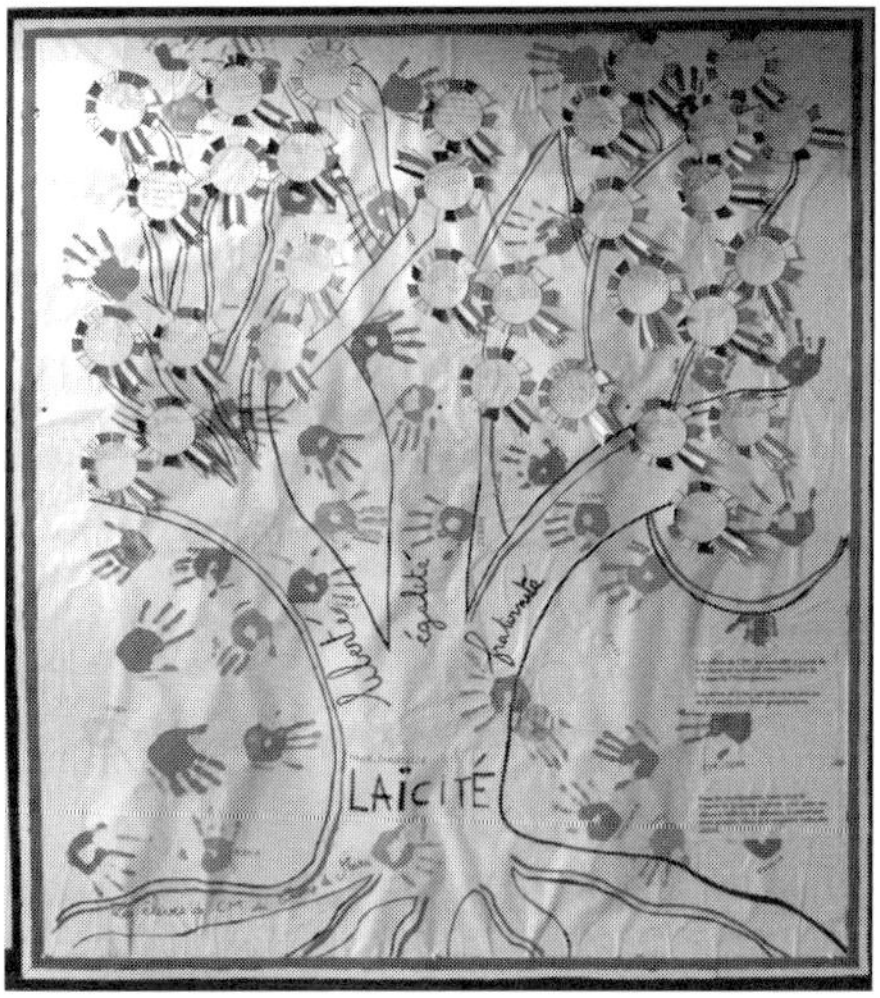

「ライシテの樹」。アルベールヴィル市の小学校の生徒による作品［出典：www.ac-grenoble.fr/savoie/pedagogie/docs_pedas/valeurs_republique/classes.php］

48 現代パリの都市空間
――膨張と変貌

20世紀パリの都市空間はそれまでにはない様相を呈した。第一に、パリ市域が全面的に市街化し飽和状態に達したことで、都市化は郊外へ急拡大し、パリ地方全体を視界にとらえる都市計画が俎上にのぼった。第二には、二度の世界大戦でパリはあまり被害を受けなかったが、第二次世界大戦後、大規模な再開発が始動して、都心の空間変容が進行した。これら都心や郊外の新たな現象のいずれにも、旧植民地からの移民流入、計画策定への住民参加など、人びとが絡んで、様々な都市問題が惹起された。これが3番目の注目点である。こうしたなか、第二帝政期のオスマンによるパリ改造では正面から扱われることのなかった住宅問題が一貫して解決困難な課題でありつづけたのである。

住宅改革運動

第二帝政期の都市改造の残した課題である住宅をめぐっては、19・20世紀転換期から民衆向け住宅の極度の不足が生じ、家賃が高騰した。また、個別の住戸での上水道の設置や下水道との接続が進まず、居住環境の劣悪さは矯正されなかった。この劣悪な環境と結核による死者数に一定の相関性のあることが示されると、ことさら住宅問題への関心は高まり、安価で衛生的な住宅の普及を目指す低廉住宅運動が始動し、1894年には初の住宅法（シグフリード法）が制定された。1912年には県や市町村による低廉住宅公社の設立が法認され、住宅の建設・供給への公的関与がはじまったが、実現した低廉住宅は少数にとどまった。全体として見れば居住環境はなかなか改善されず、パリ市議会の指定する不衛生区画（結核汚染区画）の数は、当初（1906年）の6か所から第一次世界大戦直後には17か所と改められた。これは実態がより正確に把握された結果であったが、しかし環境の改善が進まなかったことも確かなのである。

1929年の郊外宅地［出典：Jean Bastié, *La croissance de la banlieue parisienne*, Paris, PUF, 1964, planche XVI a］

郊外の形成

パリ地方における第一次世界大戦の被害はわずかであった。ただ、首都防御壁（チエールの壁）はもはや無益とみなされて1920年代には撤去され、その跡地に集合住宅、大学都市、公益施設、公園などがつくられた。他方、被災家族の経済負担を軽減しようと導入された家賃規制は大戦後も堅持された。このため利益を期待しにくい住宅の建設や供給が抑制され、民衆向けを中心に厳しい住宅不足がつづいた。

パリ地方の人口は両大戦間期も増加の一途をたどった。ただ、パリ市内の人口は頭打ちとなり、流入する人口は郊外へ向かって鉄道路線に沿うように市街地が拡大した。郊外には民間業者の手で宅地が造成されたが、水道、電気、道路などが未整備のまま分譲されることも珍しくなかった。小規模の郊外の自治体は都市基盤整備の財源に乏しく、欠陥ある宅地を甘受するしかない民衆層に不満が鬱積し、共産党など左派勢力の支持基盤となっていった。他方で、セーヌ県低廉住宅公社が創設され、イギリスに学んだ田園都市の建設による問題解決も試みられたが、建設戸数は少なくモデル提示の域を出ることはなかった。１９２８年、国家資金を投入しての全国26万戸の住宅建設計画が起動し、新築数は著しく増えた。しかし、世界恐慌の波及で目標は達成されなかった。１９３４年には、パリ都心から35キロメートル圏内を対象にプロスト計画が策定され、高速道路の整備、地下鉄の延伸、土地用途の指定などが提案された。パリ地方全体をはじめて視界におさめた実質的な都市計画であった。

都市・住宅をめぐる発想の転換

両大戦間期に現れた建築・都市建設の工業化・規格化、衛生設備の整備、経済効率重視の思考の浸透、そして抗生物質の普及による死亡率低下といった諸事象は、都市や住宅にかんする考え方の転換を可能にした。例えば、１９４６年を最後に、流行病を居住環境と関連づけてとらえる統計手法は放棄され、室内設備など物質面に焦点をあてる統計に取って代わられた。また、人間の健康や衛生よりも、居住性・快適性・安全性を高める設備の充実を重視する家賃関連法が制定された。いまや結核による死者数を基準とする不衛生区画の指定意義は失われ、経済的効率や物質的充足の観点から都市空間を有効活用しようという傾向が強まったのである。このような都市や住宅をめぐる新たな発想は、第二次世界大戦後、一般の人びとの間にも広く浸透し、都市空間の劇的転換を受容する心性を育んだように思われる。その結果、パリでも市内東部地域を対象とする広範な再開発が現実味をおびて語られるようになった。

「栄光の30年」とパリの変貌

第二次世界大戦直後、戦争被害が大きかった国内各地から、また独立の動きを強める植民地から、首都とその郊外へ向かう人の流れが生まれ、ベビーブームも手伝って、パリ地方の人口は急増した。ところが、これら増加人口を受け入れる用意のなかったパリ地方では空前の住宅不足が生じたのである。第二帝政下の首都改造からすでに数十年、パリ市内では各種施設や住宅の老朽化が露わになっていた。不衛生区画もほとんど手つかずのままで残されていた。ド・ゴール大統領のもとで初代首相をつとめたドブレは、こうした事態を「都市計画もつくらず放任した第三共和政、第四共和政には恥じ入ったものだ」と回想している。

アメリカのマーシャル・プランによる財政支援を得て、1950年代以降、都市の開発・再開発にかんする法整備がはじめられ、1960年前後、住宅不足の解消を目標に、公共団体や半官半民会社組織などによる500戸以上の住宅建設を国家が財政支援する制度（優先市街地化区域、ZUP）が整えられた。パリ地方の総合整備開発計画も作成され、都市や住宅の大規模な整備は軌道にのっていく。新設のパリ地方を統括する行政組織によって確立された都市計画・都市整備の基本方針にもとづいて、大規模団地が建設され、1960年代末までに新築で14万戸が誕生するのである。しかし、次々に誕生した大規模団地には、まもなく長大さや単調さを批判する声が集まるようになった。こうした動きと併行して、首都機能の近代化を目指す再開発事業が、西郊の4自治体に跨るラ・デファンス地区や、セーヌ左岸の市内3地区（フロン・ド・セーヌ、モンパルナス、イタリー）から始動し、やがてそこに高層ビル群が姿を現した。アフリカ・アジアの旧植民地などから移民が大挙流入し、彼らのバラックが郊外各所に増殖したのもこのころのことである。このスラムから移り住む人びとのために団地の空き住戸が政策的に流用されると、郊外の集合住宅の悪評に拍車がかかった。

1967年、都市圏・地域圏など、広域レヴェルで土地利用指針が定められ、これにもとづいて、市街地、農地、環境保護など、地域別に土地利用が指定されることになった。また、大規模団地へ向けられた批判にこたえるべく、公的組織、所有権者、住民など、当事者が協議を重ねて開発計画を策定し具体化し、同時に民間投資を取り込もうという協議整備区域（ZAC）の制度が導入された。さらに、郊外団地をめぐる不満をも意識しつつ、パリ地方の都市計画にニュータウン（全国9か所のうち5か所）が組み込まれた。こうしたなかで郊外のスラムは解体されて縮小し、市内の不衛生区画も再開発の一環として解消へ向かった。

構造不況とパリ

第一次石油危機（オイルショック）がおこった1973年に、大規模団地の建設への国家支援を打ち切るギシャール通達が出され、都市・住宅政策は転機を迎えた。このころ、ときの大統領ジスカール・デスタンは、高層のモンパルナス・タワーを非難し、モダニスム建築にたいして疑問を呈している。協議整備区域の計画・事業については、土地利用規制の尊重を義務づける一方、専門家の主導性を強め、開発計画協議への住民参加を必須とするなど、開発・再開発の進め方に一定の修正が加えられた。この修正された協議整備区域制度を駆使しながら、既存の建造物を建て替えたり、移転した工場や鉄道敷地の跡地を活用したりと、再開発がつづけられたのである。また、パリ郊外のニュータウン計画は、目標を下方修正したうえで、継続が認められた。

凱旋門の屋上からのラ・デファンス、中央にグランダルシュ（2019年）

やや遅れて大統領ミッテラン（任期1981～1995）のもとでは、パリ第13区の広域再開発、ラ・デファンスのグランダルシュ（新凱旋門）、ルーヴル美術館のピラミッドなど、幾多の計画が生まれ、これらは最新技術を駆使しつつ現実のものとなった。

しかし、長引く構造的不況のなかでは、郊外の団地に住まいを得た移民やその家族が有利な職に就くのは難しく、彼らの生活や環境はなかなか改善されなかった。そこに少なからぬ社会的な差別が絡んで移民2世、3世などは疎外感を深め、不満をつのらせた。大都市の郊外で環境や治安の悪化が目立つようにもなった。そうした状況とまったく無縁とはいえないであろう、2005年には、パリ北郊で暴動が起こり伝播するという事態が発生した。

そして現在

グローバリゼーションが本格化した今も、パリとその地方は変貌をやめようとはしない。パリを核とする広域レヴェルで地下鉄（メトロ）、郊外鉄道（RER）、高速道路など、公共交通網の整備が展開しつつあり、これとも絡みながら、パリ地方の諸地域では機能再編や社会的分離（セグレガシオン）が進んでいる。ベルヴィルなどの旧くからの労働者地区や移民地区は、先端企業の進出や富裕な人びとの流入で、著しい変化をとげつつあり、パリに隣接する市町村でもかつての民衆街が瀟洒な住宅地に取って代わられるといった事態が進行している。その結果、不動産価格や家賃が急上昇し、いまやパリの市内や近郊に普通の事務職員や労働者が住むことはきわめて困難な状態にある。反面において、パリ市内にも移民地区の様相を強めるところもあり、2015年の同時多発テロのような事件が起こったり、デモやストライキが継続したりして、都市的矛盾が深化し変質していることを窺わせる。不断にかつ大きく、フランスの首都パリは変わりつづけている。

（中野隆生）

コラム 8

ル・コルビュジエ

20世紀フランスは著名な建築家を数多く輩出した。なかでもル・コルビュジエの名は広く知れ渡っている。本名はシャルル・エドゥアール・ジャンヌレ、1887年にスイスで生まれた。父は伝統を誇るジュラ地方の時計工業の職人。彼自身も職人そして画家の道を志したが、20歳ころから建築に携わるようになり、ヨーロッパや中東で都市を訪れ建築を学んだ。建築の設計、著作に手を染めた彼は、1917年にパリへ活動の拠点を移して、まもなくル・コルビュジエを名乗る。1928年にはCIAM（近代建築国際会議）をリードして、ヴァルター・グロピウス（1883～1969）やルートヴィヒ・ミース・ファン・デル・ローエ（1886～1969）と並んでモダニスム建築を代表する一人となった。1930年、フランスに帰化した。

1920年代にほぼ固まっていたル・コルビュジエの建築論の骨格は次のようにまとめられる。すなわち、「ドミノ」（標準化された部材でできた床、柱、階段からなる建物の骨組み）をベースに多彩な住宅を考案し、ピロティに支えられる人工地盤上に「自由な平面、自由なファサード」を作り出そうとした、と。それは、豊かな太陽・空気・緑地ゆえの「衛生」を、建築の工業化・規格化で創出可能になった合理的な都市や住宅で実現し、また建築家に自由な表現の空間をもたらすことを意味した。

両大戦間期のル・コルビュジエは都市計画の策定や戸建住宅の設計に携わった。例えば、パリを300万人の現代都市ととらえ、重要な歴史建造物は残しながらも、高層建築を都心にまとめて高速道路や空港を配した計画や、結核に汚染された居住地区を撤去し、長大な集合住宅を建てて公共施設を整備するパリ東部地区の計画を提案している。しかし、実現することはなかった。他方で有力な支持者を得て戸建住宅や集合住宅を数多く設計している。この時期のル・コルビュジエを代表するのはやはり、自らの建築論を自在に適用したサヴォワ邸であろう。名声を確立したル・コルビュジエは、第二次世界大戦中、ヴィシー政府に働きかけて建築計画を実行しようとはかったが、これには失敗し、むしろのちにヴィシーとの関係を責められる結果になった。

サヴォワ邸（パリの西郊、ポワシー〔イヴリーヌ県〕）

　極度の住宅難にあった大戦直後から戦後復興、高度成長の時期にかけて、ル・コルビュジエは、アンドレ・マルローなど、有力政治家の支持を得て活動の幅を広げた。例えば、マルセイユのユニテ・ダビタシオン。巨大なピロティに支えられた長さ１３５メートル、幅24メートルの20階建て集合住宅である。その内部には、身長１・83メートルの人体を基準とする寸法体系モデュロールにもとづいて、アパルトマン３３０戸、商店街、ホテル、幼稚園、屋上運動スペースなどが設けられた。もともとは数棟を建設して都市をつくる計画であったという。また、曲線を駆使したノートル・ダム・デュ・オー礼拝堂など、独自の宗教空間を生み出す一方で、リヨン南東方のフィルミニーで都市計画に関与している。また、パンジャブ州（インド）の新都チャンディーガルの設計・建設を担い、首相ネルーの共感を獲得した。早くから構想していた「無限成長美術館」（中央から外へ渦巻き状に展示室が配置される美術館）も東京の国立西洋美術館として具現化された。前川國男など、彼に師事した日本の建築家は多いのである。1965年、コート・ダジュールで遊泳中に死去。

1970〜80年代にはモダニスム建築に批判が集まったが、21世紀への転換期あたりからル・コルビュジエ設計の建物は世界中で親しまれるようになり、いまや世界遺産に登録されているものも少なくない。その理由の一つは、近現代の産業化・合理化の所産のなかに、人間への眼差しを美しく組み込んだ点にあるのかもしれない。

（中野隆生）

ノートル・ダム・デュ・オー礼拝堂（ロンシャン〔オート・ソーヌ県〕）

49 フランスの移民
――19世紀から今日まで

移民とは誰か

「移民」の定義は、それを規定する国あるいは組織によって、また時代によってもそれぞれ異なる。国際連合の国際移民報告書（2017年）によると、移民とは「出生国でない国に移動し生活している人」と定義している。他方フランスでは若干異なり、統合高等評議会（HCI）による1991年の定義によると、「外国人として外国で生まれ、フランスに移動し生活している人」を移民として規定する。前者の国連は「国境を越える移動」のみを要件としているのに対し、後者のフランスではこれに加え「出生時の国籍」も必要条件となっている。つまりフランスでは、フランス人として外国で生まれた人がその後フランスに移動し暮らしても、定義上は移民とはならない。他方で、外国人として外国で生まれた人がその後フランスに移動してフランス国籍を取得しても、移民であることには変わりない。さらに「移民」と「外国人」はしばしば混同されることがあるが、移民は必ずしも外国人ではなく、前出の例のように、移民の中にはフランス国籍を取得する者（＝フランス人）もいれば、外国籍のままの者（＝外国人）もいる。また、フランスで生まれフランス国籍をもつ移民の子どもたち（往々にして「移民二世」と呼ばれる）は、もはや移民でもなければ外国人でもなく、分類上はフランス人となる。

２０１８年のフランスの総人口は６６８９万人で、そのうち６２１３万人（総人口の92・９％）がフランス人、４７６万人（同７・１％）が外国人、６４９万人（同９・７％）が移民である（図１）。またフランス生まれの移民二世は７４８万人（同11・２％）に上る。

人の移動の歴史

「人の移動」は人類の誕生以来いつの時代においても見受けられる現象ではあるが、とりわけ19世紀以降には、産業化の発展と移動手段の発達に伴い、農村から工業地域へと向かう人の流れが生じ、やがてこの流れは国境を越える大規模な人の移動へと変貌していった。フランスは早くも19世紀半ばより出生率の低下により人口が伸び悩み、労働力不足から外国人労働者を受け入れる必要にせまられた。以来フランスは今日にいたるまで一貫して移民受け入れ国として機能してきた。他のヨーロッパ諸国がこれに続くのは20世紀半ば以降のことである。

移民はどこから来たのか

図２は１８５１年から今日までのフランス在留外国人の国籍別推移を示したものである。全体的な特徴として、潮の満ち引きにも似た周期的な変動が見て取れる。こうした変動は、フランス社会の動きと国際情勢とに密接に関わっている。

19世紀に最も多くフランスにやってきたのはベルギー人とイタリア人で、外国人の３分の２を占め

図1　フランス人・外国人・移民（2018年）

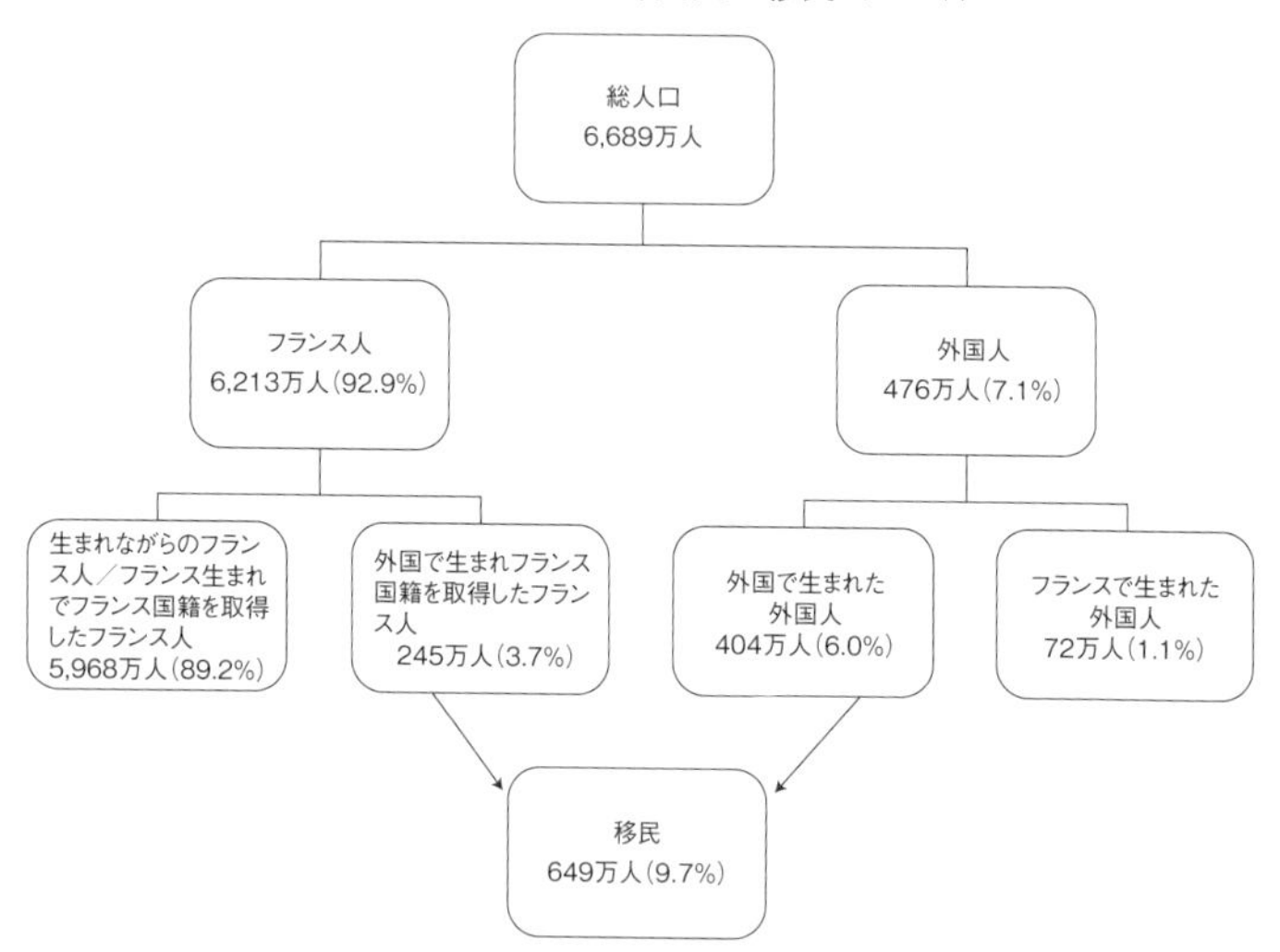

注：(　) 内は総人口に占める割合。
出典：INSEE, Recensements de la population et estimations de population, 2019.

図2　外国人の国籍別推移（1851 ～ 2016年）

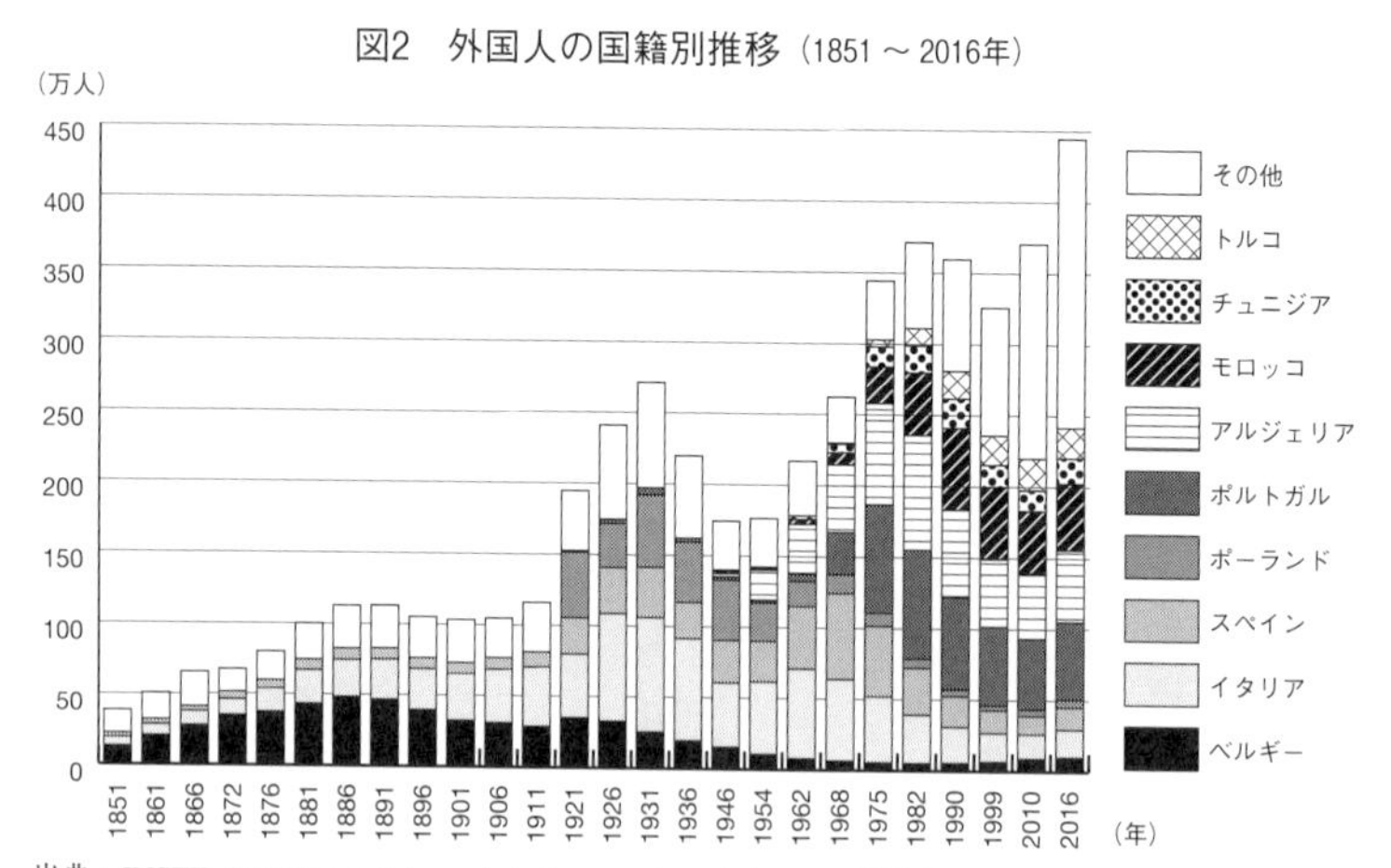

出典：INSEE, Annuaire statistique de la France, résumé rétrospectif 1966.
INSEE, Recensements de la population 1946-2016.

ていた。ベルギー人は主にフランス北部の炭鉱や繊維工場で、イタリア人は南部の炭鉱や化学工場などで働いていた。また工場だけでなく、鉄道の敷設や万国博覧会などの建設現場、人口流失で人出が足りなくなった農村部でも外国人が雇われていた。1881年に外国人総数は100万人を超え、人口の3%を占めるまでとなる。このころの移民は国境を接する近隣諸国（ベルギー、イタリア、ドイツ、スイス、スペイン）の出身者で、圧倒的に男性の数が多く、季節労働者あるいは一時的な出稼ぎの傾向が強かった。また、これら労働者と並行して、フランスはヨーロッパ各地から政治的あるいは宗教的な理由で逃れてきた多くの亡命者たちを受け入れていた。

パリ北駅に到着したベルギー移民（1914年）

20世紀に入るとフランス政府は国家主導による計画的な移民受け入れを試み始める。イタリア、ベルギー、ポーランド政府と移民労働者受け入れの協定を結ぶ。さらに第一次世界大戦が勃発すると、北アフリカ、西アフリカ、インドシナといった植民地から、57万人を兵士として呼び寄せ、23万人の労働者をフランス国内の工場に動員した。また同盟国からも44万人の労働者を呼び寄せ、戦時下の労働力不足を補った。終戦後も引き続き労働者の不足が問題となり、移民斡旋を手掛ける民間組織「移民会社（SGI）」が創設される。1931年に外国人の数は272万人に達し、人口の7%を占めるまでとなる。イタリア、ベルギー、スペインといった近隣諸国からの移民に加え、ポーランド人の数が増加した。さらに虐殺を逃れたアルメニア人、ロシア革命を逃れたロシア人、ファシズムから逃れたイタリア人、内戦を逃れたスペイン人といった亡命者がフランスを定住の地とした。ところが30年代に入ると世界恐慌がフランスにも波及し、鉱工業や建設業などで外国人労働者が大量に解雇される。多くの移民が帰国を余儀なくされるなか、フランス国籍を取得する者も少なからずいた。帰化者の数は1931年の36万人から1936年には52万人にまで増加、わずか5年で16万人がフランスに帰化したことになる。第二次世界大戦中は国土の過半をドイツ軍に占領され、外国人の数は激減した。この時期、多くのユダヤ人（なかにはフランス国籍を持つ者まで）が強制収容所に送られ、8万人が死亡したとされる。

第二次世界大戦の戦後復興に沸くフランスでは、外国人の数が再び増加に転じる。1945年には「移民局（ONI）」が創設され、国家主導による本格的な移民労働者の受け入れが始まった。しかし60年代に入ると移民局の処理能力を超える労働者が集まり、不法移民が増加、フランス政府は事後的に労働許可や滞在許可を与え正規化を図った。政府はまた、スペインとポルトガルに加え、フランスから独立を果たしたモロッコ、チュニジア、アルジェリア、さらにはトルコと二国間協定を結び、労働者の呼び寄せに拍車をかけた。1968年の外国人総数は262万人（総人口の5％）、国籍別ではスペイン人が最も多く、イタリア人、アルジェリア人がこれに続いた。60年代後半からは独裁政治を逃れたポルトガル人がフランスに移住し、1975年にはスペイン人を抜いて在仏外国人の最多を占めた。この他、北アフリカのマグレブ3国（アルジェリア、チュニジア、モロッコ）、サハラ砂漠以南に位置する旧フランスの植民地、あるいはザイール（旧ベルギーの植民地）などのフランス語圏の植民地からの移民や、トルコからの移民、また東南アジア（ヴェトナム、ラオス、カンボジア）からの難民も増加する。しかし1974年に石油ショックに続く経済危機から、フランスは当時の欧州共同体（EC）の加盟国以外の労働者の新規受け入れを停止する。さらに補助金を支給して自発的帰国を促したものの、1976年にすでにフランスに滞在している者に対して家族の呼び寄せを認めたため、これまで一時的な出稼ぎという傾向にあった男性労働者の定住化が進み、女性と子どもの数も増加した。1982年にはポルトガル人を抜いてアルジェリア人が在仏外国人の最多を占めた。80年代には不法移民の取り締まりが強化される。90年代には外国人の数は減少した一方で、フランス国籍を取得する人が増加した。1999年に外国人の数は326万人（総人口の6％）、帰化者の数は236万人（同4％）となった。

21世紀に入ると外国人の数は再び増加に転じる。特に戦禍を逃れた人々がフランスで難民申請をしており、その数は年々増加、2018年には12万人を超えた。アフガニスタン、アルバニア、ジョージア、ギニア、コートジボワールからの申請者が多い。近年の傾向としてヨーロッパ出身者の割合が次第に減少し、移民の出身地が多様化している。2018年には移民の46％がアフリカ出身、次いで33％がヨーロッパ出身、14％がアジア出身、6％が南北アメリカ・オセアニアの出身となっている。また移民の女性化も進み、2008年には女性移民が男性移民の数を追い抜いた。家族の一員としてフランスに来るだけでなく、女性が単身で仕事を求めて、あるいは留学のためにフランスに来る事例が多くなっている。

グローバリゼーションと移民

よそから来た者が現地の人と出会うとき、何らかの社会的緊張が生まれる。異なるものに対する拒否感・嫌悪感・不公平感が芽生えるからだ。移民の受け入れに長い歴史のあるフランスも例外ではなく、これまで幾度となく移民排斥が繰り返されてきた。好景気では移民の存在はさほど眼にはとまらないが、ひとたび不況になると移民排斥の機運が高まり、真っ先に標的となるのが決まって、最後にやって来た移民であった。19世紀末にはベルギー人とイタリア人が、両大戦間期にはポーランド人、スペイン人、アルメニア人、ロシア人が、1970年以降はアルジェリア人などのイスラーム系の移民が、「フランス人の仕事を奪う」、「同化不可能」とされ排斥された。

いつの時代でも人類は生き延びるために、あるいはより快適に暮らすために移動を重ねてきた。国連によると、2017年時点で世界で国境を越える移動をした人の数は2億5800万人に上り、実に30人に1人が移民と推計される。今や国境を越える人の移動は全世界的な潮流となっている。

（平野奈津恵）

50 フランス、EU、グローバリゼーション

――フランスはどこへ向かうのか

ヨーロッパ統合におけるフランス

20世紀後半、ヨーロッパ統合の登場により、欧州の国際関係は大きく変容した。1950年のシューマン提案により独仏和解と欧州石炭鉄鋼共同体が生み出され、ヨーロッパに平和とエネルギーの共同体が創設された。1958年には欧州経済共同体が成立し、加盟国間の経済的一体化が高まった。そして1993年には欧州連合（EU）が誕生し、ヒト・モノ・カネ・サーヴィスの多岐にわたる自由移動が可能になり、2002年には共通通貨ユーロも一般に流通し始めたのである。

こうしたヨーロッパ統合の背後には、多くのフランス人の活躍があった。外相ローベル・シューマンと腹心のジャン・モネは欧州石炭鉄鋼共同体を考案し、のち「ヨーロッパの父」と呼ばれた。また欧州委員会委員長ジャック・ドロールはEUを誕生に導いた。

フランスにとって初期のヨーロッパ統合とは、自らを守る手段であった。二度の大戦により、フランスの国土は疲弊し弱体化していた。フランスが復活し、「偉大さ」を取り戻すためには、仇敵ドイツと和解・協調し、またヨーロッパに大市場を形成することが不可欠と考えられた。さらに「フランスの農業とドイツの工業との結婚」と指摘されるように、共通農業政策による補助金は、フランス農

業を潤した。地域統合とは、フランスが生き残るための選択であったのである。

ＥＵの誕生と試練

第二次世界大戦後の「栄光の30年代」を経て、１９７０年代の石油ショック以降、フランスは失業率の高止まりと低成長に悩まされた。さらに１９８９年のベルリンの壁崩壊と冷戦の終焉により国際環境が激変した。とりわけドイツの再統一により、再び強いドイツが復活した。

こうした中で、１９９３年にＥＵが発足した。ＥＵはこれらの難題をヨーロッパレベルで打開する起爆剤として期待されたものの、実際には、フランスを拘束する存在となった。とりわけＥＵのもとで各国政府は自国内でとるべき政策の範囲および選択肢を狭められた（ヨーロッパ化）。通常であれば、国内政治は各国政府が決定し、法も自国の議会において立法化される。しかしヨーロッパ統合、とりわけＥＵのもとではブリュッセルの欧州委員会が政策を決定するのみならず、立法も行い、各国はこれに従うという構図へと変化した。

さらに単一通貨ユーロの登場により、自国の通貨（フラン）と金融政策を失い、さらに財政政策もＥＵの拘束を受けた。フランスでは拡張的な財政政策が好まれるが、通貨統合を実現するためにはドイツ的な緊縮財政に同調する必要があった。シラク大統領もユーロ導入後増税や社会保障費削減を余儀なくされ、国民からの抗議活動に悩まされた。

グローバリゼーションに抵抗するフランス

戦後のフランスは、手厚い社会保障や労働者の保護、いわゆる福祉国家を築き上げ、国家主導型の政策手法（ディリジスム）を特徴としてきた。しかしこうしたフランス型の社会経済モデルの維持は、ユーロに伴う財政の制約の中で困難となっている。加えてグローバリゼーションの時代には規制緩和・民営化・自由化が世界標準となり、これらは時代遅れとされた。英米を中心とするマーケットからは、フランス的な労働者を守る社会保障や硬直した労働市場こそが、企業の競争力を低下させ、ひいては低成長・高失業の要因であるとして敬遠された。

もちろんフランスの政治エリートも、福祉国家が危機に瀕し、従来型の政策が有効性を失っていることは認識していた。1997年から99年にかけてジョスパン首相のもとで大型民営化が進められた。こうした構造改革を通じて、EU市場で競争力をもった企業の育成に努めた。

しかしフランス世論は大きな政府、手厚い国家の庇護を好み、市場優位の英米的なグローバリゼーションの路線に根強い反発を示し続けた。例えば1995年のジュペ政府による社会保障改革や公務員改革に対し、激しい抗議活動が続き、パリは麻痺状態に陥った。また2006年のド・ヴィルパン首相による雇用改革も大規模なデモに直面し、廃案に追い込まれた。

一方、EUはグローバリゼーションの勝ち組を目指し、ヨーロッパレベルで規制緩和・民営化・自由化の導入に邁進した。フランス世論の目には、EUはもはやグローバリゼーションの手先にすぎず、フランス経済社会モデルを破壊し、不安定化させる存在と映った。EUのリーダーを任じていたフランスであるが、2005年の欧州憲法条約の批准において、フランス人は「ノン」を突きつけ、統合の進展に打撃を与えた。左右の既成政党は改革に取り組むと支持を失うというジレンマに陥り、グローバリゼーションと世論の間で、政権担当者は難しい舵取りを迫られていた。

グローバリゼーションとEUに翻弄されるフランス経済社会モデル

2007年、こうしたジレンマの中でサルコジ大統領は従来の政策との「断絶」を訴え、大統領選に勝利した。「もっと働いてもっと稼ごう」といった従来のフランスとは異質な文言を掲げ、グローバリゼーションへの適応を提案した。また外交においても、EUの盟主となることを望んだ。大統領就任時の公式ポートレートに、初めて三色旗とEU旗を取り入れた構図にその意志が読み取れよう。そのため、批准に失敗した欧州憲法条約の救済に奔走し、新たなEU統治のあり方を定めるリスボン条約の成立においてリーダーシップを発揮した。

サルコジ大統領就任時の公式ポートレート。初めて三色旗と共にEU旗が掲げられた。EU抜きに加盟国の国内政治を語ることはできなくなっている［©La Documentation française. Photo Philippe Warrin］

しかし大統領就任後、矢継ぎ早に改革に取り組んだものの、支持は下降した。大統領主導型の統治、また公私を含めたメディアへの露出度の高さが世論の反発を招いただけではない。グローバリゼーションに適応する改革を進めれば進めるほど、既得権が侵害され、雇用も流動化もしくは不安定化するという、フランス社会経済モデルの変容が国民に不安を与えたことにある。とりわけ地方の苦境は深刻で、パリからは見えにくい「不安定さ（プレカリテ）」や格差、社会の亀裂の危険性が指摘された。

このサルコジ改革は、２００９年のギリシャの財政問題を皮切りとするユーロ危機によって頓挫した。フランスはギリシャに多額の投資を行っていたため、ギリシャ問題は国内問題でもあった。サルコジは政府主導型の景気刺激策へと転換し、また国益重視の産業支援策を強化した。ＥＵにおいては、必ずしも関係良好ではなかったドイツのメルケル首相と協力し（メルコジ）、危機打開を図り、市場の求める緊縮財政路線を進めた。

２０１２年の大統領選では、反サルコジ旋風が吹き荒れ、社会党のオランド大統領が勝利した。オランドの個人的人気というより、ドイツ流の緊縮財政を押しとどめ、弱者への再分配を重視した旧来型の再分配政策の復活に期待が集まった。またＥＵにおいては独仏協調を重んじ、ドイツ流の緊縮財政協定の見直しを迫り、財政拡張政策・経済成長重視へと転換させた。しかしフランスの財政赤字の縮小に失敗する中で、次第にＥＵにおける発言権も失われていく。

オランドが力を注いだのは、労働コストの削減を含む企業の競争力の強化、雇用の柔軟化、増税という、いわばドイツのシュレーダー改革のフランス版であった。しかし世論は、選挙前後のギャップに失望し、経済も復活せず、既得権が縮小するのみの状態に怒り、社会党の支持者さえ激減した。既成政党に幻滅した人々は、左右のポピュリスムになだれ込み、これが国民戦線（ＦＮ）のマリーヌ・ルペンの台頭を準備した。

２０１７年の大統領選により、フランス政治は激変した。大統領選に勝利したのは中道で市場重視のマクロンであった。左右の既成政党は支持者を失い、第1回投票で敗退。第2回投票に進んだマリーヌ・ルペンは、移民たたきの極右ではなく、ソフト化したポピュリストへと変貌し、グローバリゼーション批判やユーロ離脱を訴えた。しかし既存の政党への反対票を集めたものの、統治者として信任を得るには至らず敗北した。

マクロン大統領は、官僚、外資系投資銀行等を経験し、オランド大統領のもとで経済・産業・デジタル大臣に抜擢された経歴を持つ。従来の既定路線にとらわれないマクロンは、左右の垣根を越えた聖域なき改革を目指した。グローバリゼーションのもとで競争力ある企業の活性化やフランス社会経済モデルの見直しにとどまらず、デジタル経済化やＡＩ等のイノヴェーションの推進に取り組んでいる。

ナショナル・アイデンティティと国家の一体性の危機

とはいえフランス社会は深刻な国家の一体性の危機に瀕している。移民問題は以前から存在していたが、２００５年には移民の暴動が相次ぎ、改めて、移民の若者の深刻な貧困問題、そして差別の深刻な状況が浮き彫りとなった。さらに２０１５年のシャルリ・エブド事件等、イスラーム教のジハディスト（聖戦主義者）によるテロも頻発し、治安問題が優先課題とされるようになった。これらの根本的原因の一端は、フランス社会における移民との共存の失敗にある。共和主義の原理はさらに先鋭化し、時として排除の論理としても機能している。さらにシリア等のイスラーム国（ＩＳ）から逃れ

2019年1月5日、パリでデモを行う黄色いベスト運動。グローバリゼーションに伴う社会の分断・亀裂は深刻である［AP/アフロ提供］

てきた難民の受入も消極的であり、社会は閉鎖性を強めている。

さらに格差の問題も深刻である。2018年末より、黄色いベストを着た人々が、毎週増税反対、マクロン反対等を訴えデモを繰り返した。参加者の多くは地方の、そして安定した雇用からもこぼれ落ちた、いわばグローバリゼーションによる苦境にもがく人々である。規模の大きさは1968年に匹敵するとされるが、政党や労組に組織されない草の根的な運動である点は従来のデモと大きく異なる。移民、貧困に苦しむ人、周辺の声にどのように向き合うのか。さらにコロナウイルスとの「戦争」は、フランスに新たな苦難を強いている。グローバリゼーションとEUの狭間で、フランスの選択が問われている。

（上原良子）

フランスの歴史を知るための参考文献

通　史

柴田三千雄・樺山紘一・福井憲彦編『世界歴史大系　フランス史』（全3巻）山川出版社、１９９５～１９９６年。

福井憲彦編『世界各国史12　フランス史』山川出版社、２００１年。

佐藤彰一・中野隆生編『フランス史研究入門』山川出版社、２０１１年。

平野千果子編『新しく学ぶフランス史』ミネルヴァ書房、２０１９年。

上垣豊編『はじめて学ぶフランスの歴史と文化』ミネルヴァ書房、２０２０年。

第Ⅰ部　古代・中世

朝治啓三・渡辺節夫・加藤玄編『中世英仏関係史１０６６－１５００――ノルマン征服から百年戦争終結まで』創元社、２０１２年。

泉美知子『文化遺産としての中世――近代フランスの知・制度・感性に見る過去の保存』三元社、２０１３年。

伊東俊太郎『十二世紀ルネサンス』講談社学術文庫、２００６年。

上田耕造『ブルボン公とフランス国王――中世後期フランスにおける諸侯と王権』晃洋書房、２０１４年。

上田耕造『図説　ジャンヌ・ダルク――フランスに生涯をささげた少女』河出書房新社、２０１６年。

カエサル（高橋宏幸訳）『ガリア戦記（カエサル戦記集）』岩波書店、２０１５年。

片山幹生「テクスト生成の場としての中世都市――十三世紀アラスの文芸と市参事会」『早稲田大学大学院文学研究科紀要』44号、２００８年。

加藤耕一『ゴシック様式成立史論』中央公論美術出版、２０１２年。

金澤正剛『中世音楽の精神史――グレゴリオ聖歌からルネサンス音楽へ』河出文庫、２０１５年。

金沢百枝『ロマネスク美術革命』新潮社、２０１５年。

川添信介『水とワイン――西欧13世紀における哲学の諸概念』京都大学学術出版会、２００５年。

城戸毅『百年戦争――中世末期の英仏関係』刀水書房、2010年。

グラント、エドワード（小林剛訳）『中世における科学の基礎づけ――その宗教的、制度的、知的背景』知泉書館、2007年。

コルベ、パトリック（堀越宏一訳）『中世ヨーロッパの妃たち（YAMAKAWA LECTURES 10）』山川出版社、2021年。

コンタミーヌ、フィリップ（坂巻昭二訳）『百年戦争』白水社（文庫クセジュ）、2003年。

佐藤賢一『英仏百年戦争』集英社新書、2003年。

佐藤賢一『ヴァロワ朝――フランス王朝史2』講談社現代新書、2014年。

佐藤彰一『カール大帝――ヨーロッパの父（世界史リブレット人29）』山川出版社、2013年。

佐藤彰一『剣と清貧のヨーロッパ――中世の騎士修道会と托鉢修道会』中公新書、2017年。

佐藤猛『百年戦争期フランス国制史研究――王権・諸侯国・高等法院』北海道大学出版会、2012年。

佐藤猛『百年戦争――中世ヨーロッパ最後の戦い』中公新書、2020年。

サン＝ドニ、アラン（福本直之訳）『聖王ルイの世紀』白水社（文庫クセジュ）、2004年。

重信常喜『フランス中世喜劇入門』紀伊國屋書店、1972年。

杉崎泰一郎『修道院の歴史――聖アントニオスからイエズス会まで』創元社、2015年。

ダヴー、ジャック（橋口倫介・大島誠・藤川徹編訳）『エチエンヌ・マルセルのパリ革命（ドキュメンタリー・フランス史）』白水社、1988年。

デュビー、ジョルジュ（松村剛訳）『ブーヴィーヌの戦い――中世フランスの事件と伝説』平凡社、1992年。

轟木広太郎『戦うことと裁くこと――中世フランスの紛争・権力・真理』昭和堂、2011年。

中村好文・木俣元一『フランス・ロマネスクをめぐる旅』新潮社、2004年。

長谷川敬「リヨンと北辺の町々――都市の華やぎ、支える商人」本村凌二ほか『ローマ帝国と地中海文明を歩く』講談社、2013年。

ハーパー、ジョン（佐々木勉・那須輝彦訳）『中世キリスト教の典礼と音楽』教文館、2000年。

花田洋一郎『フランス中世都市制度と都市住民――シャンパーニュの都市プロヴァンを中心にして』九州大学出版会、2002年。

ハルトゥング、ヴォルフガング（井本晌二・鈴木麻衣子訳）『中世の旅芸人――奇術師・詩人・楽士』法政大学出版局、2006年。

フォルツ、ロベール（大島誠編訳）『シャルルマーニュの戴冠（ドキュメンタリー・フランス史）』白水社、1986年。

ブルノン、アンヌ（池上俊一監修、山田美明訳）『カタリ派――中世ヨーロッパ最大の異端』創元社、2013年。

ブロック、マルク（井上泰男・渡邊昌美訳）『王の奇跡――王権の超自然的性格に関する研究／特にフランスとイギリスの場合』刀水書房、1998年。

三佐川亮宏『ドイツ史の始まり――中世ローマ帝国とドイツ人のエトノス生成』創文社、2013年。

モラ、ミシェル／ヴォルフ、フィリップ（瀬原義夫訳）『ヨーロッパ中世末期の民衆運動――青い爪、ジャック、そしてチオンピ』ミネルヴァ書房、1996年。

柳宗玄『ロマネスク美術《柳宗玄著作選4》』八坂書房、2009年。

山本成生「スコラ・カントールムの生成と伝播」『西洋中世研究』7号、2015年。

リンドバーグ、デイビッド・C（高橋憲一訳）『近代科学の源をたどる――先史時代から中世まで』朝倉書店、2011年。

ル・ゴフ、ジャック（岡崎敦・堀田郷弘・森本英夫訳）『聖王ルイ』新評論、2001年。

ル・ゴフ、ジャック（池上俊一・梶原洋一訳）『アッシジの聖フランチェスコ』岩波書店、2010年。

ルーベンスタイン、リチャード・E（小沢千恵子訳）『中世の覚醒――アリストテレス再発見から知の革命へ』ちくま学芸文庫、2018年。

ル・ロワ・ラデュリ、エマニュエル（井上幸治・渡邊昌美・波木居純一訳）『モンタイユー――ピレネーの村1294〜1324』刀水書房、1990年。

ロクベール、ミシェル（武藤剛史訳）『異端カタリ派の歴史――十一世紀から十四世紀にいたる信仰、十字軍、審問』講談社、2016年。

渡辺節夫『フランスの中世社会――王と貴族たちの軌跡』吉川弘文館、2006年。

渡邊昌美『異端カタリ派の研究――中世フランスの歴史と信仰』岩波書店、1989年。

渡邊昌美『フランスの聖者たち――古寺巡礼の手帖』（改訂新版）八坂書房、2008年。

第Ⅱ部　近世

アリエス、フィリップ（杉山光信・杉山恵美子訳）『〈子供〉の誕生』みすず書房、1980年。

アンダーソン、マイケル（北本正章訳）『家族の構造・機能・感情――家族史研究の新展開』海鳴社、1988年。

イスラエル、ジョナサン（森村敏己訳）『精神の革命――急進的啓蒙と近代民主主義の知的起源』みすず書房、2017年。

池上俊一・坂野正則「フランス」河原温・池上俊一編『ヨーロッパ中近世の兄弟会』東京大学出版会、2014年。

踊共二編『記憶と忘却のドイツ宗教改革――語りなおす歴史1517-2017』ミネルヴァ書房、2017年。

カッシーラー、エルンスト（中野良之訳）『啓蒙主義の哲学』

（上・下）ちくま学芸文庫、2003年。

木﨑喜代治『信仰の運命――フランス・プロテスタントの歴史』岩波書店、1997年。

岸本美緒編『1571年　銀の大流通と国家統合』山川出版社、2019年。

蔵持不三也『奇蹟と痙攣――近代フランスの宗教対立と民衆文化』言叢社、2019年。

桑瀬章二郎編『ルソーを学ぶ人のために』世界思想社、2010年。

コンボー、イヴァン（小林茂訳）『パリの歴史（新版）』白水社（文庫クセジュ）、2002年。

坂野正則「近世王国の社会と宗教」平野千果子編『新しく学ぶフランス史』ミネルヴァ書房、2019年。

佐々木真『ルイ14世期の戦争と芸術――生みだされる王権のイメージ』作品社、2016年。

佐々木真『図説　ルイ14世――太陽王とフランス絶対王政』河出書房新社、2018年。

ジュオー、クリスチアン（嶋中博章・野呂康訳）『マザリナード――言葉のフロンド』水声社、2012年。

ダーントン、ロバート（関根素子・二宮宏之訳）『革命前夜の地下出版（岩波モダンクラシックス）』岩波書店、2000年。

高澤紀恵『近世パリに生きる――ソシアビリテと秩序』岩波書店、2008年。

永見文雄『ジャン＝ジャック・ルソー――自己充足の哲学』勁草書房、2012年。

二宮宏之『二宮宏之著作集』（全5巻）岩波書店、2011年。

バーク、ピーター（石井三記訳）『ルイ14世――作られる太陽王』名古屋大学出版会、2004年。

バーク、ピーター（亀長洋子訳）『ルネサンス』岩波書店、2005年。

長谷川まゆ帆『男と女と子どもの近代（世界史リブレット89）』山川出版社、2007年。

服部春彦『文化財の併合――フランス革命とナポレオン』知泉書館、2015年。

林田伸一『ルイ14世とリシュリュー――絶対王政をつくった君主と宰相』山川出版社、2016年。

ファルジュ、アルレット／ルヴェル、ジャック（三好信子訳）『パリ1750――子供集団誘拐事件の謎』新曜社、1996年。

フェーヴル、リュシアン（二宮敬訳）『フランス・ルネサンスの文明――人間と社会の四つのイメージ』筑摩書房、1996年。

深沢克己・高山博編『信仰と他者――寛容と不寛容のヨーロッパ宗教社会史』東京大学出版会、2006年。

ブレスク、ジュヌヴィエーヴ（高階秀爾監修、遠藤ゆかり訳）『ルーヴル美術館の歴史』創元社、2004年。

ベルセ、イヴ＝マリー（阿河雄二郎・嶋中博章・滝澤聡子訳）『真実のルイ14世――神話から歴史へ』昭和堂、20

０８年。

ボナフー、パスカル（田中佳訳）『ルーヴル美術館の舞台裏――知られざる美の殿堂の歴史』西村書店、２０１４年。

メルシエ、ルイ＝セバスチャン（原宏訳）『十八世紀パリ生活誌――タブロー・ド・パリ』（上・下）岩波書店、１９８９年。

リヴェ、ジョルジュ（二宮宏之・関根素子訳）『宗教戦争』白水社（文庫クセジュ）、１９６８年。

ルソー、ジャン＝ジャック（中山元訳）『社会契約論／ジュネーヴ草稿』光文社古典新訳文庫、２００８年。

ルブラン、フランソワ（藤田苑子訳）『アンシャン・レジーム期の結婚生活』慶應義塾大学出版会、２００１年。

第Ⅲ部　近代

有田英也『ふたつのナショナリズム――ユダヤ系フランス人の「近代」』みすず書房、２０００年。

ウィリアムズ、ロザリンド・H（吉田典子・田村真理訳）『夢の消費革命――パリ万博と大衆消費の興隆』工作舎、１９９６年。

ヴェイユ、パトリック（宮島喬・大嶋厚・中力えり訳）『フランス人とは何か――国籍をめぐる排除のポリティクス』明石書店、２０１９年。

上垣豊『ナポレオン　英雄か独裁者か（世界史リブレット人62）』山川出版社、２０１３年。

エリス、ジェフリー（杉本淑彦・中山俊訳）『ナポレオン帝国』岩波書店、２００８年。

オズーフ、モナ（立川孝一訳）『革命祭典――フランス革命における祭りと祭典行列』岩波書店、１９８８年。

小田中直樹『フランス近代社会　１８１４～１８５２――秩序と統治』木鐸社、１９９５年。

小田中直樹『19世紀フランス社会政治史』山川出版社、２０１３年。

菅野賢治『フランス・ユダヤの歴史』（上・下）慶應義塾大学出版会、２０１６年。

木下賢一『第二帝政とパリ民衆の世界――「進歩」と「伝統」のはざまで』山川出版社、２０００年。

喜安朗『近代フランス民衆の「個と共同性」』平凡社、１９９４年。

喜安朗『夢と反乱のフォブール――１８４８年パリの民衆運動』山川出版社、１９９４年。

工藤光一『近代フランス農村世界の政治文化――噂・蜂起・祝祭』岩波書店、２０１５年。

剣持久木編『よくわかるフランス近現代史』ミネルヴァ書房、２０１８年。

阪口修平・丸畠宏太編『軍隊（近代ヨーロッパの探求12）』ミネルヴァ書房、２００９年。

柴田三千雄『近代世界と民衆運動』岩波書店、１９８３年。

柴田三千雄『フランス革命』岩波現代文庫、２００７年。

杉本淑彦・竹中幸史編『教養のフランス近現代史』ミネルヴァ書房、２０１５年。

竹中幸史『図説 フランス革命史』河出書房新社、2013年。

田中拓道『貧困と共和国――社会的連帯の誕生』人文書院、2006年。

田中拓道「公と民の対抗から協調へ――19世紀フランスの福祉史」高田実・中野智世編『近代ヨーロッパの探究15 福祉』ミネルヴァ書房、2012年。

谷川稔『十字架と三色旗――近代フランスにおける政教分離』岩波現代文庫、2015年。

谷川稔・北原敦・鈴木健夫・村岡健次『近代ヨーロッパの情熱と苦悩』中央公論新社、2009年。

谷川稔・渡辺和行編『近代フランスの歴史――国民国家形成の彼方に』ミネルヴァ書房、2006年。

寺本敬子『パリ万国博覧会とジャポニスムの誕生』思文閣出版、2017年。

トクヴィル、アレクシス・ド（喜安朗訳）『フランス二月革命の日々――トクヴィル回想録』岩波書店、1988年。

長井伸仁『歴史がつくった偉人たち――近代フランスとパンテオン』山川出版社、2007年。

中野隆生『プラーグ街の住民たち――フランス近代の住宅・民衆・国家』山川出版社、1999年。

西川長夫『フランスの近代とボナパルティズム』岩波書店、1984年。

野村啓介『フランス第二帝制の構造』九州大学出版会、2002年。

ノラ、ピエール編（谷川稔監訳）『記憶の場――フランス国民意識の文化＝社会史2《統合》』岩波書店、2003年。

ハント、リン（松浦義弘訳）『人権を創造する』岩波書店、2011年。

平野千果子『フランス植民地主義の歴史――奴隷制廃止から植民地帝国の崩壊まで』人文書院、2012年。

廣澤孝之『フランス「福祉国家」体制の形成』法律文化社、2005年。

松井道昭『フランス第二帝政下のパリ都市改造』日本経済評論社、1992年。

松嶌明男『図説 ナポレオン』河出書房新社、2016年。

ヤコノ、グザヴィエ（平野千果子訳）『フランス植民地帝国の歴史』白水社1998年。

山﨑耕一『フランス革命――「共和国」の誕生』刀水書房、2018年。

吉見俊哉『博覧会の政治学――まなざしの近代』中公新書、1992年。

ラヴダン、ピエール（土居義岳訳）『パリ都市計画の歴史』中央公論美術出版、2002年。

渡辺和行『エトランジェのフランス史――国民・移民・外国人』山川出版社、2007年。

第Ⅳ部　現代

シャルロ、ジャン（野地孝一訳）『保守支配の構造――ゴリスム 1958-1974』みすず書房、1976年。

シラク、ジャック（松岡智子監訳）『ジャック・シラク――フランスの正義、そしてホロコーストの記憶のために』明石書店、２０１７年。

竹岡敬温『世界恐慌期フランスの社会――経済・政治・ファシズム』御茶の水書房、２００７年。

伊達聖伸『ライシテから読む現代フランス――政治と宗教のいま』岩波新書、２０１８年。

谷川稔『十字架と三色旗――近代フランスにおける政教分離』岩波現代文庫、２０１５年。

デフラーヌ、ジャン（長谷川公昭訳）『ドイツ占領下のフランス』白水社、１９８８年。

デュクレール、ヴァンサン（大嶋厚訳）『ジャン・ジョレス１８５９‐１９１４――正義と平和を求めたフランスの社会主義者』吉田書店、２０１５年。

ドフラーヌ、ジャン（大久保敏彦・松本真一郎訳）『対独協力の歴史』白水社、１９９０年。

中木康夫編『現代フランスの国家と政治――西欧デモクラシーのパラドックス』有斐閣、１９８７年。

中野隆生『プラーグ街の住民たち　フランス近代の住宅・民衆・国家』山川出版社、１９９９年。

中野隆生編『都市空間と民衆　日本とフランス』山川出版社、２００６年。

中野隆生編『20世紀の都市と住宅　ヨーロッパと日本』山川出版社、２０１５年。

中山洋平『戦後フランス政治の実験――第四共和制と「組織政党」１９４４‐１９５２年』東京大学出版会、２００２年。

中山洋平『戦後フランス中央集権国家の変容――下からの分権化への道』東京大学出版会、２０１７年。

ノワリエル、ジェラール（大中一彌・川﨑亜紀子・太田悠介訳）『フランスという坩堝――一九世紀から二〇世紀の移民史』法政大学出版局、２０１５年。

平野千果子『アフリカを活用する――フランス植民地からみた第一次世界大戦』人文書院、２０１４年。

平野千果子『フランス植民地主義と歴史認識』岩波書店、２０１４年。

ベッケール、ジャン＝ジャック／クルマイヒ、ゲルト（剣持久木・西山暁義訳）『仏独共同通史　第一次世界大戦』（上・下）岩波書店、２０１２年。

フェロー、マルク（片桐祐・佐野栄一訳）『植民地化の歴史――征服から独立まで／13～20世紀』新評論、２０１７年。

ホフマン、スタンレイ（天野恒雄訳）『革命か改革か　フランス現代史1』白水社、１９７７年。

ホフマン、スタンレイ（天野恒雄訳）『政治の芸術家ド・ゴール　フランス現代史2』白水社、１９７７年。

ホフマン、スタンレイ（天野恒雄訳）『没落か再生か　フランス現代史3』白水社、１９７７年。

ボベロ、ジャン（三浦信孝・伊達聖伸訳）『フランスにおける脱宗教性の歴史』白水社（文庫クセジュ）、２００９年。

マルシャン、ベルナール（羽貝正美訳）『パリの肖像　19‐20

世紀』日本経済評論社、2010年。

ミュラシオル、ジャン＝フランソワ（福元直之訳）『フランス・レジスタンス史』白水社、2008年。

森千香子『排除と抵抗の郊外――フランス〈移民〉集住地域の形成と変容』東京大学出版会、2016年。

吉田徹『ミッテラン社会党の転換――社会主義から欧州統合へ』法政大学出版局、2008年。

吉田徹編『ヨーロッパ統合とフランス――偉大さを求めた1世紀』法律文化社、2012年。

リュカン・ジャック監修（加藤邦男監訳）『ル・コルビュジエ事典』中央公論美術出版、2007年。

渡辺和行『エトランジェのフランス史――国民・移民・外国人』山川出版社、2007年。

渡辺和行『フランス人民戦線――反ファシズム・反恐慌・文化革命』人文書院、2013年。

渡辺和行『ドゴールと自由フランス』昭和堂、2017年。

渡邊啓貴『現代フランス――「栄光の時代」の終焉、欧州への活路』岩波現代新書、2015年。

年代	事項
1945	ドイツが降伏、第二次世界大戦が終結。
1946	第四共和政始まる（～58）。インドシナ戦争始まる（～54）。
1947	モネ・プランを実施。マーシャル・プランに参加。
1950	シューマン・プランを提起。
1951	欧州石炭鉄鋼共同体（ECSC）が発足。
1954	ヴェトナムにてディエンビエンフー陥落。アルジェリア戦争始まる（～62）。
1958	第五共和政始まる、翌年にド・ゴールが初代大統領に就任（～69）。
1960	「アフリカの年」、フランス領アフリカ植民地が多数独立。
1966	NATOの軍事機構から脱退。
1967	ヨーロッパ共同体（EC）が発足。
1968	五月革命。
1981	社会党のミッテランが大統領に就任（～95）。
1989	「スカーフ問題」が表面化。
1991	マーストリヒト条約に調印、ヨーロッパ連合（EU）が発足。
2000	パリテ法を制定。
2002	ユーロの流通始まる。極右のルペンが大統領選挙の決選投票に進出。
2005	パリ郊外で「暴動」が発生。
2015	『シャルリ・エブド』襲撃事件。パリ同時多発襲撃事件。
2017	マクロンが大統領に就任。
2018	「黄色いベスト運動」始まる。
2019	ノートル・ダム大聖堂炎上。
2020	新型コロナウイルス感染症の大流行、フランスでも多くの感染者と死者。

（作成：長島澪）

年代	事項
1859	インドシナ侵略始まる。イタリア統一戦争に介入。
1861	メキシコ出兵始まる（～67)。
1870	普仏戦争始まる（～71)。スダンでナポレオン３世が降伏。臨時国防政府が樹立され、第三共和政始まる（～1946)。
1871	パリ・コミューン。
1881	フェリー法を制定。
1884	清仏戦争始まる（～85)。
1887	仏領インドシナ連邦を編成。
1889	ブーランジズムが高揚。パリで第二インターナショナルが発足。
1894	露仏同盟。ドレフュス大尉の逮捕、ドレフュス事件へ。
1895	労働総同盟（CGT）を結成、革命的サンディカリズムへ。
1898	ファショダ事件。
1904	英仏協商。
1905	第一次モロッコ事件。政教分離法を制定。
1911	第二次モロッコ事件。
1914	第一次世界大戦始まる（～18)。
1916	サイクス・ピコ協定。
1917	クレマンソー挙国一致内閣始まる（～20)。
1918	連合軍とドイツの休戦協定、第一次世界大戦が終結。
1919	パリ講和会議始まる（～20)。
1923	ルール占領（～25)。
1925	ロカルノ条約、ヨーロッパ安全保障をはかる。
1928	ケロッグとブリアンの提唱により、パリ不戦条約に調印。
1931	世界恐慌がフランスに波及。
1936	総選挙で人民戦線が勝利、ブルム内閣始まる（～38)。
1938	ミュンヘン協定。
1939	イギリスと共にドイツに宣戦布告、第二次世界大戦始まる（～45)。
1940	ヴィシー政府始まる（～44)。ド・ゴールが自由フランス国民委員会を設置。
1942	ヴェル・ディヴ事件、パリでユダヤ人が一斉検挙される。
1943	アルジェにフランス国民解放委員会を設置。
1944	共和国臨時政府が誕生。連合軍がノルマンディに上陸、パリ解放へ。

年代	事項
	フランス革命始まる。「人間と市民の権利の宣言」を採択。
1791	国王一家のヴァレンヌ逃亡事件。フランス初の憲法を制定。
1792	オーストリアに宣戦布告。八月十日事件により王権停止、第一共和政始まる（～1804）。
1793	恐怖政治始まる（～94）。
1794	植民地での奴隷制を廃止（～1802）。テルミドールのクーデタ、ロベスピエールが失脚。
1795	総裁政府始まる（～1799）。
1796	ナポレオンのイタリア遠征始まる（～97）。
1798	ナポレオンのエジプト遠征始まる（～1801）。
1799	ブリュメール18日のクーデタ、統領政府始まる（～1804）。
1801	ローマ教皇とコンコルダートを締結。
1804	民法典を制定。ナポレオンが皇帝に即位、第一帝政始まる（～15）。
1805	アウステルリッツ三帝会戦、オーストリア・ロシア連合軍に勝利。
1806	イエナ・アウエルシュテットの戦い、プロイセンに勝利。大陸封鎖を実施。
1812	ロシア遠征が始まるも、失敗し退却。
1813	ライプツィヒの戦い、同盟軍に敗北。
1814	ナポレオンが退位。ルイ18世が即位、復古王政始まる（～30）。
1815	ナポレオンの百日天下。ワーテルローの戦い、ナポレオンが敗北し退位へ。
1830	七月革命でルイ・フィリップが即位、七月王政始まる（～48）。
1830年代	フランスで産業革命始まる。
1848	二月革命、第二共和政始まる（～52）。ルイ・ナポレオンが大統領に当選。
1851	ルイ・ナポレオンのクーデタ。
1852	ルイ・ナポレオンがナポレオン３世として皇帝に即位、第二帝政始まる（～70）。
1853	パリの都市改造始まる。
1854	クリミア戦争に介入（～56）。
1855	最初のパリ万国博覧会が開催。
1856	アロー戦争始まる（～60）。

年代	事項
1420	トロワの和約、イングランド王家がフランス王位継承権を獲得。
1429	ジャンヌ・ダルクがオルレアンを解放。ランスでシャルル７世の成聖式。
1453	カスティヨンの戦い、フランス軍の勝利により百年戦争が実質的に終結。
1477	ナンシーの戦い、ブルゴーニュを併合。
1494	イタリア戦争始まる（～1559）。
1498	ルイ12世が即位、ヴァロワ・アングレーム朝始まる（～1589）。
1516	ボローニャ政教協約、ガリカニスムが確立。
1539	ヴィレール・コトレ王令、フランス語が行政上の公用語に。
1562	宗教戦争始まる（～63）。
1572	聖バルテルミの虐殺。
1589	アンリ３世の暗殺。アンリ４世が即位、ブルボン朝始まる（～1792）。
1598	ナント王令、宗教戦争が終結。
1635	スペインに宣戦布告、三十年戦争に本格介入（～48）。
1643	ルイ14世が即位、マザランが宰相に就任。
1648	フロンドの乱始まる（～52）。ウェストファリア条約、主権国家体制が確立。
1661	ルイ14世の親政始まる。
1667	フランドル戦争始まる（～68）。
1672	オランダ戦争始まる（～78）。
1682	宮廷がヴェルサイユに移転。
1685	ナント王令を廃止。
1701	スペイン継承戦争始まる（～13）。
1713	教皇が「ウニゲニトゥス」を発布、ジャンセニスムを弾劾。
1715	ルイ15世が即位。
1740	オーストリア継承戦争始まる（～48）。
1751	『百科全書』刊行始まる（～72）。
1756	七年戦争始まる（～63）。
1774	ルイ16世が即位。チュルゴが財務総監に就任（～76）。
1787	寛容王令を制定。
1789	全国三部会を開催、国民議会の結成へ。バスチーユ監獄襲撃、

◉フランス史略年表

年代	事項
前９世紀	ケルト人がガリアに移住。
前58	カエサルがガリアに遠征。
前52	カエサルがアレシア包囲戦に勝利。ガロ・ローマ時代始まる。
260	ポストゥムスが皇帝を名乗りガリア帝国を建設（～274）。
274	ガリア帝国がローマ皇帝アウレリアヌスに敗北し滅亡、ローマ帝国下に（～476）。
486	メロヴィング朝始まる（～751）。
496	クローヴィスがカトリックに改宗。
511	クローヴィス没、フランク王国が分割される。
613	ネウストリア王クロータル２世がフランク王国を再統一。
751	ピピン3世がフランク王に即位、カロリング朝始まる（～987）。
800	シャルルマーニュの戴冠、西ローマ帝国が復興。
843	ヴェルダン条約、フランク王国が三分される。
870	メルセン条約、東・西フランク王国が「ロタールの王国」を分割。
987	パリ伯ユーグ・カペーが即位、カペー朝始まる（～1328）。
1095	クレルモン教会会議、十字軍運動始まる。
1144	サン・ドニ大修道院の内陣が完成、ゴシック建築始まる。
1154	アンリ・プランタジュネがヘンリ２世としてイングランド王に即位、ノルマンディ・アンジュー・アキテーヌを合わせたアンジュー帝国が成立。
1209	アルビジョワ十字軍始まる（～29）。
1214	ブーヴィーヌの戦い、フィリップ２世がイングランド国王・神聖ローマ皇帝などに勝利。
1270	ルイ９世が十字軍遠征中にチュニスで病没。
1302	フィリップ４世が三部会を召集。
1309	教皇庁がアヴィニョンに移転。
1328	ヴァロワ家のフィリップ６世が即位、ヴァロワ朝始まる（～1589）。
1337	イングランドとの百年戦争始まる（～1453）。
1358	ジャックリーの乱。
1415	アザンクールの戦い、イングランドに大敗。

向井伸哉（むかい・しんや）［14］
大阪市立大学文学部講師
専門：フランス中世農村史
主な著作：「ルイ９世期南仏ビテロワ地方における国王統治」（『西洋中世研究』２号、2010年）、「中世後期南フランスにおける都市と農村の政治的関係――ベジエの都市エリートとヴァンドレスの村落共同体（一三五〇－一四〇〇）」（『史学雑誌』127編10号、2018年）。

山﨑耕一（やまざき・こういち）［26, コラム5］
元一橋大学社会科学古典資料センター教授
専門：フランス近世史
主な著作：『啓蒙運動とフランス革命――革命家バレールの誕生』（刀水書房、2007年）、『フランス革命　「共和国」の誕生』（刀水書房、2018年）。

山本成生（やまもと・なるお）［3］
上智大学文学部史学科准教授
専門：西洋中世史・西洋音楽史
主な著作：『聖歌隊の誕生――カンブレー大聖堂の音楽組織』（知泉書館、2013年）、「〈グレゴリオ聖歌〉成立の記憶」（『西洋中世研究』12号、2020年）。

渡辺和行（わたなべ・かずゆき）［43］
京都橘大学文学部教授
専門：フランス近現代史
主な著作：『近代フランスの歴史学と歴史家』（ミネルヴァ書房、2009年）、『フランス人民戦線』（人文書院、2013年）、『ドゴールと自由フランス』（昭和堂、2017年）。

平野奈津恵（ひらの・なつえ）［49］
日本女子大学文学部学術研究員、電気通信大学非常勤講師
専門：フランス・ベルギー近現代史
主な著作：「ベルギーにおける移民の歴史── 19世紀から今日まで」（『歴史評論』第713号、2009年）、「ベルギー移民と移動の論理──十九世紀北フランス炭鉱都市における帰化を手がかりに」（北村暁夫・田中ひかる編『近代ヨーロッパと人の移動──植民地・労働・家族・強制』山川出版社、2020年）。

藤原翔太（ふじはら・しょうた）［32, コラム6］
福岡女子大学国際文理学部准教授
専門：フランス近代史
主な著作：『ナポレオン時代の国家と社会──辺境からのまなざし』（刀水書房、2021年）、『東アジアから見たフランス革命』（共著、風間書房、2021年）、«Les maires et le système administratif napoléonien - le cas des Hautes-Pyrénées -», *Annales historiques de la Révolution française*, No. 2, 2018.

前田更子（まえだ・のぶこ）［33, 47］
明治大学政治経済学部教授
専門：フランス近現代史
主な著作：『私立学校からみる近代フランス── 19世紀リヨンのエリート教育』（昭和堂、2009年）、『近代ヨーロッパとキリスト教──カトリシズムの社会史』（中野智世・渡邊千秋・尾崎修治との共編著、勁草書房、2016年）、「学校と宗教」（平野千果子編『新しく学ぶフランス史』ミネルヴァ書房、2019年）。

正本　忍（まさもと・しのぶ）［21, 22］
学習院女子大学国際文化交流学部教授
専門：フランス近世社会史
主な著作：『フランス絶対王政の統治構造再考─マレショーセに見る治安、裁判、官僚制』（刀水書房、2019年）、「地域住民とマレショーセ隊員──王権の手先？　あるいは民衆の保護者？」（阪口修平編『歴史と軍隊──軍事史の新しい地平を目指して』創元社、2010年）。

南　祐三（みなみ・ゆうぞう）［41, 42］
富山大学人文学部准教授
専門：フランス近現代史
主な著作：『ナチス・ドイツとフランス右翼──パリの週刊紙『ジュ・スイ・パルトゥ』によるコラボラシオン』（彩流社、2015年）、『新しく学ぶフランス史』（共著、ミネルヴァ書房、2019年）、リチャード・J・エヴァンズ『力の追求──ヨーロッパ史1815-1914』（共訳、白水社、2018年）。

轟木広太郎（とどろき・こうたろう）[4]
ノートルダム清心女子大学准教授
専門：フランス中世史
主な著作：『戦うことと裁くこと――中世フランスの紛争・権力・真理』（昭和堂、2011年）、「羊飼いとしての異端審問官 ――13・14世紀の南フランス」（『洛北史学』第17号、2015年）。

長島　澪（ながしま・みお）[30]
東京大学大学院人文社会学研究科博士課程、パリ第1大学歴史学研究科博士課程
専門：フランス革命史
主な著作：「フランス革命期における外国人――研究の動向と展望」（『学習院史学』58号、2020年）。

＊**中野隆生**（なかの・たかお）[36, 48, コラム8]
編著者紹介を参照。

中山洋平（なかやま・ようへい）[44, 46]
東京大学大学院法学政治学研究科教授
専門：フランス政治史、ヨーロッパ比較政治史
主な著作：『戦後フランス政治の実験――第四共和制と「組織政党」1944－1952年』（東京大学出版会、2002年）、『戦後フランス中央集権国家の変容――下からの分権化への道』（東京大学出版会、2017年）。

長谷川　敬（はせがわ・たかし）[1]
慶應義塾大学文学部准教授
専門：古代ローマ史
主な著作：「ガリア・コマタとイタリア――二世紀、内陸ガリア商人・輸送業者の人的交流」（桜井万里子・師尾晶子編『古代地中海世界のダイナミズム――空間・ネットワーク・文化の交錯』山川出版社、2010年）、「【特集論文】人々が暮らす国境の「水空間」――帝政ローマ前期、生活の場としてのライン河口域とその周辺内水域（【特集・川の境界史】『史潮』新86号、2019年）。

花房秀一（はなふさ・しゅういち）[15]
中央学院大学法学部准教授
専門：フランス中世史
主な著作：「ルイ10世治世下におけるノルマンディ憲章発布と地方主義」（『中央学院大学法学論叢――法学部創設30周年記念号』第29巻第２号、2016年）、「13世紀英仏間の海上紛争とガスコーニュ戦争――海域世界における裁判権をめぐって」（朝治啓三・渡辺節夫・加藤玄編『〈帝国〉で読み解く中世ヨーロッパ』ミネルヴァ書房、2017年）、「中世フランスにおける全国三部会と地方三部会―― 1350年代のノルマンディ地方三部会を中心に」（『史潮』新84号、2018年）。

平　正人（たいら・まさと）[28, 29]
文教大学教育学部教授
専門：フランス革命史
主な著作：「世論が導くフランス革命」（山崎耕一、松浦義弘編『フランス革命の現在』山川出版社、2013年）、「フランス革命図像学の現在――恐怖政治とカリカチュア」（近世美術研究会編『イメージ制作の場と環境――西洋近世・近代美術史における図像学と美術理論』中央公論美術出版、2018年）、「カミーユ・デムーラン――若き新聞記者が夢みた共和政」（高橋暁生編『〈フランス革命〉を生きる』刀水書房、2019年）。

高名康文（たかな・やすふみ）[13]
成城大学文芸学部教授
専門：フランス中世文学
主な著作：N. ラベール／B. セール『100語でわかる西欧中世』（翻訳、白水社、2014年）、*Les Études françaises au Japon. Tradition et renouveau*（H. de Grooteらと共著、Presses universitaires de Louvain、2010年）。

田中　佳（たなか・けい）[27]
徳島大学大学院社会産業理工学研究部准教授
専門：フランス文化史・美術史
主な著作：「ダンジヴィレ伯爵――王の忠実な僕にして『革命家』」（高橋暁生編『〈フランス革命〉を生きる』刀水書房、2019年）、「ピエール・ジュリアン《プッサン像》（ルーヴル美術館）――アンシァン・レジーム末期の偉人像表現をめぐって」（近世美術研究会編『イメージ制作の場と環境――西洋近世・近代美術史における図像学と美術理論』中央公論美術出版、2018年）。

辻内宣博（つじうち・のぶひろ）[12]
早稲田大学商学部准教授
専門：西洋中世哲学
主な著作：「理性と信仰の狭間で――ビュリダンにおける人間の魂を巡る問題」（『中世哲学研究（Veritas）』第24号、2005年）、「感覚認識と知性認識の境界線――『デ・アニマ問題集』におけるビュリダンの認識理論」（『中世思想研究』第48号、2006年）、「14世紀における時間と魂との関係――オッカムとビュリダン」（『西洋中世研究』第3号、2011年）。

寺本敬子（てらもと・のりこ）[39]
成蹊大学文学部准教授
専門：フランス近代史、日仏交流史
主な著作：『パリ万国博覧会とジャポニスムの誕生』（思文閣出版、2017年）、「アルフレッド＝モーリス・ピカール――1889年パリ万国博と『革命』」（高橋暁生編『〈フランス革命〉を生きる』刀水書房、2019年）。

2014年)、『フランス王妃列伝』(阿河雄二郎との共編著、昭和堂、2017年)、クリスチアン・ジュオー『マザリナード—言葉のフロンド』(野呂康との共訳、水声社、2012年)。

神野峻至(じんの・たかゆき)[23]
学習院大学人文科学研究科史学専攻博士後期課程学位取得退学
専門:フランス近世史
主な著作:「〈書評〉保城広至『歴史から理論を創造する方法:社会学と歴史学を統合する』」(共著、『学習院史学』54号、2016年)。

図師宣忠(ずし・のぶただ)[10]
近畿大学文芸学部准教授
専門:南フランス中世史
主な著作:'Negotiations and the Use of Documents in 13th Century Toulouse', in: Yoshihisa Hattori (ed.), *Political Order and Forms of Communication in Medieval and Early Modern Europe* (Rome, 2014)、「彷徨える異端者たちの足跡を辿る──中世南フランスにおける異端審問と『カタリ派』迫害」(服部良久編『コミュニケーションから読む中近世ヨーロッパ史──紛争と秩序のタペストリー』ミネルヴァ書房、2015年)。

鈴木道也(すずき・みちや)[7]
東洋大学文学部教授
専門:フランス中世史
主な著作:「政治文化研究の現在──中世フランスの象徴と権力(特集 社会史を再考する)」(『東洋大学人間科学総合研究所紀要』22号別冊、2019年)、「フランス史の時空間」(平野千果子編著『新しく学ぶフランス史』ミネルヴァ書房、2019年)。

西願広望(せいがん・こうぼう)[31]
元青山学院女子短期大学准教授
専門:フランス近現代史
主な著作:La Conscription dans le département de la Seine-Inférieure du Directoire à la fin de l'Empire (An VI–1815), Thèse, Paris I, 1998; «L'influence de la mémoire de la Révolution française et de l'Empire napoléonienne dans l'opinion publique française face à la guerre d'Espagne de 1823», *Annales historiques de la Révolution française*, No 335, 2004; «L'union entre Dieu et la patrie : L'histoire de l'aumônerie militaire catholique (1870-1913)», *Revue d'Histoire de l'Eglise de France*, No 237, 2010.

空　由佳子(そら・ゆかこ)[25]
フェリス女学院大学国際交流学部准教授
専門:フランス近代社会史
主な著作:*La charité et les élites bordelaises 1750-1830* (Fédération Historique du Sud-Ouest, 2019)、「旧体制下フランスの地方統治における権力と慈善──ボルドー地方エリートの救貧への関わり」(『史学雑誌』125編第2号、2015年)、「フランスの大西洋貿易と地中海側ラングドック──産業の発展と穀物流通」(『学習院史学』第58号、2020年)。

大学出版会、2008年)、『イタリア古寺巡礼』シリーズ(共著、新潮社、2010〜2012年)、『ロマネスク美術革命』(新潮社、2015年)。

川﨑亜紀子(かわさき・あきこ)[40]
東海大学文学部教授
専門:フランス近現代ユダヤ史
主な著作:「アンシァン・レジーム期におけるアルザス・ユダヤ人と王権――セール・ベールと王権との対立を中心に」(田村愛理・川名隆史・内田日出海編『国家の周縁――特権・ネットワーク・共生の比較社会史』刀水書房、2015年)、「アルザス・ユダヤ人の「同化」と言語―― 19世紀前半の初等教育政策を例にして」(平田雅博・原聖編著『帝国・国民・言語――辺境という視点から』三元社、2017年)。

菊地重仁(きくち・しげと)[2]
青山学院大学文学部准教授
専門:ヨーロッパ初期中世史
主な著作:*Herrschaft, Delegation und Kommunikation in der Karolingerzeit. Untersuchungen zu den Missi dominici (751-888)* (Harrassowitz, 2021); "Representations of monarchical 'highness' in Carolingian royal charters," *Problems and Possibilities of Early Medieval Charters*, ed. by J. Jarrett & A. S. McKinley (Brepols, 2013).

小山啓子(こやま・けいこ)[17, 18, コラム4]
神戸大学人文学研究科教授
専門:フランス近世史
主な著作:『フランス・ルネサンス王政と都市社会――リヨンを中心として』(九州大学出版会、2006年)、J・ダインダム『ウィーンとヴェルサイユ――ヨーロッパにおけるライバル宮廷1550〜1780』(大津留厚・小山啓子・石井大輔訳、刀水書房、2017年)、「人が人を支配するときなにが求められたのか――権力の舞台としてのフランス国王儀礼」(佐藤昇編、神戸大学文学部史学講座著『歴史の見方・考え方――大学で学ぶ「考える歴史」』山川出版社、2018年)。

坂野正則(さかの・まさのり)[24]
上智大学文学部教授
専門:フランス近世史
主な著作:『パリ・ノートル=ダム大聖堂の伝統と再生』(編著、勉誠出版、2021年)、「17世紀におけるパリ外国宣教会とフランス東インド会社」(川分圭子・玉木俊明編著『商業と異文化の接触』吉田書店、2017年)、「近世王国の社会と宗教」(平野千果子編著『新しく学ぶフランス史』ミネルヴァ書房、2019年)。

嶋中博章(しまなか・ひろあき)[19, 20]
関西大学文学部准教授
専門:フランス近世史
主な著作:『太陽王時代のメモワール作者たち ― 政治・文学・歴史記述』(吉田書店、

小野賢一（おの・けんいち）[5]
愛知大学文学部教授
専門：西洋中世史、教会史
主な著作：「21世紀の十二世紀ルネサンス論──教会史の視点から」（『西洋中世研究』西洋中世学会、第10号、2018年）、『国境を超える歴史学』（編著、愛知大学人文社会学研究所、2018年）、『帝国と魔女で読み解くヨーロッパ』（編著、愛知大学人文社会学研究所、2019年）、『ヨーロッパ前近代の複合国家』（編著、愛知大学人文社会学研究所、2020年）。

嵩井里恵子（かさい・りえこ）[9]
独立研究者。パリ大学（旧パリ・ディドロ大学）東アジア言語文化学部図書系職員。
専門：中世パリ史、施療院・歓待施設史
主な著作：'Les demandes des donateurs de l'hôpital Saint-Jacques-aux-Pèlerins à Paris aux XIVe et XVe siècles: une analyse de la gestion des livres de comptes' (E. Belmas et S. Nonnis-Vigilante dir. *Les relations médecin-malade des temps modernes à l'époque contemporaine*, Presses Universitaires du Septentrion, 2013)、『14・15世紀パリにおけるサン・ジャック巡礼施療院──証書史料・会計史料からみたその社会的役割』（首都大学東京、2011年、博士論文）。

梶原洋一（かじわら・よういち）[11]
京都産業大学文化学部助教
専門：西洋中世教会史、教育史
主な著作：「中世末期におけるドミニコ会教育と大学──アヴィニョン『嘆きの聖母』学寮の事例から」（『西洋中世研究』5号、2013年）、「中世末期におけるドミニコ会士の学位取得──アヴィニョン大学神学部を中心に」（『史学雑誌』128号、2019年）、ジャック・ルゴフ『アッシジの聖フランチェスコ』（池上俊一氏と共訳、岩波書店、2010年）。

加藤耕一（かとう・こういち）[8]
東京大学大学院工学系研究科教授
専門：西洋建築史
主な著作：『「幽霊屋敷」の文化史』（講談社現代新書、2009年）、『ゴシック様式成立史論』（中央公論美術出版、2012年）、『時がつくる建築──リノベーションの西洋建築史』（東京大学出版会、2017年）。

＊**加藤　玄**（かとう・まこと）[コラム1, コラム2, コラム3]
編著者紹介を参照。

金沢百枝（かなざわ・ももえ）[6]
多摩美術大学美術学部芸術学科教授
専門：ロマネスク美術・キリスト教美術の歴史
主な著作：『ロマネスクの宇宙──ジローナの《天地創造の刺繍布》を読む』（東京

◉ **執筆者紹介**（50音順、＊は編著者、［　］内は担当章）

上田耕造（うえだ・こうぞう）［16］
明星大学教育学部准教授
専門：フランス中近世史
主な著作：『西洋の歴史を読み解く――人物とテーマでたどる西洋史』（共編著、晃洋書房、2013年）、『ブルボン公とフランス国王――中世後期フランスにおける諸侯と王権』（晃洋書房、2014年）、『ジャンヌ・ダルク――フランスに生涯をささげた少女』（河出書房新社、2016年）。

上原良子（うえはら・よしこ）［50］
フェリス女学院大学国際交流学部教授
専門：フランス国際関係史
主な著作：「フランスのヨーロッパ連邦主義とデモクラシーの再考」（網谷龍介・中田瑞穂との共編著『戦後民主主義の青写真――ヨーロッパにおける統合とデモクラシー』ナカニシヤ出版、2019年）、『フランスと世界』（渡邊啓貴との共編著、法律文化社、2019年）。

岡田友和（おかだ・ともかず）［38, 45］
大阪大学大学院人文学研究科准教授
専門：フランス植民地帝国史
主な著作：「フランス植民地帝国における現地人官吏制度――インドシナを事例に」（『史学雑誌』第119編６号、2010年）、「1936－37年ハノイにおける労働者ストライキ運動」（『東南アジア研究』第52巻２号、2015年）。

岡部造史（おかべ・ひろし）［37, コラム7］
熊本学園大学社会福祉学部教授
専門：フランス近現代史
主な著作：『フランス第三共和政期の子どもと社会――統治権力としての児童保護』（昭和堂、2017年）、『教養としてのフランス近現代史』（共著、ミネルヴァ書房、2015年）、「19世紀フランスの公益質屋制度――その福祉としての役割をめぐって」（『歴史学研究』第986号、2019年）。

岡本　託（おかもと・たく）［34, 35］
佐賀大学教育学部教授
専門：フランス近代史
主な著作：『近代フランスの官僚制――幹部候補行政官の養成　1800－1914年』（昭和堂、2021年）、「フランス第二帝政期における地方幹部候補行政官の登用論理――ローヌ県参事会員のNotice Individuelleを手がかりに」（『歴史学研究』第960号、2017年）、「フランス第二帝政期ローヌ＝アルプ地域における地方幹部候補行政官の登用論理――県参事会員登用時の請願書を手がかりに」（『史学雑誌』第128編第4号、2019年）。

◉ 編著者紹介

中野隆生（なかの・たかお）
元学習院大学教授、元東京都立大学教授
専門：フランス近現代史
主な著作：『プラーグ街の住民たち――フランス近代の住宅・民衆・国家』（山川出版社、1999年）、『都市空間の社会史　日本とフランス』（編著、山川出版社、2004年）、『都市空間と民衆　日本とフランス』（編著、山川出版社、2006年）、『二十世紀の都市と住宅　ヨーロッパと日本』（編著、山川出版社、2015年）、歴史学研究会編『現代歴史学の成果と課題 1980-2000 Ⅱ 国家像・社会像の変貌』（共編著、青木書店、2003年）、『フランス史研究入門』（共編著、山川出版社、2011年）、『文献解説 西洋近現代史』全３巻（共編著、南窓社、2011～2012年）、«La construction d'une cité-jardin dans la banlieue de Paris: Suresnes, 1918-1956», E. Bellanger et al. (dir.), *Genres urbains. Autour d'Annie Fourcaut*, Paris, Créaphis, 2019.

加藤　玄（かとう・まこと）
日本女子大学文学部教授
専門：西洋中世史、英仏関係史
主な著作：『ジャンヌ・ダルクと百年戦争』（山川出版社、2022年）、『中世英仏関係史 1066-1500――ノルマン征服から百年戦争終結まで』（共編著、創元社、2012年）、『〈帝国〉で読み解く中世ヨーロッパ――英独仏関係史から考える』（共編著、ミネルヴァ書房、2017年）。

エリア・スタディーズ 179
〈ヒストリー〉
フランスの歴史を知るための50章

2020年 5 月 31 日 初版第 1 刷発行
2022年 3 月 31 日 初版第 2 刷発行

編著者 中 野 隆 生
加 藤 玄
発行者 大 江 道 雅
発行所 株式会社明石書店
〒 101-0021 東京都千代田区外神田 6-9-5
電話 03 (5818) 1171
FAX 03 (5818) 1174
振替 00100-7-24505
https://www.akashi.co.jp/
装丁/組版 明石書店デザイン室
印刷/製本 日経印刷株式会社

(定価はカバーに表示してあります) ISBN978-4-7503-5021-9

エリア・スタディーズ

1 **現代アメリカ社会を知るための60章**
明石紀雄、川島浩平 編著

2 **イタリアを知るための62章【第2版】**
村上義和 編著

3 **イギリスを旅する35章**
辻野功 編著

4 **モンゴルを知るための65章【第2版】**
金岡秀郎 著

5 **パリ・フランスを知るための44章**
梅本洋一、大里俊晴、木下長宏 編著

6 **現代韓国を知るための60章【第2版】**
石坂浩一、福島みのり 編著

7 **オーストラリアを知るための58章【第3版】**
越智道雄 著

8 **現代中国を知るための52章【第6版】**
藤野彰 編著

9 **ネパールを知るための60章**
日本ネパール協会 編

10 **アメリカの歴史を知るための63章【第3版】**
富田虎男、鵜月裕典、佐藤円 編著

11 **現代フィリピンを知るための61章【第2版】**
大野拓司、寺田勇文 編著

12 **ポルトガルを知るための55章【第2版】**
村上義和、池俊介 編著

13 **北欧を知るための43章**
武田龍夫 著

14 **ブラジルを知るための56章【第2版】**
アンジェロ・イシ 著

15 **ドイツを知るための60章**
早川東三、工藤幹巳 編著

16 **ポーランドを知るための60章**
渡辺克義 編著

17 **シンガポールを知るための65章【第5版】**
田村慶子 編著

18 **現代ドイツを知るための67章【第3版】**
浜本隆志、髙橋憲 編著

19 **ウィーン・オーストリアを知るための57章【第2版】**
広瀬佳一、今井顕 編著

20 **ハンガリーを知るための60章【第2版】** ドナウの宝石
羽場久美子 編著

21 **現代ロシアを知るための60章【第2版】**
下斗米伸夫、島田博 編著

22 **21世紀アメリカ社会を知るための67章**
明石紀雄 監修 赤尾千波、大類久恵、小塩和人、落合明子、川島浩平、高野泰 編

23 **スペインを知るための60章**
野々山真輝帆 著

24 **キューバを知るための52章**
後藤政子、樋口聡 編著

25 **カナダを知るための60章**
綾部恒雄、飯野正子 編著

26 **中央アジアを知るための60章【第2版】**
宇山智彦 編著

27 **チェコとスロヴァキアを知るための56章【第2版】**
薩摩秀登 編著

28 **現代ドイツの社会・文化を知るための48章**
田村光彰、村上和光、岩淵正明 編著

29 **インドを知るための50章**
重松伸司、三田昌彦 編著

30 **タイを知るための72章【第2版】**
綾部真雄 編著

31 **パキスタンを知るための60章**
広瀬崇子、山根聡、小田尚也 編著

32 **バングラデシュを知るための66章【第3版】**
大橋正明、村山真弓、日下部尚徳、安達淳哉 編著

33 **イギリスを知るための65章【第2版】**
近藤久雄、細川祐子、阿部美春 編著

34 **現代台湾を知るための60章【第2版】**
亜洲奈みづほ 著

35 **ペルーを知るための66章【第2版】**
細谷広美 編著

36 **マラウィを知るための45章【第2版】**
栗田和明 著

37 **コスタリカを知るための60章【第2版】**
国本伊代 編著

38 **チベットを知るための50章**
石濱裕美子 編著

エリア・スタディーズ

39 **現代ベトナムを知るための60章【第2版】** 今井昭夫、岩井美佐紀 編著

40 **インドネシアを知るための50章** 村井吉敬、佐伯奈津子 編著

41 **エルサルバドル、ホンジュラス、ニカラグアを知るための45章** 田中高 編著

42 **パナマを知るための70章【第2版】** 国本伊代 編著

43 **イランを知るための65章** 岡田恵美子、北原圭一、鈴木珠里 編著

44 **アイルランドを知るための70章【第3版】** 海老島均、山下理恵子 編著

45 **メキシコを知るための60章** 吉田栄人 編著

46 **中国の暮らしと文化を知るための40章** 東洋文化研究会 編

47 **現代ブータンを知るための60章【第2版】** 平山修一 著

48 **バルカンを知るための66章【第2版】** 柴宜弘 編著

49 **現代イタリアを知るための44章** 村上義和 編著

50 **アルゼンチンを知るための54章** アルベルト松本 著

51 **ミクロネシアを知るための60章【第2版】** 印東道子 編著

52 **アメリカのヒスパニック＝ラティーノ社会を知るための55章** 大泉光一、牛島万 編著

53 **北朝鮮を知るための55章【第2版】** 石坂浩一 編著

54 **ボリビアを知るための73章【第2版】** 真鍋周三 編著

55 **コーカサスを知るための60章** 北川誠一、前田弘毅、廣瀬陽子、吉村貴之 編著

56 **カンボジアを知るための62章【第2版】** 上田広美、岡田知子 編著

57 **エクアドルを知るための60章【第2版】** 新木秀和 編著

58 **タンザニアを知るための60章【第2版】** 栗田和明、根本利通 編著

59 **リビアを知るための60章【第2版】** 塩尻和子 編著

60 **東ティモールを知るための50章** 山田満 編著

61 **グアテマラを知るための67章【第2版】** 桜井三枝子 編著

62 **オランダを知るための60章** 長坂寿久 著

63 **モロッコを知るための65章** 私市正年、佐藤健太郎 編著

64 **サウジアラビアを知るための63章【第2版】** 中村覚 編著

65 **韓国の歴史を知るための66章** 金両基 編著

66 **ルーマニアを知るための60章** 六鹿茂夫 編著

67 **現代インドを知るための60章** 広瀬崇子、近藤正規、井上恭子、南埜猛 編著

68 **エチオピアを知るための50章** 岡倉登志 編著

69 **フィンランドを知るための44章** 百瀬宏、石野裕子 編著

70 **ニュージーランドを知るための63章** 青柳まちこ 編著

71 **ベルギーを知るための52章** 小川秀樹 編著

72 **ケベックを知るための54章** 小畑精和、竹中豊 編著

73 **アルジェリアを知るための62章** 私市正年 編著

74 **アルメニアを知るための65章** 中島偉晴、メラニア・バグダサリヤン 編著

75 **スウェーデンを知るための60章** 村井誠人 編著

76 **デンマークを知るための68章** 村井誠人 編著

77 **最新ドイツ事情を知るための50章** 浜本隆志、柳原初樹 著

エリア・スタディーズ

78 セネガルとカーボベルデを知るための60章
小川了 編著

79 南アフリカを知るための60章
峯陽一 編著

80 エルサルバドルを知るための55章
細野昭雄、田中高 編著

81 チュニジアを知るための60章
鷹木恵子 編著

82 南太平洋を知るための58章 メラネシア ポリネシア
吉岡政德、石森大知 編著

83 現代カナダを知るための60章【第2版】
飯野正子、竹中豊 総監修 日本カナダ学会 編

84 現代フランス社会を知るための62章
三浦信孝、西山教行 編著

85 ラオスを知るための60章
菊池陽子、鈴木玲子、阿部健一 編著

86 パラグアイを知るための50章
田島久歳、武田和久 編著

87 中国の歴史を知るための60章
並木頼壽、杉山文彦 編著

88 スペインのガリシアを知るための50章
坂東省次、桑原真夫、浅香武和 編著

89 アラブ首長国連邦（UAE）を知るための60章
細井長 編著

90 コロンビアを知るための60章
二村久則 編著

91 現代メキシコを知るための70章【第2版】
国本伊代 編著

92 ガーナを知るための47章
高根務、山田肖子 編著

93 ウガンダを知るための53章
吉田昌夫、白石壮一郎 編著

94 ケルトを旅する52章 イギリス・アイルランド
永田喜文 著

95 トルコを知るための53章
大村幸弘、永田雄三、内藤正典 編著

96 イタリアを旅する24章
内田俊秀 編著

97 大統領選からアメリカを知るための57章
越智道雄 著

98 現代バスクを知るための50章
萩尾生、吉田浩美 編著

99 ボツワナを知るための52章
池谷和信 編著

100 ロンドンを旅する60章
川成洋、石原孝哉 編著

101 ケニアを知るための55章
松田素二、津田みわ 編著

102 ニューヨークからアメリカを知るための76章
越智道雄 著

103 カリフォルニアからアメリカを知るための54章
越智道雄 著

104 イスラエルを知るための62章【第2版】
立山良司 編著

105 グアム・サイパン・マリアナ諸島を知るための54章
中山京子 編著

106 中国のムスリムを知るための60章
中国ムスリム研究会 編

107 現代エジプトを知るための60章
鈴木恵美 編著

108 カーストから現代インドを知るための30章
金基淑 編著

109 カナダを旅する37章
飯野正子、竹中豊 編著

110 アンダルシアを知るための53章
立石博高、塩見千加子 編著

111 エストニアを知るための59章
小森宏美 編著

112 韓国の暮らしと文化を知るための70章
舘野晳 編著

113 現代インドネシアを知るための60章
村井吉敬、佐伯奈津子、間瀬朋子 編著

114 ハワイを知るための60章
山本真鳥、山田亨 編著

115 現代イラクを知るための60章
酒井啓子、吉岡明子、山尾大 編著

116 現代スペインを知るための60章
坂東省次 編著

エリア・スタディーズ

117 スリランカを知るための58章
杉本良男、高桑史子、鈴木晋介 編著

118 マダガスカルを知るための62章
飯田卓、深澤秀夫、森山工 編著

119 新時代アメリカ社会を知るための60章
明石紀雄 監修　大類久恵、落合明子、赤尾千波 編著

120 現代アラブを知るための56章
松本弘 編著

121 クロアチアを知るための60章
柴宜弘、石田信一 編著

122 ドミニカ共和国を知るための60章
国本伊代 編著

123 シリア・レバノンを知るための64章
黒木英充 編著

124 EU（欧州連合）を知るための63章
羽場久美子 編著

125 ミャンマーを知るための60章
田村克己、松田正彦 編著

126 カタルーニャを知るための50章
立石博高、奥野良知 編著

127 ホンジュラスを知るための60章
桜井三枝子、中原篤史 編著

128 スイスを知るための60章
スイス文学研究会 編

129 東南アジアを知るための50章
今井昭夫 編集代表　東京外国語大学東南アジア課程 編

130 メソアメリカを知るための58章
井上幸孝 編著

131 マドリードとカスティーリャを知るための60章
川成洋、下山静香 編著

132 ノルウェーを知るための60章
大島美穂、岡本健志 編著

133 現代モンゴルを知るための50章
小長谷有紀、前川愛 編著

134 カザフスタンを知るための60章
宇山智彦、藤本透子 編著

135 内モンゴルを知るための60章
ボルジギン・ブレンサイン 編著　赤坂恒明 編集協力

136 スコットランドを知るための65章
木村正俊 編著

137 セルビアを知るための60章
柴宜弘、山崎信一 編著

138 マリを知るための58章
竹沢尚一郎 編著

139 ASEANを知るための50章
黒柳米司、金子芳樹、吉野文雄 編著

140 アイスランド・グリーンランド・北極を知るための65章
小澤実、中丸禎子、高橋美野梨 編著

141 ナミビアを知るための53章
水野一晴、永原陽子 編著

142 香港を知るための60章
吉川雅之、倉田徹 編著

143 タスマニアを旅する60章
宮本忠 著

144 パレスチナを知るための60章
臼杵陽、鈴木啓之 編著

145 ラトヴィアを知るための47章
志摩園子 編著

146 ニカラグアを知るための55章
田中高 編著

147 台湾を知るための72章【第2版】
赤松美和子、若松大祐 編著

148 テュルクを知るための61章
小松久男 編著

149 アメリカ先住民を知るための62章
阿部珠理 編著

150 イギリスの歴史を知るための50章
川成洋 編著

151 ドイツの歴史を知るための50章
森井裕一 編著

152 ロシアの歴史を知るための50章
下斗米伸夫 編著

153 スペインの歴史を知るための50章
立石博高、内村俊太 編著

154 フィリピンを知るための64章
大野拓司、鈴木伸隆、日下渉 編著

155 バルト海を旅する40章　7つの島の物語
小柏葉子 著

エリア・スタディーズ

156 **カナダの歴史を知るための50章**
細川道久 編著

157 **カリブ海世界を知るための70章**
国本伊代 編著

158 **ベラルーシを知るための50章**
服部倫卓、越野剛 編著

159 **スロヴェニアを知るための60章**
柴宜弘、アンドレイ・ベケシュ、山崎信一 編著

160 **北京を知るための52章**
櫻井澄夫、人見豊、森田憲司 編著

161 **イタリアの歴史を知るための50章**
高橋進、村上義和 編著

162 **ケルトを知るための65章**
木村正俊 編著

163 **オマーンを知るための55章**
松尾昌樹 編著

164 **ウズベキスタンを知るための60章**
帯谷知可 編著

165 **アゼルバイジャンを知るための67章**
廣瀬陽子 編著

166 **済州島を知るための55章**
梁聖宗、金良淑、伊地知紀子 編著

167 **イギリス文学を旅する60章**
石原孝哉、市川仁 編著

168 **フランス文学を旅する60章**
野崎歓 編著

169 **ウクライナを知るための65章**
服部倫卓、原田義也 編著

170 **クルド人を知るための55章**
山口昭彦 編著

171 **ルクセンブルクを知るための50章**
田原憲和、木戸紗織 編著

172 **地中海を旅する62章** 歴史と文化の都市探訪
松原康介 編著

173 **ボスニア・ヘルツェゴヴィナを知るための60章**
柴宜弘、山崎信一 編著

174 **チリを知るための60章**
細野昭雄、工藤章、桑山幹夫 編著

175 **ウェールズを知るための60章**
吉賀憲夫 編著

176 **太平洋諸島の歴史を知るための60章** 日本とのかかわり
石森大知、丹羽典生 編著

177 **リトアニアを知るための60章**
櫻井映子 編著

178 **現代ネパールを知るための60章**
公益社団法人 日本ネパール協会 編

179 **フランスの歴史を知るための50章**
中野隆生、加藤玄 編著

180 **ザンビアを知るための55章**
島田周平、大山修一 編著

181 **ポーランドの歴史を知るための55章**
渡辺克義 編著

182 **韓国文学を旅する60章**
波田野節子、斎藤真理子、きむ ふな 編著

183 **インドを旅する55章**
宮本久義、小西公大 編著

184 **現代アメリカ社会を知るための63章【2020年代】**
明石紀雄 監修　大類久恵、落合明子、赤尾千波 編著

185 **アフガニスタンを知るための70章**
前田耕作、山内和也 編著

187 **ブラジルの歴史を知るための50章**
伊藤秋仁、岸和田仁 編著

――以下続刊

◎各巻2000円（一部1800円）

〈価格は本体価格です〉